福岡市マップ
どんたく
金印
黒田節
福岡市博物館
西南学
福岡都市高速
西南学院大学
ニロ加
福岡市営
エルモ
プラ
室見
藤崎
修猷館
西新
LOVE FUKUOKA
博多のひと
おさるのお面

大学的福岡・博多ガイド
――こだわりの歩き方

西南学院大学国際文化学部　高倉洋彰
宮崎克則　編

昭和堂

「漢委奴国王」金印（福岡市博物館提供）

福岡城下町・博多・近隣古図
（九州大学記録資料館九州文化史資料部門提供）

近世以前の福岡・博多の文化財

愛宕山からみた福岡市街（福岡市提供）

福岡観光の中心、福岡市赤煉瓦文化館

近現代の福岡・博多

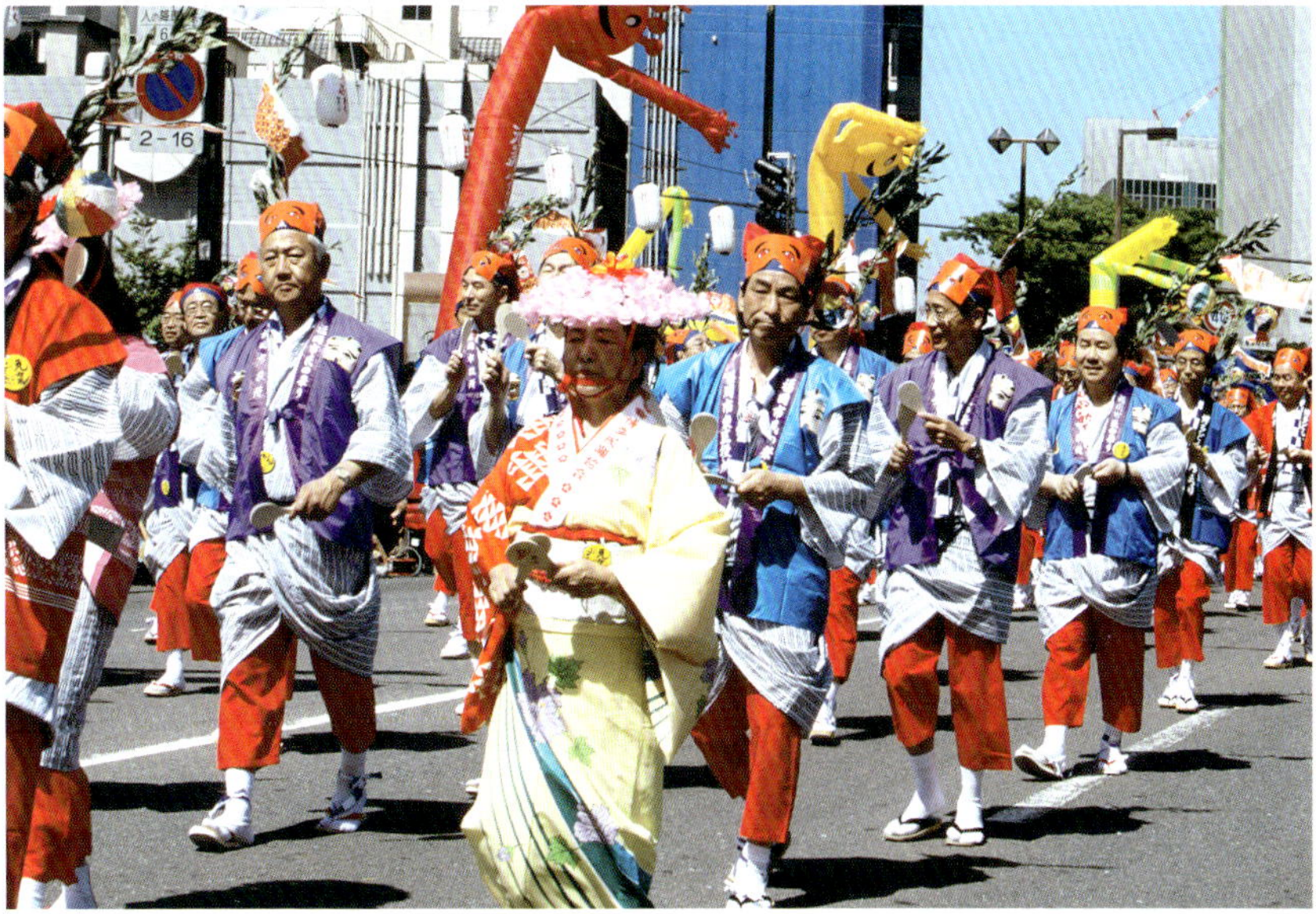

市民の祭り、博多どんたく（福岡市提供）

上川端通りの走る飾り山

博多の伝統芸能

食文化を支える柳橋連合市場

屋台での談笑

福岡・博多の食文化

まえがき

高倉洋彰

航空機の時刻表は月々に変わるからいつもそうというわけではありませんが、福岡から上海までの時間が二〇分だったことがあります。もちろん時差がありますから、実際には八〇分かかったのですが、それにしても中国は福岡のすぐ近くにあります。これも昔話ですが、福岡都心の天神のバス停に釜山港行きという案内があったことがあります。もちろん釜山港行きの船が出港する中央埠頭行きの意味ですが、実際にバスでも行けそうで、この表記に違和感はありませんでした。

福岡は、昔から、対外交流の窓口としての性格をもっていました。これは先に述べました中国・韓国に至近という地理的環境が大きな要因になりますが、航空機が発達した現代においてもその性格は変わりません。今回、西南学院大学国際文化学部で福岡のガイド本の刊行を企画しました。福岡には地理的環境に根ざした沢山の素材があり、本学部には多士済々の先生がいらっしゃいますので本の作成は容易なのですが、しかし観光ガイドブックや旅行ガイドブックと同じではこれまでに刊行されました「大学的○○ガイド」に対して申し訳ないことになります。

本の構成を考えていましたところ、国際文化学部が西南学院大学で開催しています二〇一〇年度後期の公開講座の一つを担当することになり、福岡ガイドに合わせて「魅力ある街、福岡・博多―西南学院的おもしろ博多・福岡学―」として実施しました。講座の題目を紹介しますと、「アジアに繋がる街、福岡」「古地図のなかの福岡・博多」「朝鮮通信使と福岡藩」「音楽都市・福岡」「スポーツを通じてみた福岡」「福岡と文学」「博多におけるキリスト教の水脈を求める」「東亜勧業博覧会からアジア太平洋博覧会へ」「食の伝統」というものでした。先生方の専門分野に関する内容が多かったのですが、半数近くは専門周辺の余技といってもよい分野でした。私はほとんどの講座を聴講しましたが、専門分野よりも余技の方が面白かったように思います。専門・非専門にかかわらず話題が博多・福岡のことですから、これについては自分の方が詳しいと一家言のある受講者もいらっしゃいましたが、このような見方や考え方ができますよという大学ならではの新鮮な着眼点と、学問する楽しみをお伝えすることができたと思っています。それが良かったことの反映でしょうが、募集定員を大幅に上回る一五七名もの方が受講され、一〇〇名以上の方々は毎回のように熱心に通われました。その出席率はこれまでにない高さでした。

この公開講座で目途がつき、本書の骨格が出来上がりました。在外研究の実施などで参加できなくなった先生がいらっしゃる一方で、自分もこういうテーマで企画に参加したいという申し出などもありました。講座で評判でした「スポーツを通じてみた福岡」の片山隆裕教授のご専門はタイを中心とした文化人類学ですし、新たに加わられ「九州北部の鉄道のあゆみ」を書かれた中島和男教授（学部長）の専門はドイツ研究なのですから、「西南学院的おもしろ福岡・博多学」的な新鮮な視点を提供できたのではと思っています。

一方で、大学があります地域に視点をおきましたので、「福岡」の範囲が福岡県ではなく、福岡市およびその周辺からなる福岡都市圏にとどまってしまうことになりました。これはこれで味のある企画になったのではと思っておりますので、お許しいただきたいものです。

西南学院大学には福岡都市圏出身の多くの学生がいます。にもかかわらず彼ら彼女らは福岡の歴史に疎く、博多と福岡の違いがわからない学生もいます。そのため国際文化学部では総合科目としてオムニバスの「文化のダイナミズム」を開講し、欧米からアジアに及ぶ各種の講座を開いていますが、本書はその格好のテキストになりました。というよりも、そのテキストとして作成を意図しましたのが実情です。地元に関する知識の不足は本学だけの問題ではありません。このことを憂い、福岡市の西部地区にあります九州大学・中村学園大学・福岡大学・福岡歯科大学と本学の五大学が共同して「博多学」を開講しています。この博多学にも寄与できたのではないでしょうか。

もはや誰も知りませんし誰も言ってくれませんが、日本で最初に「国際文化」の名を冠しました学科を創設しましたのは西南学院大学国際文化学部（当時は文学部国際文化学科）です。欧米研究に多くの成果を挙げていることで知られていますが、実は中国研究をはじめアジア研究にも優れた実績をもっています。どちらかといえば地元研究よりも国際的な研究をする学部と思われていますが、基礎研究として「本家」国際文化学部は地元研究も蓄積しています。これらが渾然一体となり、古代から現代まで、国際交流と比較文化の視点からアジアや欧米を見据えて地域論を展開しているのが本書の特色です。この特色を活用しながら、博多・福岡研究の新たな視点を開拓し、これまでに育てていただきました地元に対しましてささやかな貢献をいたしたいと考えています。国際と「地」際を織り交えた西南学院大学国際文化学部的福岡・博多ガイドをお楽しみいただければと願っております。

・本文イラスト、見返し地図作成
平川知佳（西南学院大学大学院国際文化研究科博士後期課程）

第1部

国際交流の歴史都市・福岡

アジアに繋がる街・福岡

吉田扶希子

ここ西南学院大学の構内には、元寇防塁の遺跡がある。一号館の新築工事にともない検出、整備された。元寇とは、南宋を攻略した元が文永の役（一二七四年）、弘安の役（一二八一年）と二度にわたり九州北部に攻め入った事件である。そして文永の役の後、再度の襲来に備えて博多湾の海岸線に構築された防衛施設の石築地が元寇防塁である。このように福岡は玄界灘に面した重要な交通の要衝のため、太古より海外からの敵が攻め入ってきた。同時に賓客も訪れており、外交の拠点でもあった（図1）。

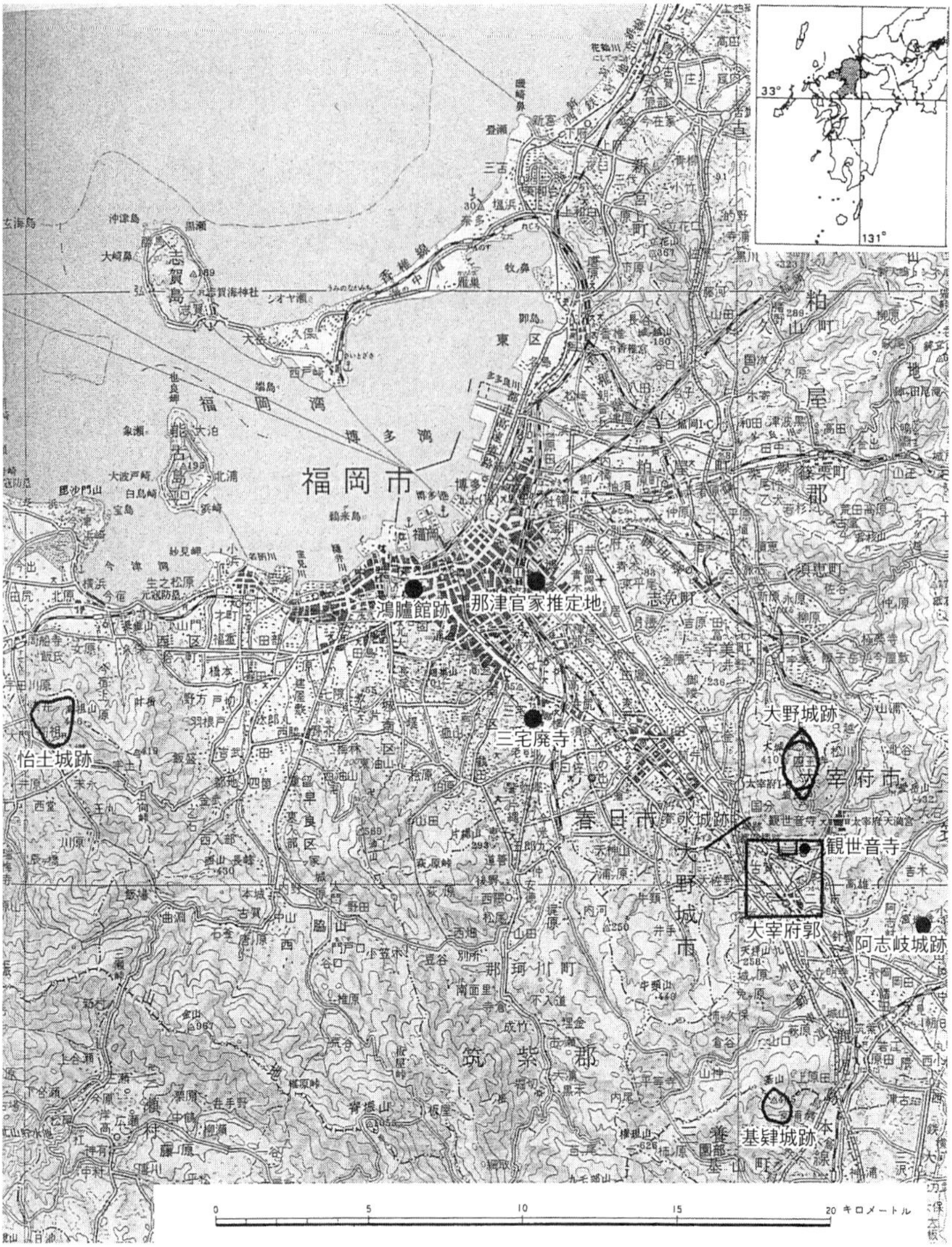

図1　博多・大宰府関連遺跡分布図（『大宰府政庁周辺官衙跡I』九州歴史資料館　2010）

1　那津官家

六世紀、わが国は朝鮮半島にしばしば軍事介入をしていた。五二七年新羅によって奪われた朝鮮半島の諸国を奪還するため、朝廷は近江国の毛野臣《けぬのおみ》に任那への赴任を命じ、六万の兵を挙げて新羅に向かわせた。しかし以前から大和政権に反感をもち、反逆の機会をねらっていた筑紫君磐井は、新羅より賄賂を受け取り（『日本書紀』）、近江毛野臣の新羅行きを妨害する。筑紫君磐井の乱である。やがて物部麁鹿火《もののべのあらかび》によって磐井は鎮圧されるが、この乱の影響力は大きかった。朝鮮半島に対して危機感を感じ、外敵に対する攻防の必要に迫られた。そこで地理的に窓口である玄界灘沿岸を整備し、軍事力を結集することとする。

磐井の子葛子は、磐井が討伐をうけた贖罪として、糟屋屯倉を朝廷に献じた。屯倉は「官家」とも記し、直接的には収穫した穀物を蓄えた倉やその耕作地の水田もさす。それは朝廷の直轄地であり、経済的基盤、軍事基地である。そして『日本書紀』巻第一八の宣化天皇元年（五三六）夏五月辛丑の朔の詔に、筑紫、肥、豊の三国に五三五年に設置した屯倉を一つにまとめて那津の口《ほとり》（博多）に建てると記される。「那津官家《なのつのみやけ》」の設置である。河内、尾張、伊勢、伊賀などからも穀物が運ばれここに集められて、非常時に備えて食料を蓄えていた。その後それだけでなく、筑紫国は様々な外国からの客が訪れる地であったため、その使節をもてなす役目も果たしていた。

那津官家はその音から福岡市南区三宅《みやけ》が推定地とされ、青柳種信も『筑前国続風土記拾遺』にて、三宅の地が那津官家であるとしている。ところが一九八四年、二〇〇〇年の発掘調査によって、福岡市博多区比恵の遺構が那津官家に関連する建物と比定された。新発見である。検出された遺構は六世紀後半～七世紀前半代の東西五〇メートル以上、南北五五～五八メートルの範囲の三本一組の柵状遺構と、これに伴う三間×三間の掘立柱建物(倉庫群)である。(1) 二〇〇一年に国指定史跡となった。では福岡市南区三宅は何だったのだろうか。奈良時代の三宅廃寺があること、さらに博多駅南に「三宅田」「官田」「犬飼」などの古い地名があること、また古墳時代に開削されたであろう人工河川(水路)を西に延長すると、「三宅田」「官田」の南端の位置になることから、那津官家にともなう耕作地と考えられている。

また福岡市の西を流れる室見川に沿って約一・五キロ入った台地上の有田遺跡でも、比恵遺跡と類似した柵状遺構に囲まれた総柱建物が検出されている。ただ有田遺跡の場合、三本柱柵の前に一本柱柵と建物群が存在し、比恵遺跡よりも前述『日本書紀』にいう「五三六年」に近い時代の遺構である。いずれにしても那津官家あるいはその関連施設と断定するのは難しい。

(1)『比恵29』福岡市埋蔵文化財調査報告書第六六三集、福岡市教育委員会、二〇〇一年

2 大宰府

七世紀になると朝鮮半島の状況は緊迫する。唐と連合した新羅は六五一年に百済を、六六八年には高句麗を滅ぼし、朝鮮半島を統一した。わが国は百済の復興に手をさしのべ

たが、六六三年白村江の戦いで敗北してしまう。その結果、唐と新羅の連合軍が攻めてくるかもしれないという危機感がさらに強くなり、動揺した。そこで「那津官家」の政治的、軍事拠点的施設を博多湾岸から脊振山地、三郡山地と自然の防護壁の奥へと移した。大宰府である。ただ両山地の切れ目である平野部から敵の侵入の可能性があるため、遮断しようと水城をつくった（図2）。同時に対馬、壱岐、筑紫に防人をおき、烽火を各地に設置した。六六四年のことである。

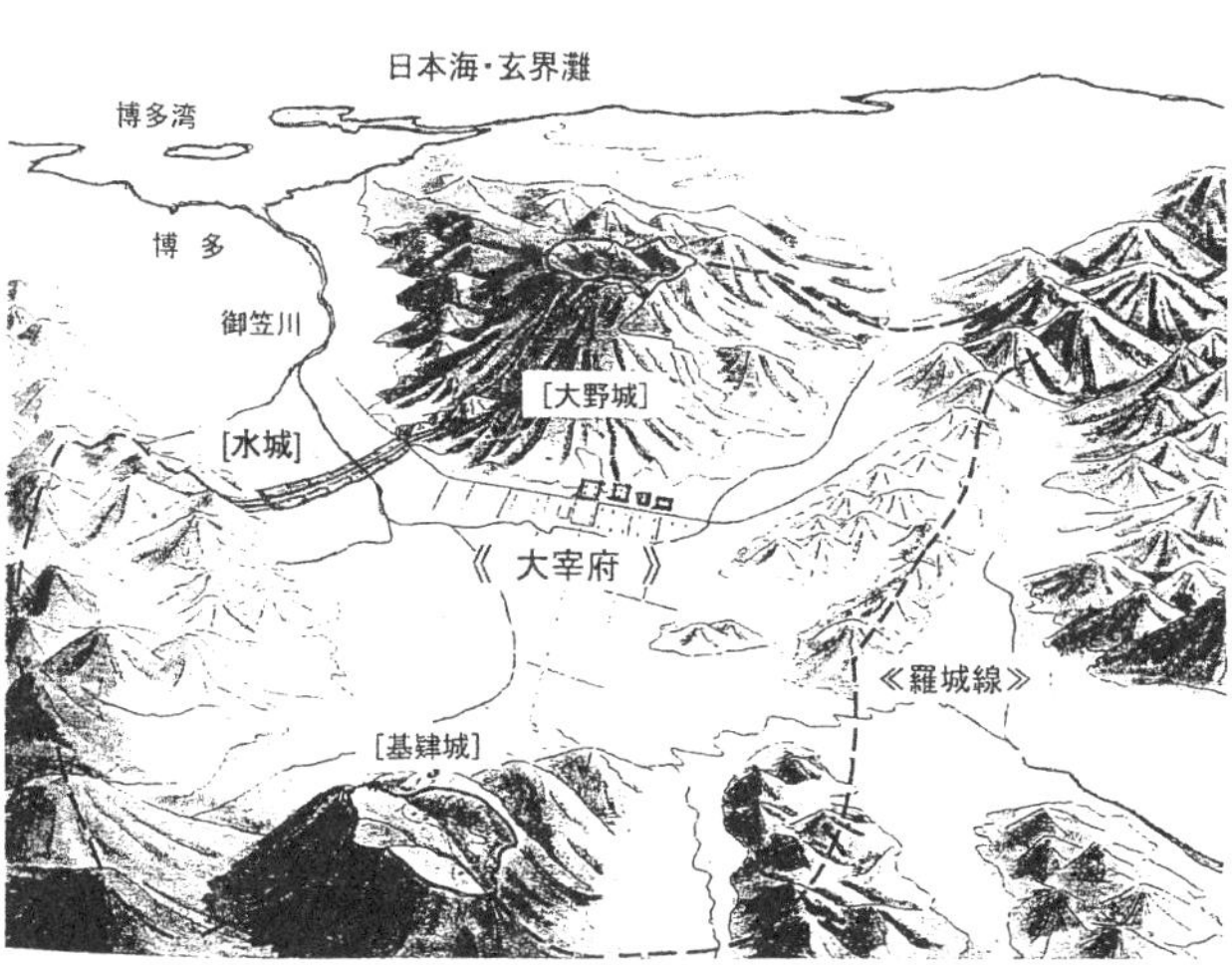

図2　大宰府と水城の鳥瞰位置図（『水城跡　下巻』九州歴史資料館 2009）

水城は『日本書紀』巻第二七の天智天皇三年（六六四）の条に「筑紫に大堤を築きて水を貯へしむ。名《なづ》けて水城と曰ふ」とある。「大堤」は現存する土塁をさし、全長約一・二キロ、高さ約一〇メートル、基底部幅八〇メートルを測る。「水を貯へしむ」については、その場所が疑問であったが、一九九七年の発掘調査で明らかとなった。土塁内側の幅一〇メートルの濠の水を木樋を通して前面に流し、土塁の外側（博多湾側）の幅六〇メートル、深さ四メートルの濠に貯水していた。土塁には東西二カ所の門がある。そこには後述する鴻臚館と大宰府を結ぶ官道が通っている。水城は改修工事も行われ、朝鮮半島と共通する高度な技術をみることができる。その他現在の春日市、大野城市に小水城も築き、大宰府の防御を固めた(2)(3)。

六六五年には朝鮮半島の山城を手本として、長門国に築城（名称不明）、さらに大宰府の北側で現在の大野城市の大野山に大野城、その南の佐賀県基山に基肄城が亡命百済人によって築かれ、大宰府の防御力を高めた。大野城は外郭線で六・五キロ以上の土塁、石垣、そして四ヵ所の城門、高床式倉庫跡と思われる礎石総柱建物が八ヵ所にまとまって約七〇棟検出された。南北両側の土塁は二重構造で強固である。改修工事の跡もあり、ここでも高度な技術がみられる。基肄城は四キロ以上の土塁、城門がある。あわせて総合的に軍事都市大宰府の周囲を固め、一連の防衛線を整えたわけだ。これらの構築物は百済扶余がモデルという(4)。

大宰府は那津官家の役目を引き継ぎ、軍事拠点となった。そればかりでなく九国三島の古代九州を統括し、外交の機能をもつ重要な役所となる。柿本人麻呂がいう「大君の遠の朝廷」である。もともと「大宰《おおみこともち》」は地方行政で重要な地点に設置された役所で、吉備、周防、伊予などにもおかれた。七〇一年の大宝律令によって他の大宰は廃止となり、大宰府といえば現在の太宰府市所在の機構をさすようになった。長官は大宰帥《だざいのそち》といい、従三位程度で、実務は次官の大宰権帥が行っていた。その下の四等官は弐の大弐、少弐、監の大監、少監、典の大典、少典をおく。役所には、常に併存したわけではないが、以下のものがあった。辺境の防衛の防人司、外敵の侵入を防ぐ警固所、前述した大野城を守るのは大野城司で軍事、とくに防衛を担当した。建造物や武器、船をつくる匠司、武器を修理し整えた修理器杖所、蔵司で調庸物を、税司で庸米や税米を収納管理した。貢上染物所では中

(2) 高倉洋彰『大宰府と観世音寺』海鳥社、一九九六年
(3) 『水城跡』上・下巻　九州歴史資料館、二〇〇九年
(4) 『古代の福岡』アクロス福岡文化誌三　アクロス福岡文化誌編纂委員会、二〇〇九年

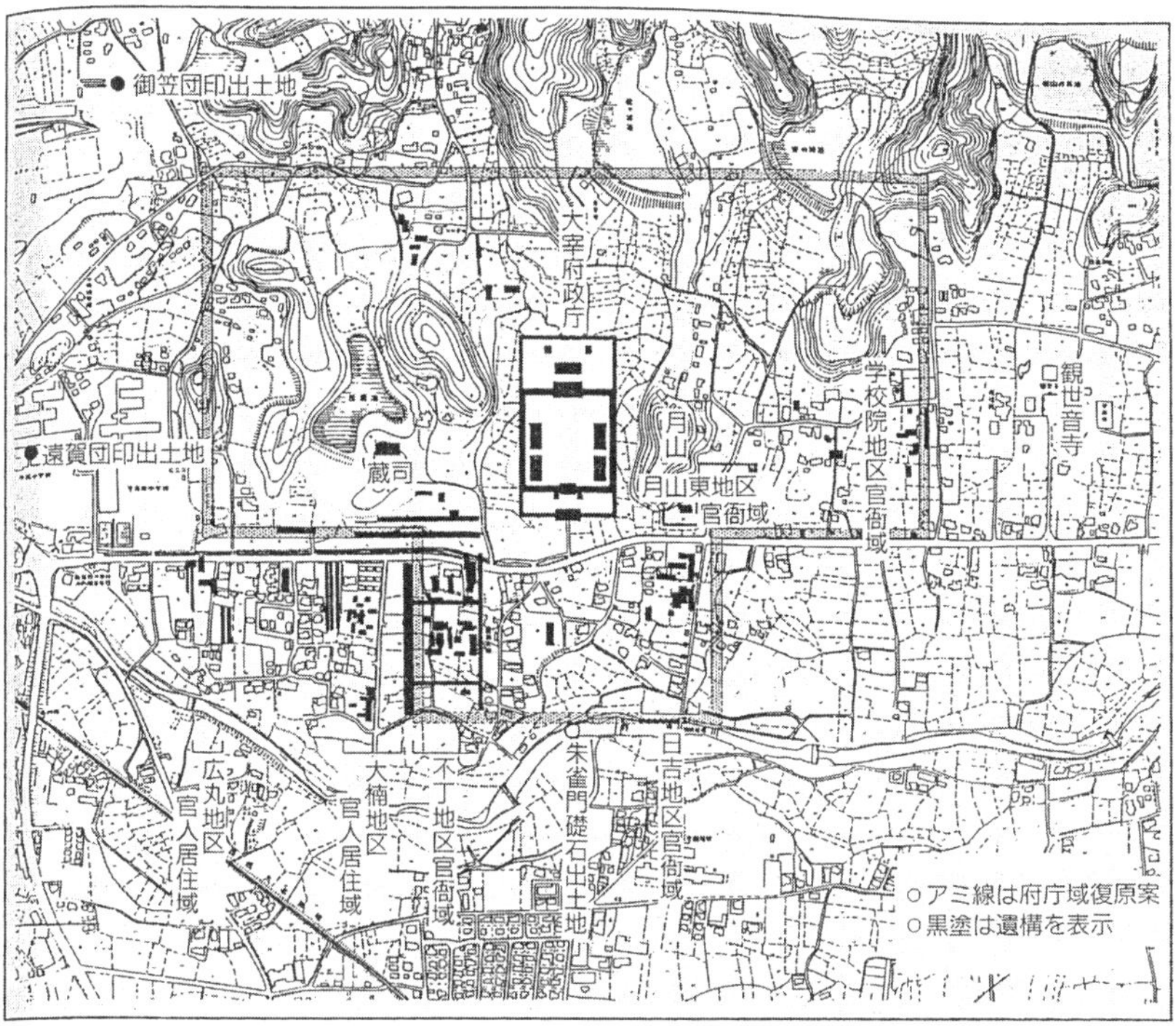

図3　大宰府政庁と府庁（高倉洋彰『大宰府と観世音寺』海鳥社　1996）

央に貢上するため諸国からの調物（布）を染色した。大帳司で個人の課役負担義務を記載した帳簿類を管理した。貢物所では関係役所で扱う各種貢物の送付にあたった。そして蕃客所で外国使節を接待し、その客館である後述する鴻臚館の管理をした。主厨司でその饗応する料理にあたった。その他役人を育てる学校院、公私の馬牛を司る兵馬所、船体の修理にあたる主船司、公文書を扱い、土地の相論、訴訟の裁断も行った公文所、府管内の患者の治療、薬草の管理を行う薬司、紙を生産する作紙所があった。そしてこれらの役所は政所によってとりまとめられた。

　政庁（図3）は一九六八年以来数年にわたる発掘調査によって建て替えが確認され、三期にわけることができた。(5)(6) 創建期であるⅠ期は七世紀後半から八世紀初頭で、整然とした掘立柱建物からなる。中門から正殿を通り、北門へと中軸線を意識している。最近ここを斉明天皇の朝倉橘広庭宮と考える見解がだされている。(7) Ⅱ期は八世紀初頭から一〇世紀中ごろで、朝堂的配置をとる瓦葺の礎石建物に建て替えられる。周辺官衙の整備とともに、大宝律令によりその組織と機構が整えられ充実期となる。規模は東西一一八・四メートル、南北長心々二一一・〇メートル、回廊は東西長心々で一一〇・七メートル、南北一一三・八メートルを測る。Ⅲ期は一〇世紀中ごろから一二世紀前半で、Ⅱ期を踏襲して再建している。Ⅱ期・Ⅲ期は築地と回廊で三つの区画に分けられる。建物は検出されていないが、築地で囲まれた前面域は朝集殿にあたり、中央の回廊で囲まれた区画は朝堂院にあたり、四棟ある。

　政庁の前面には「不丁《ふちょう》」といい、「府庁」に通じる音の地名がある。一九七一年の調査で、この一画に七間×二間の南北棟礎石建物が検出された。これで府庁域の拡大が確かとなった。また政庁西側の台地の蔵司は、西海道の国々からの調庸物をおさめる倉庫があった。最近の発掘調査では、蔵司から七世紀後半から八世紀中ごろの鏃、刀、小札などの破片だが、総重量二六キロと大量の武器、武具が出土している。軍事面で大宰府が重要な役割を果たしていたのだ。このように政庁前面に府庁域、官人居住域があり、その区画には溝があり、大宰大尺を基準として、大宰府政庁は計画的に建設された。

（5）『図説発掘が語る日本史』第六巻九州・沖縄編　新人物往来社、一九八六年
（6）『大宰府政庁周辺官衙跡』Ⅰ九州歴史資料館、二〇一〇年
（7）赤司善彦「朝倉橘廣庭宮推定地の伝承について」『東風西声』五、九州国立博物館、二〇〇九年

3　鴻臚館

軍事拠点を大宰府に移転した後、那津には鴻臚館がつくられた。外国の使節など賓客を接待、宿泊させた施設で、筑紫の他、京、難波の三ヵ所に設けられた。『日本書紀』巻第三〇の持統天皇二年（六六八）には「筑紫館《つくしのむろつみ》」で新羅国使をもてなした記事があり、「筑紫館」は鴻臚館の前身と考えられる。「鴻臚館」の文献上の初出は、八三八年の遣唐副使小野篁が鴻臚館で唐人沈道古と詩を唱和した記事である。鴻臚館の名前は、同様の役割を果たしていた唐の鴻臚寺に因んでいる。使節はまず筑紫の鴻臚館に入り、衣食を接待される。そして上京を許されると、一度難波に収容された後、京鴻臚館に滞在し、任を果たす。帰りもまず筑紫鴻臚館に戻ってから帰国した。このように筑紫鴻臚館は地理的環境が影響し、出入国の窓口、外交の拠点として、大役を担っていた。八四七年入唐僧円仁の滞在、八五八年同じく入唐僧円珍の滞在など、鴻臚館の記事がある。

この鴻臚館の所在地は、江戸時代以来、博多官内町（現在の福岡市博多区中呉服町）にあるとされていたが、一九二六年中山平次郎博士（一八七一～一九五六年）によって、はじめて福岡城内説が発表されて大反響をよぶ。(8) 博士は医学博士にして、考古学にも造詣が深く、九州の考古学の先駆者といえる。博士は『万葉集』にある四首の鴻臚館（筑紫館）を詠んだ歌から、その場所は志賀島が眺望でき、山松かげの蝉の声が聞こえる場所であると考えられ、福岡城の地と推察された。また鴻臚館に配された国防施設「博多警固所」の場所が、

（8） 中山平次郎『古代の博多』九州大学出版会、一九八四年

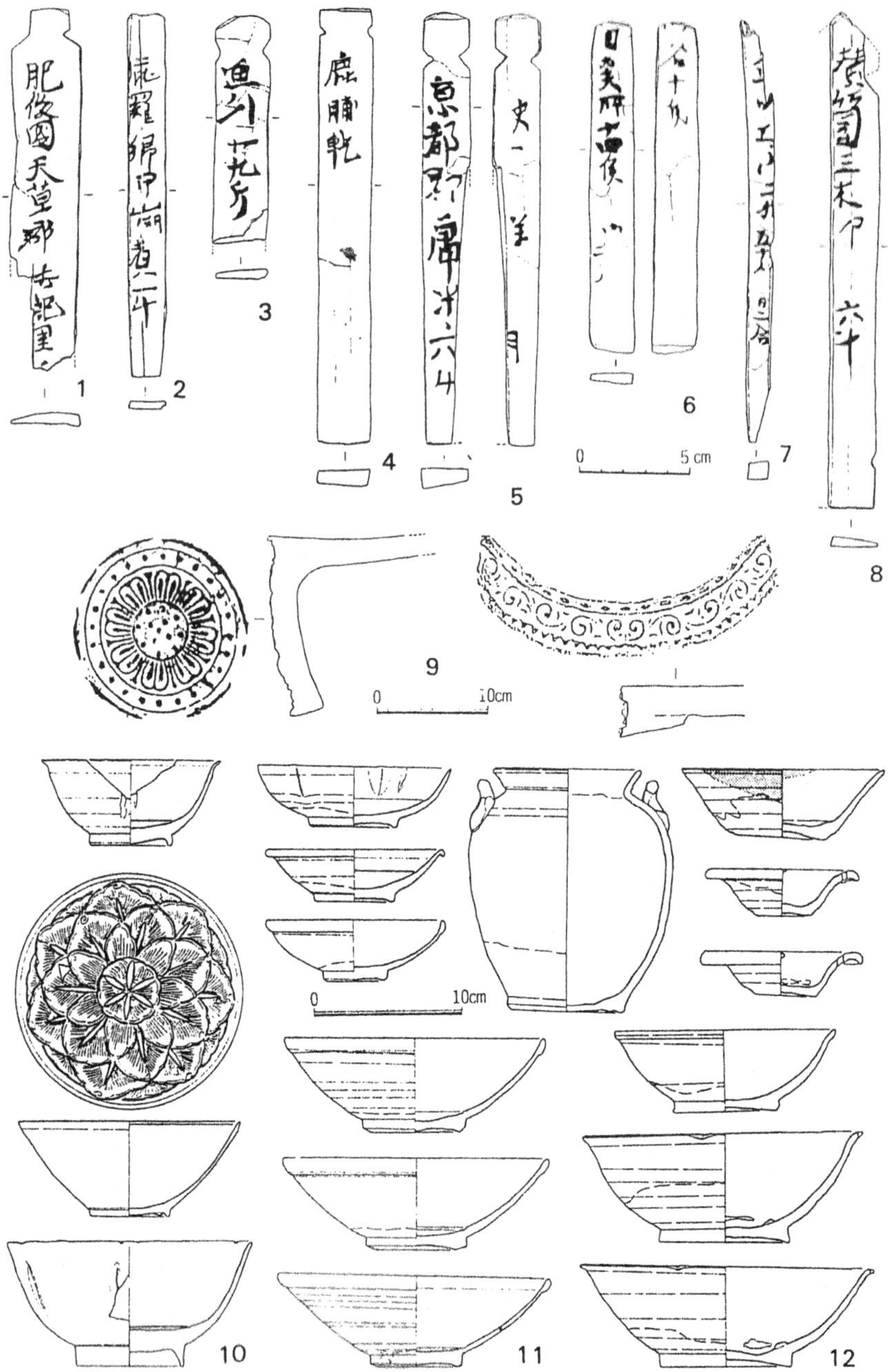

図4　鴻臚館遺跡出土の遺物

Ⅱ期：1～8（土壙SK57出土木簡）Ⅲ期：9（出土鴻臚館式軒先瓦）Ⅳ期：10（土壙SK01出土越州窯系青磁）、11（SK01出土白磁）、12（土壙SK61出土越州窯系青磁）（高倉洋彰『大宰府と観世音寺』海鳥社　1996）

福岡城から東に約六〇〇メートルに残る地名「警固」が比定されることもこの説の理由のひとつである。しかし陸軍の施設があった福岡城は通常は立入ることができなかった。そこで特別に市民に開放されるどんたくの日に古瓦を採集し、自分の説に確証をもったのである。そして彼の学説は一九八七年の発掘調査によって裏付けられた。

鴻臚館は東の谷を区画溝とし、南北に建物群が分けられ、遺構は五期にわけることができる。[9][10] Ⅰ期は七世紀後半で、溝をはさみ南北の掘立柱建物があった。南北の建物は対称形ではない。Ⅱ期は八世紀前半で、布掘りの掘立柱の塀がある。南北の建物は対称形である。区画外の土壙（便槽）から木簡が出土した（図４）。木簡には、「肥後国天草郡志記里」「京都郡庸米六斗」などとあり、大宰府管内外の地名と、運ばれた品名が記される。各地から大宰府への貢進物のつけ札である。吉備真備が遣唐使として博多を通過したのもこの時期である。彼は帰国後大宰少弐となり、糸島市と福岡市の境にある高祖山《たかすやま》の怡土城築城に着手した。途中佐伯今毛人と交代して、怡土城は七五六〜七六八年の一三年をかけて築城された。新羅に対して大宰府防衛の役目を担った中国式山城である。Ⅲ期は八世紀後半から九世紀前半で、礎石建物と回廊状の建物がつくられる。空海、最澄が博多を通過した時期である。Ⅳ期・Ⅴ期は九世紀後半から一一世紀前半で、いずれも建物群はみつかっていないが、土壙から越州窯系青磁や白磁などの中国製陶器、イスラムガラス器が出土している。

八三八年最後の遣唐使派遣を境に、鴻臚館の役割は唐商人の接待所に変化している。唐商人は八世紀後半から訪れていたが、九世紀にはますます増加する。商人は大宰府官人による臨検を受けてはじめて鴻臚館に入館、朝廷の許しを得て交易を行っていた。しかしやがて鴻臚館にて実際に唐物を取引するようになり、さらに鴻臚館の性格が変化する。商人

（9）『古代の博多―鴻臚館とその時代』古代の博多展実行委員会、二〇〇七年

（10）『史跡 鴻臚館跡』福岡市埋蔵文化財調査報告書第一〇二三集 福岡市教育委員会、二〇〇九年

は、唐綾、香料、香薬、その他越州窯青磁に代表される陶磁器などを取り扱った。彼らは商取引のために入国しているが、その滞在中の宿泊、食事などの費用は鴻臚館で賄われていた。一一世紀中ごろになると、各荘園で中国と直接取引を行うようになり、鴻臚館の役目は終わりを遂げる。

4 博多

佐賀県神埼荘は平清盛の父忠盛が荘司、清盛が大宰大弐をつとめ、九州を手中におさめていた。当時各々の荘園で貿易をしても、大宰府の許可なく船を港に着けることはできなかった。ところが、忠盛は大宰府を無視し、神埼荘に着岸する宋船と直接貿易を行った。神埼荘は日宋貿易の舞台となり、平家の台頭の機会となる。また神埼荘は脊振山を通って博多へ物資を運び、博多とは直結していた。博多の総鎮守櫛田神社は、このころ清盛が神埼荘から勧請したという。人工的に埋め立てた博多の埠頭「袖の湊」も清盛がつくったといい、平安時代末期から鎌倉時代にかけて貿易港として発展する。博多の一ノ宮住吉神社蔵博多古図をみると、「袖の湊」は「唐船入之津、博多ヨリ中華ニ航商船此所ニ繫グ」とある。しかし、近年研究がすすみ、袖の湊の存在は否定される。[11] ただ現在の福岡市博多区冷泉公園付近に港があったことは確実である。

貿易が盛んになると、非常に多くの中国商人が博多に住みつくようになっていた。一一世紀の終末期には、『武備志』日本考や『日本風土記』にあるように、「大唐街」「唐房」

(11) 佐伯弘次氏は袖の湊は固有名詞でないとする。史料的根拠はないという意見が一般的である。

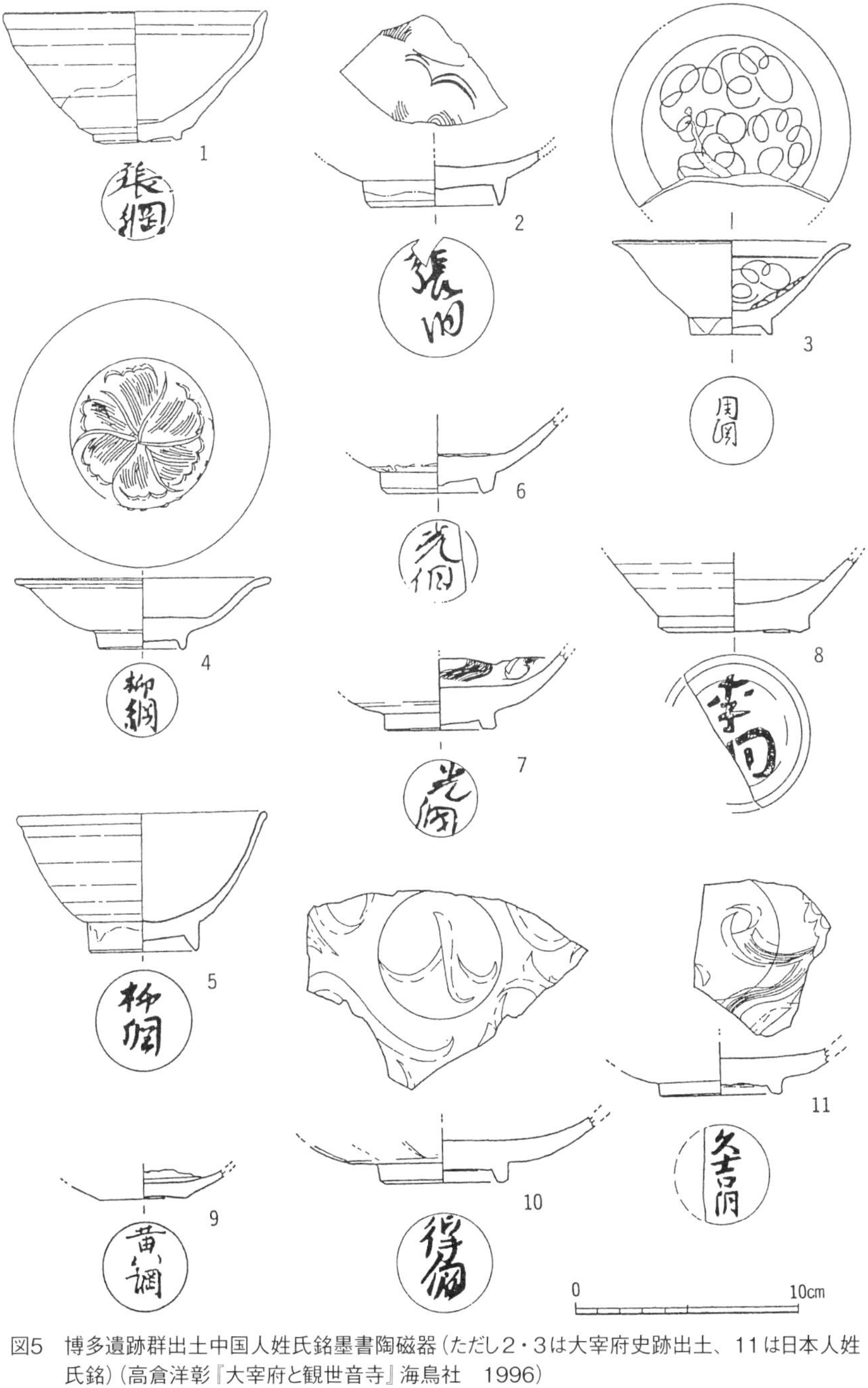

図5　博多遺跡群出土中国人姓氏銘墨書陶磁器（ただし2・3は大宰府史跡出土、11は日本人姓氏銘）（高倉洋彰『大宰府と観世音寺』海鳥社　1996）

という中国人街が登場するほどである。中国人街である福岡市博多区大博通り沿いにひろがる博多遺跡群から大量の陶磁器が出土する（図５）。なかでも墨書土器には、中国人の姓氏のみ、もしくは「張綱」「丁綱」「李綱」などの中国人の姓に「綱」をあわせたもの、もしくは数字と「綱」をあわせたものがあった。「綱」は「輸送のために組織された貨物の組をあらわす集合名詞」である。[12]

博多に住みついた人物に謝国明がいる。南宋の商人であるが、聖一国師（円爾）の入宋、帰国後の禅宗承天寺（現在の福岡市博多区博多駅前）の建立に力を尽くした人物である。日宋貿易により財を築き、筥崎宮の社領である那珂郡野間、高宮、平原を購入して承天寺に寄贈した。[13] 博多禅ともいわれる禅宗の教えをひろめたばかりでなく、うどん・そば、饅頭、羊羹の製法を伝え、文化面でも影響力が大きい。また博多っ子になじみ深い博多祇園山笠も、疫病退散を祈願して、聖一国師が乗った施餓鬼棚を町民が担いだことに始まるという。また日本最初の禅寺である聖福寺を開山した栄西は、茶をもたらしたことでも有名である。その他筥崎宮、住吉神社でも私貿易が盛んに行われている。

(12) 亀井明徳『日本貿易陶磁史の研究』同朋舎、一九八六年

(13) 『日本歴史地名大系』第四一巻 福岡県の地名　平凡社、二〇〇四年。原文「省伯等連署状」には「原村」とあるが、実は誤りで、『筑前国続風土記』に記載される「平原村」のことと考えられる。

おわりに

玄界灘に面する博多（福岡）は、古来より外敵が攻めてくるだけでなく、同時に蕃客も多く訪れた地である。那津官家、大宰府、鴻臚館と形を変えながら、国防、出入国管理、迎賓館、貿易とその時代に応じた役目を果たし、外交の拠点となる。国家の窓口といって

も過言ではない。それは文化の流入口でもあった。チャイナタウンを形成し、交易が盛んに行なわれ、博多から海外への門戸を大きく開いたのである。

column

福岡はアジアへの窓口

高倉洋彰

古代の大宰府は、中央政府の九州総合庁舎として、①西海道（九州）の内政をつかさどり、②中国・韓国と対峙するという地理的特性がもたらす国家外交の実務機構としての役割を果たし、③最前線の軍事基地であり国防拠点として要塞化されていたが、これに加えて、府大寺観世音寺を中心として海外の文化をいち早く受け入れる情報の拠点でもあった。その大宰府の衰退は、現在の太宰府市一帯、そしてその外港である福岡市一帯を地方都市へと埋没させ、航空機による交通網の発達がそれを加速させた。

しかし、韓国や中国と間近に接しているという地理的特性は今も変わらない。福岡の博多港と韓国の釜山港を結ぶビートルを利用すれば、安価で日帰りの外国旅行が楽しめる。今はあまり宣伝をみないが、バブル期には釜山で開く忘年会の案内がずいぶんあった。物価の安い福岡であっても、船賃を払い一泊しても釜山の方が安上がりだというのだから、その近さが実感できると思う。福岡大学に釜山の大学で非常勤講師をされていた教授がいらっしゃったが、集中講義ではなく毎週通われていた。これも地理的特性がなせるわざである。

繰り返すが、福岡は韓国や中国にもっとも近い都市であって、今でもアジアへの窓口であることに変わりはない。そこで現代の福岡はアジアへの情報発信を活発に行うようになっている。ソフトとハードの例をそれぞれ一つ紹介しよう。

一九九〇年に創設された福岡アジア文化賞は、福岡に関して何らかの功績・業績を挙げられた人に対してではなく、アジア固有の文化の保存と創造に関する功績をおさめた個人もしくは団体に対して授与されている。バングラデシュの経済学者ムハマド・ユヌス氏、インドのシタール奏者で音楽家のラヴィ・シャンカール氏、中国の社会人類学者費孝通氏のように、地域的にも分野的にも幅広い大賞受賞者がいて、同時に顕彰される学術研究賞や芸術・文化賞の受賞者をみても、アジア文化の価値を認識し、アジアの人びとが相互に学び幅広く交流する基盤をつくるという目的が果たされている。単なる福岡キャンペーンではなく、福岡をアジア文化研究の拠点にしようとする気概に溢れた表彰制度といえる。

二〇〇四年四月に太宰府市に九州国立博物館が開館した（展示の開始は翌年一〇月）。文化庁所管の博物館としては東京・京都・奈良に続く、一〇〇余年ぶりの開館だった。この国立博物館に冠された「九州」は、九州に特定した調査研究や展示を行うことを意味しておらず、国立四館のうちの九州にある博物館であることを示している。日本文化の形成に与えた諸外国の影響を考え、アジア史的観点から日本文化の形成過程を捉えることが館のテーマだから、ここにも九州色はない。実際にアイヌ文化の展示もされている。ということになると、これは文化先進地としての古代大宰府の再現ではなかろうか。館の所在地が太宰府市であることも意義深い。

九州国立博物館

展示開始後六年を経た現在、九州国立博物館に至る太宰府天満宮の参道を歩いていると、日本語よりも韓国語や中国語の会話の方が多く聞こえるくらいに、外国の方々が多くみえている。これまで東京往復で日本に来られていた研究者にも、往復のどちらかに福岡空港を選ばれる方が増えている。九州国立博物館のある太宰府は確実に国際交流の拠点としての新たな、そして復活の道を歩んでいる。

二つのモデルに表れているように、福岡はかつての対外交流の門戸としての地理的特性を復活させつつ、アジアの文化の拠点都市として生まれ変わっている。

朝鮮通信使と福岡藩

尹芝惠

1　玄界灘に浮かぶ相島(藍島)

韓国から福岡に帰って来る時、飛行機が着陸の準備をはじめると、前方に福岡の市街地が目に入ってくる。そして同時に、その沖合に三日月の形をした小さな島が浮かんでいるのも目に入る。「相島」である(図1)。

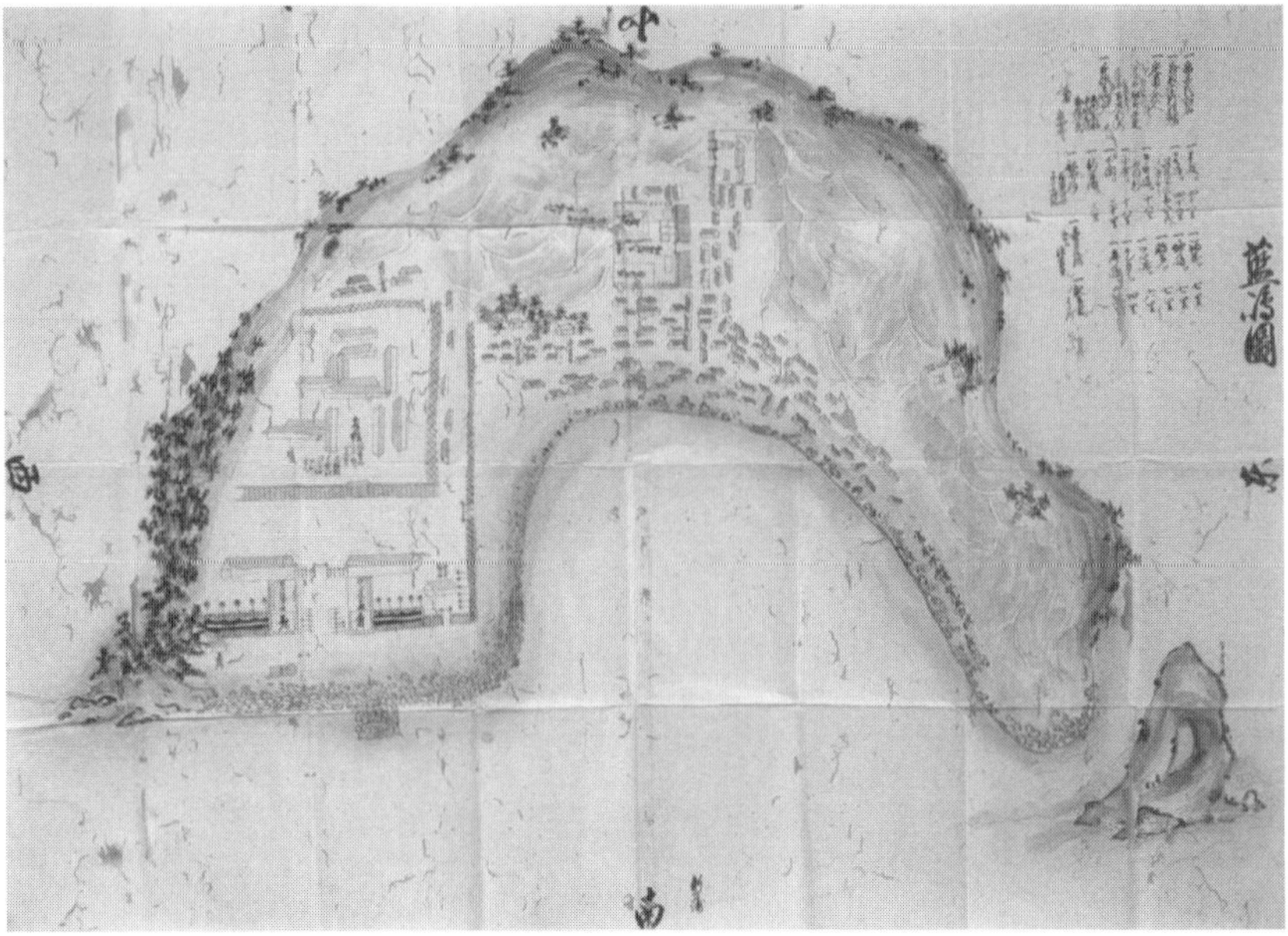

図1　藍嶋図（岩国徴古館蔵）

この島の存在を知らない人にとっては単に海に浮かぶ小さな島の一つに過ぎず、簡単に見過ごされてしまうだろう。しかし、筆者にとっては、飛行機で福岡に帰って来る時の宝探しのような楽しみになっている。

相島は、江戸時代に朝鮮王朝から日本に派遣された外交使節団である「朝鮮通信使」[1]が宿泊していた場所である。

近年、江戸時代の日朝（韓）関係が注目され、とりわけ両国の友好のシンボルとも言われる朝鮮通信使に関する研究はますます盛んになっている。朝鮮通信使は江戸時代に十二回、来日している。相島にはそのうちの十一回、往路

（1）「朝鮮通信使」という名称は、日本や韓国の教科書などで一般的に使用される名称であるが、江戸時代当時の呼称ではない。この名称は日本側の立場に立ったものであることから、韓国の研究者の間では適切でないと主張されることもある。池内敏氏が論文「朝鮮通信使が終わってのちに」（『朝鮮通信使研究』第十巻、二〇一〇年）で指摘しているように、日本でも一九六〇年代以降に論文などで頻繁に使用されはじめた名称である。しかし現在、朝鮮王朝から派遣された使節団に対して「朝鮮通信使」という名称を用いることが一般的であるため、本稿ではこの名称を使用する。なお、「通信」とは、「信（よしみ）を通わす」ということを意味する。

復路ともにであるから合計二十二度、寄港し宿泊している。

相島は現在、福岡県糟屋郡新宮町に属している。博多駅からＪＲ鹿児島本線の普通列車で約二十五分、新宮中央駅で下車して百円バスに乗り換え、新宮漁港へ向かう。港から、町営渡船「しんぐう」に乗って約十七分で「相島」につく。新宮町の沖合七・五㎞に浮かぶ周囲六・一四㎞、面積一・二二㎢の三日月状の小さな島である。相島に向かう船の乗客の多くは、買い物を終えた島民と釣り客である。

江戸時代に福岡藩の接待所として、朝鮮通信使が派遣される度毎に、使節や対馬藩士などが千人以上も訪れて賑わった面影は、今ではあまり感じられない。江戸時代に参勤交代や朝鮮通信使の滞在によって賑わった西日本各地の港町の中には、今は静かな漁港になっているところが少なくない。

現在、日本では、朝鮮通信使が江戸までを往復する際の宿泊地であった地域が集まって「朝鮮通信使縁地連協議会」を結成し、町興しをかねて歴史の見直し作業を活発に行なっている。(2)

相島でも一部の島民と郷土史家らによって、朝鮮通信使に対して行われた島での応接の実情を明らかにしようとする運動が起きており、実際に関連する遺跡や遺物が発見されている。

福岡は韓国と地理的にも近いため韓国人観光客も多く、町のいたるところでハングル表記を目にすることができる。近年の韓流ブームの影響もあり、とても身近な国であることが実感できる。

しかし、江戸時代に福岡藩が朝鮮半島から訪れる賓客のために、福岡の地で盛大なもて

(2)　一九九五年に「朝鮮通信使縁地連絡協議会」が結成され、毎年ゆかりの町でシンポジウムや展示会が開かれており、二〇〇四年十一月には研究部会が発足した。

なしや交流をしていたことは一般の人にはあまり知られていない。

現在の韓流ブームに負けないほどの賑わいを見せていたであろう当時の相島の面影を、相島に残る遺跡を紹介しながらたどってみたい。

2　朝鮮通信使とは

朝鮮通信使（図2）とは、朝鮮が日本の足利・豊臣・徳川の武家政権の首領に対して派遣した、公式の外交使節のことであるが、現在一般的には、江戸時代の徳川幕府に対して派遣された朝鮮の使節団のことをいう。

江戸幕府に対する唯一の公式の外交使節団である朝鮮通信使は、一六〇七（慶長一二）年から一八一一（文化八）年まで十二回にわたって来日した。[3]

当初は、豊臣秀吉による壬辰・丁酉倭乱（文禄・慶長の役）の際に強制連行された子ども、女性、陶工、学者などの数万人の被虜人[4]の送還を目的としており、第三回までは「回答兼刷還使」と呼ばれていた。その後、この使節団の派遣が慣例化され、第四回からは江戸幕府の慶事や将軍襲職の際に訪れ、朝鮮国王の国書と徳川幕府の将軍の返書との交換が行われるようになったのである。将軍秀忠が京都に上洛していたため伏見で謁見した第二回と、対馬で聘礼をすませた第十二回を除いては、ソウル（漢城）から江戸までを往還し、そのうち第四回から第六回までは日光へも足をのばしている。

これらのことは、豊前小倉藩士の西田直養（一七九三―一八六五）が『筱舎漫筆』の中で

(3)　江戸時代、正式の外交使節を幕府に派遣したのは朝鮮と琉球のみである。このうち琉球は明や清と冊封関係を結びながら薩摩藩にも服属するという両属体制をとっており、外国からの使節と呼べるものは朝鮮通信使のみであった。なお、朝鮮王朝からは日本の室町幕府にすでに使節が派遣されていた。それらは、名称（「回礼使」「報聘使」など）も目的も編成も多様であった。「通信使」を名乗って来日した最初の使節は、足利義教の将軍襲職の祝賀を主な目的とした一四二九年の使節である。三宅英利、『近世アジアの日本と朝鮮半島』、朝日新聞社、一九九三年、参照。

(4)　「御天守番飯島平次郎話、予が相番に、染木某が祖先は、韓人にして李氏なり。豊太閤の時に、童にて姉とゝもに、片桐市正にいけどられて、皇国に来れり。」（滝沢馬琴『兎園小説』、『日本随筆大成』第二期第一巻、吉川弘文館、七〇頁）、「豊太閤朝鮮ヲ伐タレシ時、七歳ノ児ヲ虜ニシテ連レ帰リシニ、其児七言絶句ノ詩ヲ作リケレバ、ソレニ感ジテ其児ヲカヘサルト云

図2　朝鮮通信使来朝図（神戸市立博物館蔵）

以下のように紹介している。少し長いが引用する。

永享十一年、朝鮮王李裪〔割註〕堀正意が朝鮮征伐記ニ云、洪武二十五年ニ門下郎李成桂と云人、国王王瑤ヲ廃シテ自立シ、国ヲ朝鮮ト号ス云々。堀氏説ナレバ正史ニヨリテ書シ物ナラム。」使をつかはして来聘、これ我朝へ音問を通ぜし始なり。〔割註〕将軍は義教公なり。」嘉吉三年また来聘せしが、畠山持国おひかへさむとせしを、清原業忠のはからひにて、将軍義勝公対面あり。このとし対

ヒ伝フ。」（青木昆陽『昆陽漫録』、『日本随筆大成』第一期第二十巻、一〇五頁）「寺沢殿朝鮮陣ヲ立ル、時、三百余トリ物ニ男ヲツレ来レリ。朝鮮ニテ照布《テリフ》ヲ今迄織タルト申者ニハ、布木綿ヲ、ラセ、茶碗ヲ焼タト云者ニハ焼物ヲ申付ラル。」（山口幸充『嘉良喜随筆』、『日本随筆大成』第一期第二十一巻、二五七頁）、「洛東新黒谷に西雲院あり。俗に万日寺と号す。開基僧心誉宗厳は豊臣公朝鮮征伐に擒と成て来る。」（百井塘雨、『笈埃随筆』、『日本随筆大成』第二期第十二巻、二五二頁）などの記録が残されている。

馬守宗貞盛互市をはじむ。それより康正、文正、文安とたび〳〵往来ありしを、文亀、永正の頃より戦争の世となり、百二十年の間はともに音信不通なり。しかるを文禄元年秀吉公、明の通信の事を彼国にとりもたしめたまへど、国人誠一等是をとりあはざるにより、太閤憤怒して征伐をくはへたまへど、慶長三年、公薨じたまひ半にしてやむ。さるにより東照公西征の諸将をめしかへしたまふといへども、両国に和平ならず。同九年八月、宗義智、彼国の僧松雲、および録事孫文彧をひきゐて来る。内実は東照公の命にてよびよせしなり。同十年二月、両使伏見の城にて公に謁す。同十一年十二月、義智使を以て朝鮮国和議と丶のひ、信使すでに対馬に着岸せしよし申出。同十二年三月廿一日、義智信使をひきゐて京着す。閏四月六日、信使呂祐吉、副使慶暹、従事官丁好寛、上々官二人、上官二十六人出京して関東におもむく。守山、彦根、大垣、清洲、岡崎、浜松、掛川、藤枝、清見寺、三島、小田原、藤沢、神奈川に旅泊をさだめらる。公領の代官に饗応を掌らしむ。鞍置馬二百疋、駄馬二百疋、人夫三百人、路次の大小名これをいだす。五月六日、三使以下柳営に登りて台徳公に謁す。国王の書簡、かつ土産人参二百斤、虎皮五十枚、毛冑二十枚、唐筵五十枚、無綾百巻、大鷹五十連、青皮三十枚を献ず。義智より段子五十巻、油布五十端を捧ぐ。拝謁の式、大広間上段に繧涵間二間をしき、其上に錦の茵をし、御直衣にて端座したまふ。御下壇の左に座を設け、正使、副使、従事官三人こ丶に坐す。対馬守に命ぜられて馳走挨拶す。盃盤みな金銀にて八珍美をつくせり。公の御膳は四方膳なり。三使には脚附の膳なり。返簡は相国寺の西笑長老に仰付らる。同十四日、暇をたまはり江戸を発す。三使に白銀六百枚、薙刀十五本、上々官二人に白銀二百枚、中官二十六人、下官八十四人、すべて百十人へ白銀五百枚是をたまふ。同廿日、三使駿城に登る。東照公、烏帽子直垂にて繧繝間錦の茵に座したまふ。三使拝謁すむで、人参六十斤、白苧布三十匹、蜜百斤、蠟百斤を献ず。この頃、作事いまだ成らざれば享礼なし。本多上野介が宅にて酒食をたまひ、鎧刀をも下さる。即日対馬守、韓人を携へ藤枝の駅にいたる。先年の俘囚数百人、朝鮮へ送りかへさる。彼等が喜悦たとふるに物なし。是柳営拝謁の始なり。そのゝち十年あまりをへて元和三年に、天下一統の賀使として来聘す。この時台徳公御上洛のをりからなれば、伏見城において拝謁す。それより御代替ごとに来聘することゝなりて、寛永元年十二月、大猷公御世継の賀使、同十九年七月、厳有公御誕生の賀使、明暦元年、同公御世継の賀使、天和二年、常憲公御世継の賀使、享保四年十月、有徳公御世継の賀使、寛延元年六月、惇信公御世継の賀使。明和元年六月、浚明公御世継の賀使と聯綿としてたえず。天明八年に、文恭公御世継がせたまひしが、文化元年六月に、御世継の賀使来聘すべきよし、彼国に通ぜられ、近年のうち対馬にて聘礼おこなはるべしとの御事なり。国王領掌して命をまつ。〔割註〕街道の侯伯の費用をいとひ玉ひての事歟。[5]

先述したように、福岡藩の接待所であった相島には、対馬で聘礼をすませた第十二回を除く十一回、往路・復路を合わせると合計二十二度、寄港し宿泊している（表1）。

朝鮮通信使は、三使とよばれた正使、副使、従事官をはじめ、学者・画員・医員・訳官・楽士など、四百人を超える大人数で構成されていた。

朝鮮通信使の随行員たちは、日本各地の儒者らと筆談唱和などで交流を持った[6]。また日本国中を行列をなして旅する朝鮮通信使は庶民たちに熱烈に歓迎されたり、日本の種々の

（5）『日本随筆大成』第二期第三巻、一四七—一四九頁。

（6）儒学者らの筆談唱和については、李元植の『朝鮮通信使の研究』（思文閣出版、一九九七年）に収載された「筆談唱和集総目録」に二百七十四篇もの筆談唱和集が紹介されており、絵画の交流に関しては、山内長三「池大雅から金有声への手紙」（『月刊韓国文化』三巻九号、韓国文化院、一九八一年）、湯浅元禎の『文会雑記』（『日本随筆大成』第一期・第十四巻、吉川弘文館、一八四頁）に記録が残っている。

福岡藩では『養生訓』で有名な貝原益軒、あるいは竹田春庵などが相島に渡り朝鮮通信使の随行員と交流をしている。なお、貝原益軒は柳成龍の著した『懲毖録』を大和屋が一六九五（元禄八）年に刊行した際、その序文を書いている。

表 1. 朝鮮通信使年表

回	西暦	朝鮮	日本	福岡藩主	総人数	使節名称	相島滞在（宿泊）日数	
							往	復
1	1607	丁未 宣祖 40	慶長 12 秀忠	黒田 長政	504	回答兼刷還使	1 日	1 日
2	1617	丁巳 光海君 9	元和 3 秀忠	長政	428	回答兼刷還使	1 日	1 日
3	1624	甲子 仁祖 2	寛永元 家光	忠之	460	回答兼刷還使	9 日	1 日
4	1636	丙子 仁祖 14	寛永 13 家光	忠之	478	通信使	2 日	2 日
5	1643	癸未 仁祖 21	寛永 20 家光	忠之	477	通信使	1 日	4 日
6	1655	乙未 孝宗 6	明暦元 家綱	光之	485	通信使	9 日	2 日
7	1682	壬戌 粛宗 8	天和 2 綱吉	光之	473	通信使	1 日	2 日
8	1711	辛卯 粛宗 37	正徳元 家宣	宣政	500	通信使	9 日	1 日
9	1719	己亥 粛宗 45	享保 4 吉宗	継高	475	通信使	9 日 （地島 8 日）	1 日
10	1748	戊辰 英祖 24	延享 5 家重	継高	475	通信使	2 日	1 日
11	1764	甲申 英祖 40	宝暦 14 家治	継高	477	通信使	23 日	日帰り
12	1811	辛未 純祖 11	文化 8 家斉	斉清	328	通信使	無	無

階層の人々に様々な形で影響を与えたと言われている。[7] 今も日本の各地に朝鮮通信使に由来する祭りや踊り、人形などが残されている。[8]

接待費用は一回あたり合計で百万両もかかったと言われている。幕府はその費用を沿道にあたる諸藩の大名たちに負担させた。幕府の支配体制が中央集権的であることを国内に示すと同時に、西国の雄藩に財政的な負担を強いることが目的であったと考えられている。

3 福岡藩の接待

福岡藩は釜山の港を出発した朝鮮通信使一行が対馬（対馬藩）と壱岐（平戸藩）を経て三番目に宿泊する場所である相島での接待を担当した。

接待所の相島は当時も人口三百人程度の小さな島だった。四百人を超える朝鮮通信使一行とその案内警護の任に当たった対馬藩士を合わせると千人以上の人が島を訪れた。さらに接待役の福岡藩士などまでも含めると、住人の何倍にもおよぶ人数が島に集ったことになる。

朝鮮通信使が宿泊する場所は新しく建てる必要があり、その資材はおろか食料にいたるまで、すべてが船で運びこまれたのである。

朝鮮通信使の相島での宿泊は、たいてい一泊と予定されていた。しかし、風や潮の関係で九日間逗留したことが何度もあり、第十一回の一七六四年には二十三日も逗留した。一泊でさえ莫大な量の食糧と接待の人数が必要であった。それが予定を上回る日数の滞在と

（7）「通信使が宿泊しなかった岡山県倉敷市連島の宝島寺にも、通信使にまつわる篇額や唱和集、あるいは関連すると言い伝えられてきた文物が残されている。拙論「岡山における朝鮮通信使の足跡」、『西南学院大学国際文化論集』二四（二）、西南学院大学学術研究所、二〇一〇年、参照。

（8）対馬「アリラン祭り」、牛窓「唐子踊り」、「伏見人形」など。

なると大変な負担を強いられたことは言うまでもないだろう。

(1) 波止場

現在も町営渡船「しんぐう」のために使われている波止場は、一六八二(天和二)年に朝鮮通信使を迎えるために作られたものの一つである。このとき、先波止と前波止の二つの波止場が造られたが、現在使用されている波止場は前波止である。

この前波止は長さ約二十七メートル、幅三・九メートルで、主に対馬藩の随行者の上陸用として使われた。

写真1　先波止

もう一つの先波止(写真1)が朝鮮通信使の上陸用につくられたもので、長さ約四十七メートル、幅約五メートルのものである。前波止の南側に位置しており、現在は波止場としては使われていない。先波止跡では現在、釣客が釣りを楽しんでいる。のどかな風景ではあるのだが、補強のためにセメントを塗布してあるのが目についてしまう。実際の使用における耐久性の問題を克服することが前提ではあるものの、歴史的遺物としての保存方法を検討することが急務ではないだろうか。

(2) 客館(宿舎)

朝鮮通信使が泊まる客館と呼ばれる宿舎は毎回新しく建設されていた。[9] 島を訪れたすべ

(9)「…新築した館舎は千間に近く…」申維翰『海游録』(訳注者:姜在彦)、平凡社、一九七四年。

ての朝鮮通信使が島に上陸し宿泊したわけではない。船を漕ぐ水夫や船の修理を担当する者など多くは船中泊であった。それでも宿舎に搬入した畳の数は九百三十一枚と記録されており、壮大な建物が建てられたようである。相島と伊崎に大工小屋を建てて木材を加工し、現場までは船で運んだ。警備の番所も六ヶ所建てられた。

一七四八（延享五）年に描かれた《藍嶋図》（岩国徴古館蔵）を参考に、一九九四年から一九九五年にかけて新宮町教育委員会が中心となり発掘調査が行われ、客館跡が確認された。

この場所は島の南西に位置し、現在中心的な集落がある場所であり、調査当時は畑になっていた。島の住民の大切な生活空間でもあるため、発掘調査後は畑にもどされているが、客館跡であることを示す石碑が立てられている（写真2）。

写真2　客館跡地

写真3　井戸

この調査の結果、肥前系の陶磁器などの遺物も多数発見され、井戸の跡も確認された[10]。井戸については、それ以前からあった四つの井戸に加えて、六つを新しく掘ったという記録が残されており、六つの中の一つと思われ

（10）『朝鮮通信使客館跡』新宮町埋蔵文化財発掘調査報告書第一七集、新宮町教育委員会、二〇〇〇年。

る。その他、朝鮮通信使船へ水を補給するために水桶を積んだ船が三十艘用意されていた。

先波止の近くに位置する若宮神社[11]には、江戸時代に朝鮮通信使のために掘られた井戸が今も残っている（写真3）。井戸の外側は波止場と同様、補強のためにセメントで塗り固められているが、内部に積まれている石は江戸時代のままであり、往時がしのばれる。

（3）料理

小さな離島での接待のために惣奉行以下多数の藩士・職人が島に渡り、通信使の接待に万全を期していた。食糧供給のため鳥獣奉行、八百屋奉行、魚屋奉行が設置された。

第九回の一七一九年に朝鮮通信使の随行員として来日した申維翰が著した『海游録』[12]には、相島での接待に関して「信使一行に供せらるるものは、一日に活鶏三百余羽、鶏子（卵）二千余個にのぼり、百物またこれに準ずる」という記述がある。福岡藩が盛大なもてなしをしていたことを裏付けている。

実際に福岡藩が饗応食として朝鮮通信使に提供した料理を、黒田家文書に残る一六八二（天和二）年の記録[13]をもとに再現したものが、町立歴史資料館に展示されている。[14]

その内容は以下のとおりである。

・本膳：五菜（鱠、焼鯛、煮鳥、煮物、瓜もみ）、汁、飯
・二膳：三菜（湯引き鯛、貝盛、浸物、汁）
・三膳：一菜（さしみ）、汁、ちょくいり酒
・引て：五菜（切かまぼこ・焼鳥、大煮物、香物、切漬鮓、くじいと）
・肴：四菜（鰻の蒲焼き、酒麩、博多素麺、水貝）、吸物

（11）島の氏神で島の全戸を氏子とし、昔から島民のあつい信仰に支えられてきた神社。

（12）申維翰『海游録』（訳注者：姜在彦）。

（13）古文書を読む会、『福岡藩朝鮮通信使記録』、一九九三年。

（14）一九九六年に新宮町社会福祉センターで再現。

・菓子：七種

これらは身分の高い者に対してのみ出されたものではあるが、こうした豪華な饗応食は福岡藩が相島で朝鮮通信使を手厚くもてなしたことの証である。

4　新発見──朝鮮通信使の遺跡

前項で、福岡藩が相島で朝鮮通信使のために行なった、贅を尽くした接待の様相を明らかにしながら、現在も相島に残る遺跡を紹介した。しかし、往復十一度も繰り返された接待の跡としてはあまりに少ないという印象を受ける。そこで、現在も一部の島民や郷土史家らの手によって、堅実な調査が続けられている。本項では、新たに明らかとなった、関連する遺跡や史跡を紹介したい。

一九九四年から一九九五年にかけて、客館跡地を調査した際の報告書[15]を新宮町教育員会がまとめている。それによると、新宮町教育委員会が積石塚[16]を一九九五年に調査した際、第九回の朝鮮通信使が訪れた時と同じ時期に死亡した福岡藩士などの墓碑が発見された。拓本を取って調査ができたものは墓碑四基だが、関連集石墓は全部で二十五基あったことが確認されている（写真4）。

黒田家文書には、第九回の朝鮮通信使が来日した際に、迎護船が暴風雨に遭い難破し、藩士十二名、水夫四十九名の計六十一名が亡くなったという記録が残されている。調査で見つかった墓石の数は二十五であり、六十一という数には合わないが、時期的に見てこの

（15）『朝鮮通信使客館跡』新宮町埋蔵文化財発掘調査報告書。
（16）国指定史跡「相島積石塚群」。長井浜にある古墳時代の積石塚、二百五十四基確認されている。

写真4　朝鮮通信使関連墓地

写真5　百合越浜石碑

写真6　新宮寺合同位牌

時のものだと推測されている。

その後、朝鮮通信使にまつわる積石塚の本格的な調査は行われていないが、一部の島民や郷土史家はこのことに引き続き関心を寄せている。

また、この朝鮮通信使に関連する墓が見つかった場所の近く、百合越浜の地蔵のところにも石碑がある（写真5）。これは従来、地元の識者たちによって、朝鮮通信使との関連はないとされてきた。しかし、二〇一〇年十月、「相島歴史の会」[17]が拓本を取ったところ「韓使来聘」の文字が鮮明に読み取れ、朝鮮通信使に関連するものであることが判明した。石碑には合

(17) 井上、今村、香川、篠崎、花田氏（あいうえお順）などにより数回にわたる堅実な実地調査が行われている。

計六十一名が亡くなったことも記録されていた。また島にある新宮寺では、住職の中澤氏の協力によって六十一名の合同位牌の存在が確認された（写真6）。

新たに発見された石碑については、現在も詳細な調査研究がつづけられている。この石碑は、相島での福岡藩と朝鮮通信使との交流の足跡を改めて探るための第一歩となった。石碑の周辺では台座も見つかっており、上記の二十五基の集石墓も含め、さらなる調査が期待されている。

5　福岡藩の思惑――なぜ相島だったのか。

中世までは朝鮮からの使節は博多で迎えられていたが、江戸時代に入ると相島（藍島）で迎えられることになった。

福岡藩は博多湾周辺や磯崎、津屋崎などに数々の良港をもっていた。しかし、安全な泊地が多くある本土側ではなく、わざわざ離島である相島で朝鮮通信使を接待した。この理由については、いまだ確かなことは分かっていない。福岡藩の朝鮮通信使に対する接待の様相については詳細が次々と明らかになっているが、相島に接待所が設定された理由は大きな疑問のまま残されているのである。現在までに考えられている三つの理由を紹介し、本稿の終わりとしたい。

第一に、被虜人との関係である。先述したように、朝鮮通信使の来日はそもそも、豊臣秀吉が引き起こした戦争に付随する問題の解決すなわち被虜人の送還と和解を目的としていた。当時の福岡藩では戦争による労働力不足を朝鮮人で補おうとしており、朝鮮人被虜たちを朝鮮通信使一行に会わせないようにしたという説もある。[18]このことに関連して、福岡市中央区にある「唐人町」の地名も、こうした被虜人の居住地に由来するという説もある。[19]

しかし、拉致された人々の送還事業を朝鮮側が終了した後も、福岡藩は接待所として相島を使い続けた。また、福岡藩が朝鮮に送還した被虜人の数は記録の上では、他の藩よりも多い。つまり被虜人の送還に対して、他藩よりも積極的だったと考えられるのである。[20]さらに、「唐人町」の由来も、『筑前国続風土記』における「其始高麗人住せり」にまで遡る説もあり、定かではない。

第二に、密貿易の防止である。朝鮮通信使の来日に合わせて発布された当時の「御触書」には、密貿易の禁止が必ず記載されている。また、日本人との接触の機会が増えると、事件や事故が起こる可能性もある。事実、一七六四（明和元）年には、「唐人殺し」として有名になった、対馬の通辞役鈴木伝蔵による朝鮮使節の随行員崔天悰殺害事件が発生した。

第三には、むしろ他藩や幕府の関係者を城下町に留めたくなかったのではないかという説である。福岡藩のみでなく、接待役となった他藩の例を調べてみると、案内警護役であり朝鮮通信使のはじまりに一役買った、つまりは日朝交流の中心的存在であった対馬藩、幕府の直轄地である大坂、御三家が治めていた名古屋の尾張藩の三ヶ所を除くと、自らの城下町で接待を行なった藩はほとんどない。良港を備えていたとしても、である。

各藩は朝鮮通信使に対して、莫大な出費を負担しながら他藩と競うように盛大なもてなしを行なっていた。しかし、藩の実情を――財政面に関しても、また軍事面に関しても

（18） 李進熙『江戸時代の朝鮮通信使』、講談社、一九八七年。

（19） 小島敦夫『朝鮮通信使の海へ』、丸善、一九九七年。

（20） 尹達世「壬辰・丁酉倭乱の九州地方における被虜人刷還の状況―回答兼刷還使の記録から」『朝鮮通信使研究』第六巻、二〇〇八年。

――朝鮮通信使や随行する対馬藩をはじめとする他藩に知られたくなかったのではなかったただろうか。

おそらく、理由はこれらのうちの一つに絞られるものではないだろう。さまざまな思惑が重なって、福岡藩は相島を選んだ。このことも、今後の発掘や文献調査によって明らかになればと期待している。

column

博多と福岡はどう違う

高倉洋彰

空路で福岡に向かうときは、福岡空港で降り地下鉄に乗り換えると、市の中心天神に一〇分足らずで到着する。ところがJRで福岡に行こうとすると、南福岡駅はあるが福岡駅はない。間違って南福岡で下車すると、都心をかなり離れてしまうから福岡都心へは表玄関の博多駅で降りなければならない。韓国の釜山港から福岡を目指しても同じで、福岡行きの船は博多港に着く。無事に福岡に到着し、伝統芸能を見ようとすると、それは博多祇園山笠であり博多どんたく港まつりであって、福岡と名のつく祭りは福岡音楽祭や福岡アジア映画祭などの最近始まった祭りになる。用件を果たして帰るときの土産も博多織、博多人形や博多明太子など博多の付くものであって、福岡織も福岡人形も福岡明太子もない。福岡大学はあっても博多大学はないように、伝統に基づかない博多の用例は博多ラーメン程度になる。博多と福岡の共存と混乱は福岡の発達史でもある。

博多と福岡の関係は、簡単にいえば、市の中心を流れる東洋一の歓楽街といわれる東中洲のある那珂川の東が博多、西が福岡で、江戸時代には博多は町人（商人・職人）の町、福岡は武家の町だった（ただし町人の居住も多かった）という歴史をもっている。性格の異なる隣同士の町が一つになったことから、福岡県庁が福岡市博多区にあるというような、博多と福岡の混乱を生んでいる。

地名としては博多が古い。博多を中心とする地域はもともと「漢委奴国王」金印で知られる「奴」（な）とよばれていたが、その音が伝わって「儺」「那」「那珂」と変化する。五三六年に置かれた那津官家の那津は那の港をさすが、それが博多津とよばれるようになったことは、天平宝字三（七五九）年に大宰府が、警固式にしたがって「博多大津」および壱岐・対馬などの要害を防衛しているが備えるべき船の不足や東国の防人の停止などから唐・新羅の侵攻に対処するには不安がある、と報告したことを伝える『続日本紀』の記事からわかる。これは博多津を示す最古の記録であるが、同時に博多の最古の記録でもある。貞観一〇（八六八）年に席田郡にあった観世音寺の一切経料田と内蔵寮博太庄が土地の競合をめぐって相論している例が、地域名としての博多では古い。平安時代の後半になると博多・博多津の用例は数多くなる。

福岡の方は、慶長六（一六〇一）年に藩主黒田長政が福崎の地に城郭を構え、曾祖父黒田高政以来の父祖の地である備前国（岡山県）邑久郡福岡の名を踏襲して命名していて、地名の発祥がはっきりしている。

明治二二（一八八九）年に市制を施行するが、このときに博多市とするか福岡市とするか、両地名派の勢力が議会で相半ばしていたためおおいにもめたというエピソードがある。博多市が実現できなかった博多市派の不満は、市制施行よりも半年後に開業した当時の九州鉄道（現ＪＲ）の福岡市の玄関口であった駅の名前を福岡駅でなく博多駅とすることで解消されている。今では博多と福岡の違いははっきりしなくなっていて、市民はそれほど不便を感じないが、福岡を訪れようとする方々に面倒をおかけする仕儀となっている。

新装なった福岡の表玄関博多駅

古地図の中の福岡・博多

宮崎克則

1　福岡と博多

明治二二年（一八八九）、市制・町村制が施行されて「福岡市」が誕生し、博多《はかた》～千歳川《ちとせ》（筑後川）の間に九州鉄道ができて「博多駅」が開業した。今日にも続く「福岡市」「博多駅」の誕生は、成立当初から激しい対立があり、何度も市名変更の建議が出されたが、変わらなかった。福岡市のメインのJR駅名が「福岡駅」でなく、「博多駅」なのは、遠方や外国からの旅行者を戸惑わせる。確かに、佐賀市の佐賀駅や熊本市の熊本駅などという呼び方に比べると、違和感があるが、そのことが福岡と博多の成り立ちの違いを伝えている。

【博多】中世期に日本有数の海外貿易港として繁栄した博多は、当時二つの地域からなっていた。内陸部の「博多浜」と北部沿岸部の「息浜《おきのはま》」があり、新興の「息浜」がしだいに発展していき、一六世紀には大友《おおとも》氏が両者を統一した。そして、その家臣臼杵《うすき》安房守がそれまで博多の南側を流れていた御笠《みかさ》川（比恵《ひえ》川）をつけかえて、まっすぐ海に流れる人工の川（石堂《いしどう》川）を通し、南側には防御のために堀（「房州堀」）を設けて、堺と同じような要塞都市として整備した。この博多をめぐって、肥前の龍造寺《りゅうぞうじ》氏、薩摩の島津《しまづ》氏が攻め入り、焦土となった博多の再興をはかったのが豊臣秀吉である。

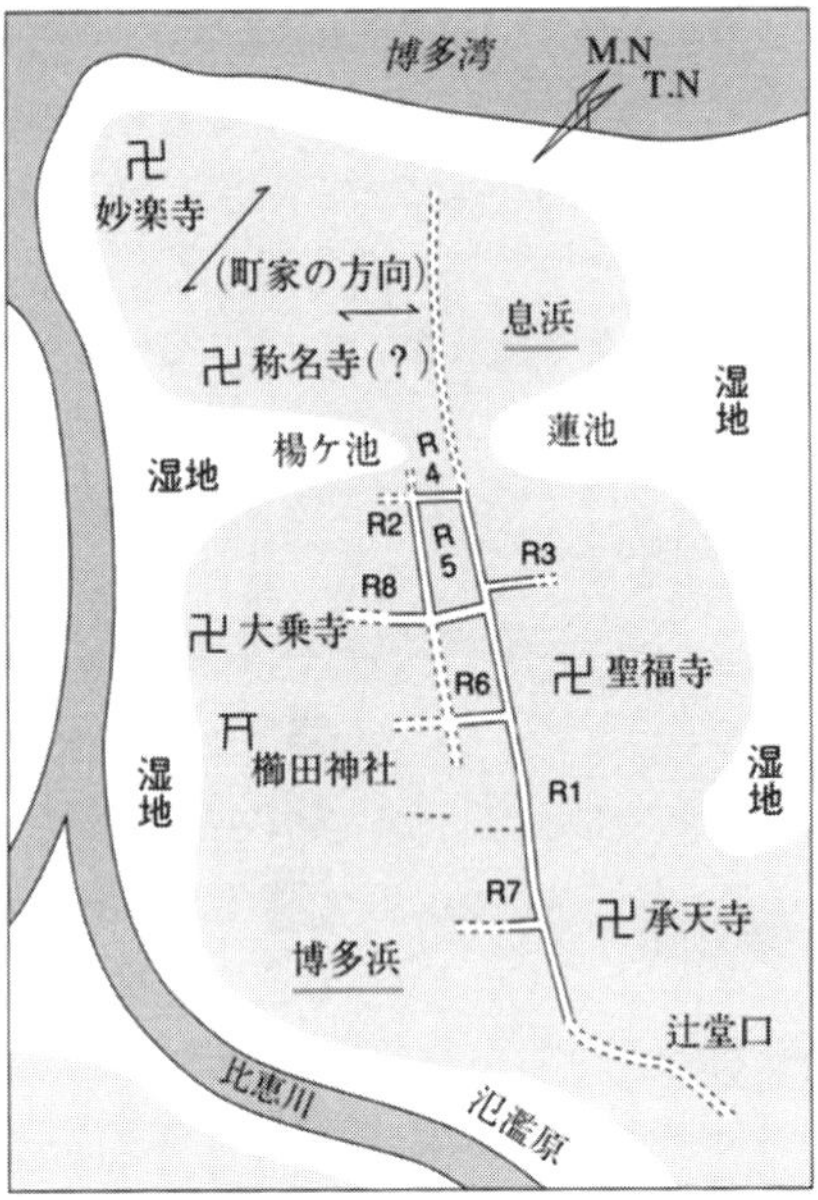

図1　中世後半の博多

天正《てんしょう》一五年（一五八七）、秀吉は博多の街路を付け替え、整然とした長方形街区を作り、短冊形の屋敷地割を行って再興に努めた。さらに黒田氏は「博多浜」と「息浜」の間にあった低地を埋め立て、「福岡城下町・博多・近隣古図」に見えるような博多の地形を創出した。

【福岡】福岡は、慶長《けいちょう》五年

（一六〇〇）の関ヶ原の戦い後に豊後《ぶんご》国中津から筑前《ちくぜん》国へ加増転封となった黒田氏の居城として整備された新都市である。黒田長政は、前領主小早川《こばやかわ》氏の居城であった名島《なじま》城に入ったが、手狭であり、翌年から「福崎《ふくさき》」の地に新たな城を建設し始めた。ここは、一一世紀頃まで存続した大宰府鴻臚館《だざいふこうろかん》のあった地であり、当時は荒戸《あらと》山（現在の西公園）の東に開く広大な入江に面した丘陵地であり、農村・漁村が広がっていた。黒田氏先祖の地にちなんで名付けられた「福岡」の建設は、慶長六年から佐賀藩鍋島氏などの協力もあって始まり、同七年には福岡城が、同八年に福岡の外郭ができて家臣や町人の居住地が整備され、同一三年をもって完成したという（『福岡県史』通史編、福岡藩一）。

福岡と博多は、成立の経緯や住民構成のあり方が異なり、その他にも博多祇園山笠《ぎおんやまかさ》などの祭礼に大きな差異があるが、ともに城下町図としてセットで描かれることが多い。

2 福岡家老の三奈木黒田と「福岡城下町・博多・近隣古図」

三奈木《みなぎ》黒田家はもともと加藤を本姓とした。黒田氏に仕え、黒田姓を名乗ることを許され、筑前国では下座《げざ》郡を中心に一万二〇〇〇石（後に加増されて一万六〇〇〇石余）の知行《ちぎょう》地《ち》を与えられた。下座郡の三奈木村（福岡県朝倉市三奈木）に館を構えていたので、三奈木黒田と称される。三奈木黒田家に伝えられてきた史料が、「三奈木黒田家文書」として九州大学に保管されている。「福岡城下町・博多・近隣古図」（「福博古図」と略称）は、福岡藩公用の絵図ではなく、公用のものを参照して作られた私用の絵図であり、三奈木黒田家が文化九年（一八一二）に作らせた城下図である。これには、和歌なども書き込まれ、福岡・博多の歴史や文化に関する豊富な記述があり、侍屋敷には居住者の名前、さらに一部には石高《こくだか》や家紋まで書き込まれている。

この絵図は、江戸時代の景観を伝えるものとして、何度も絵図集に取り上げられてきたが、縦二二三・二cm×横二六六・五cmの大きさであり、縮小されて印刷されたため、一〜二㎜の小さな文字で書かれた地名などを読むことはできなかった。最近のデジタル技術の進歩により、Ｗｅｂ上（九州大学デジタル・アーカイブ http://record.museum.kyushu-u.ac.jp）で絵図の細部まで読むことができるようになった。

図2　文化9年（1812）写「福岡城下町・博多・近隣古図」（九州大学デジタル・アーカイブより）

3　西新～唐人町

「福博古図」に描かれている「西新《にしじん》町」は、現在の福岡市早《さわ》良《ら》区の西新と百道・高取の一部にあたる。その成立は、寛文六年（一六六六）に紅葉《もみじ》八幡宮が橋本村よりこの地に移されたのを契機とし、初めは道の片側だけに家が建ったので「片原《かたはら》町」といったが、次第に道の左右に人が住むようになり、町域もひろがり西側に「中西」「大西」の字ができた。元禄《げんろく》七年（一六九四）から中西・大西の北側の「百道《ももち》松原」を伐り払って武士の宅地とした。「福博古図」では道の北側にこの新屋敷に住

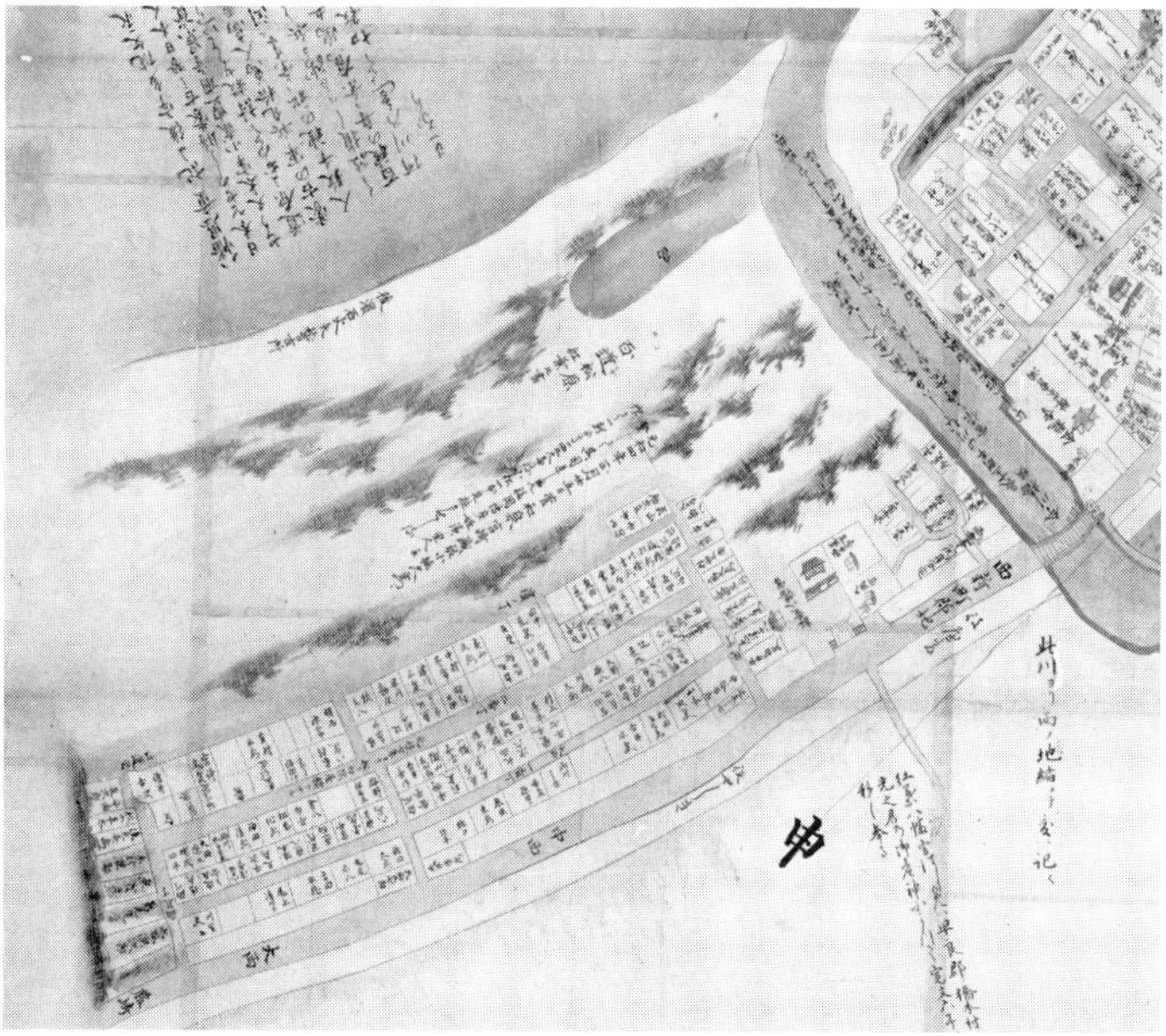

図3　西新と百道松原（「福岡城下町・博多・近隣古図」）

む諸士の居宅の区割りが描かれており、南側は「役屋敷」「徒やしき」とのみ記され、詳しくは記されていない。

【百道松原】今はもう海岸線でもないが、西南学院大学から百道中学校・インターナショナルスクールのある辺りは、「百道松原」と呼ばれる松原であった。絵図に「百道松原、紅葉とも書く、元和《げんな》四年（一六一八）一月二五日、菅和泉・宮崎織部・小堀久左衛門に命じて、福岡・博多・姪浜《めいのはま》の里人をして一軒より四～五尺ばかりの小松一本ずつを植えさせた」と書かれている。このときに植えられた松は、西南学院大学のキャンパスに数多く残っている。松原の西には砲術の練習場があって毎年四月一日より八月一日まで大砲が打たれていたこと、この地を「後浜《うしろはま》」と称したことが江戸期の地誌にあり、「福博古図」にも「後浜、石火矢《いしびや》稽古所」と書き込まれている。

【元寇防塁】「百道松原」の海岸は元寇《げんこう》の際に築かれた防塁《ぼうるい》の残る地としても有名である。元寇は文永《ぶんえい》一一年（一二七四）・弘安《こうあん》四年（一二八一）の二度にわたって、中国大陸で勢力をほこった蒙古《もうこ》が征服したばかりの高麗《こうらい》と連合して攻めてきた戦いである。文永の役では、百道から祖原《そはら》・赤坂の辺りまでが激しい戦闘の戦場となった。絵図には、『八幡愚童《はちまんぐどう》訓《くん》』から引用した元寇についての記述がある。『八幡愚童訓』（日本思想大系二〇、岩波書店）は、八幡神の神徳を子供にも理解できるように教えることを目的に書かれた本で、鎌倉時代の終わり頃成立した。文永の役の後築かれた防塁は、大正二年（一九二〇）に今津《いまづ》（福岡市西区）で発掘が始まった。西新の防塁は砂のなかに埋もれていたのを大正九年に教育勅語三〇周年を記念して西新小学校の児童が発掘した。現在の西南学院大学の辺りである。最近では、西南学院大学の校舎新築のための発掘で石塁と土塁の基底部が発見され、その

写真1　復元された元寇防塁（西南学院大学1号館）

一部分は移築・復元されて大学構内で公開されている。

【唐人町　地行】唐人《とうじん》町の名はその昔、東の箱崎・博多、西の姪浜と並んで中国商人が住み着いたことにあるといい、長崎県・大分県にも唐人町はある。地域の小・中学校は校名に「当仁」の字を当てている。天明《てんめい》四年（一七八四）、この町に西学問所甘棠《かんとう》館が開かれた。東学問所修猷《しゅうゆう》館が武士の町である大名町に作られたことを考えると、塾惣司である亀井南冥《なんめい》の学問に対する意識が読み取れる。南冥は多くの著作を残し、なかでも『金印弁』は著名である。学問所が開塾したばかりの頃、博多湾の志賀島《しかのしま》で金印が発見された。偽印説もとびかうなか、鋳潰しを恐れた南冥は直ちに『金印弁』を発表した。刻銘「漢委奴國王」を『後漢書』東夷伝倭人条から「光武賜以印綬」を引用して古代〝ヤマト国王〟が後漢に朝貢した際に与えられた金印であると述べた。現在では、一般的には〝カンノワノナノ国王〟と読み、奴国は那の津（奴国の津）の周辺から春日《かすが》市にかけての地域であるとされている。

金印は黒田家の所蔵として伝世され、福岡市美術館ができた時、この金印を福岡へ呼び戻そうと働きかけたが文化庁が承知しなかった。そのとき「殿様」黒田長禮《ながみち》氏が「金印は福岡にあるべきもんだ」と遺言されたので、福岡に戻されたと故筑紫《ちくし》豊氏が語っている（『博

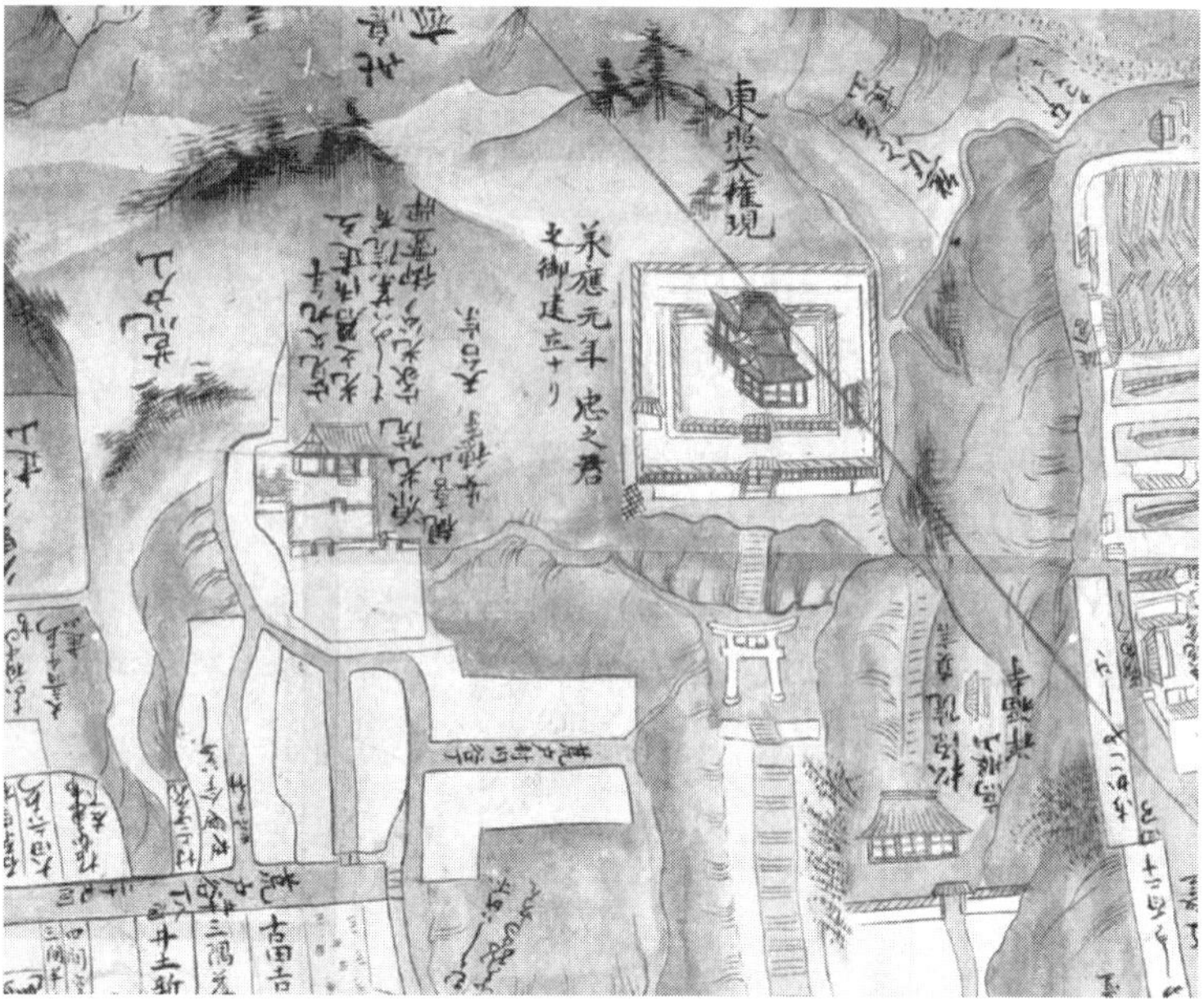

図4　荒戸山（西公園）（「福岡城下町・博多・近隣古図」）

多に強くなろう』福岡シティ銀行編、一九八九年）。日本最古の文字が刻まれた金印が、現在奴国の故地である福岡にあることを思うとき、学者南冥の見識の深さが思われる。寛《かん》政《せい》一〇年（一七九八）、唐人町は大火に見舞われ西学問所は焼失した。

唐人町の北は寛永《かんえい》二〇年（一六四三）頃より武士の宅地となり、その西の松原は慶安《けいあん》年中（一六四八～五二）に足軽《あしがる》の屋敷となって「地形《じぎょう》」と名付けられた。幕末に勤皇《きんのう》の志士《しし》として活躍した平野國臣《くにおみ》は地行の足軽平野能栄の次男である。

4　西公園

「福博古図」の荒戸《あらと》山には「東照大権現」（東照宮）が描かれている。東照宮は徳川幕府の初代将軍家康を祀った神社で、日光東照宮をはじめ久能山東照宮（静岡市）、上野東照宮（東京都台東区）など全国各地に鎮座している。絵図には「東照大権現　承応元年　忠之《ただゆき》君の御建立なり」と書き込みがある。藩主の事績をまとめた『黒田家譜』によると、慶安三年（一六五〇）二代藩主忠之の時に、荒戸山に東照宮を建てることを江戸へ願い出、それまで荒戸山にあった金龍寺《きんりゅうじ》などを城下の西に移し、東照宮造営のため山上を整えている。その後三年の月日を経て東照宮は完成した。家康の神体を東照宮神殿に納め、忠之は社領三〇〇〇石余を寄進し、毎月一七日には自ら参拝している。いくつかの大名は自らの城下に東照宮を建立し、競って幕府への忠誠心をあらわしたのである。

5　福岡城の築造と天守閣

「福博古図」の中心は福岡城で、別名「舞鶴城」ともいう。江戸時代を通して福岡藩五二万石の統治の中心施設であった。慶長五年（一六〇〇）黒田長政《ながまさ》は、関ヶ原の戦いの軍功により、筑前国に封ぜられ、前領主小早川秀秋《ひであき》の居城であった名島《なじま》城に入った。名島

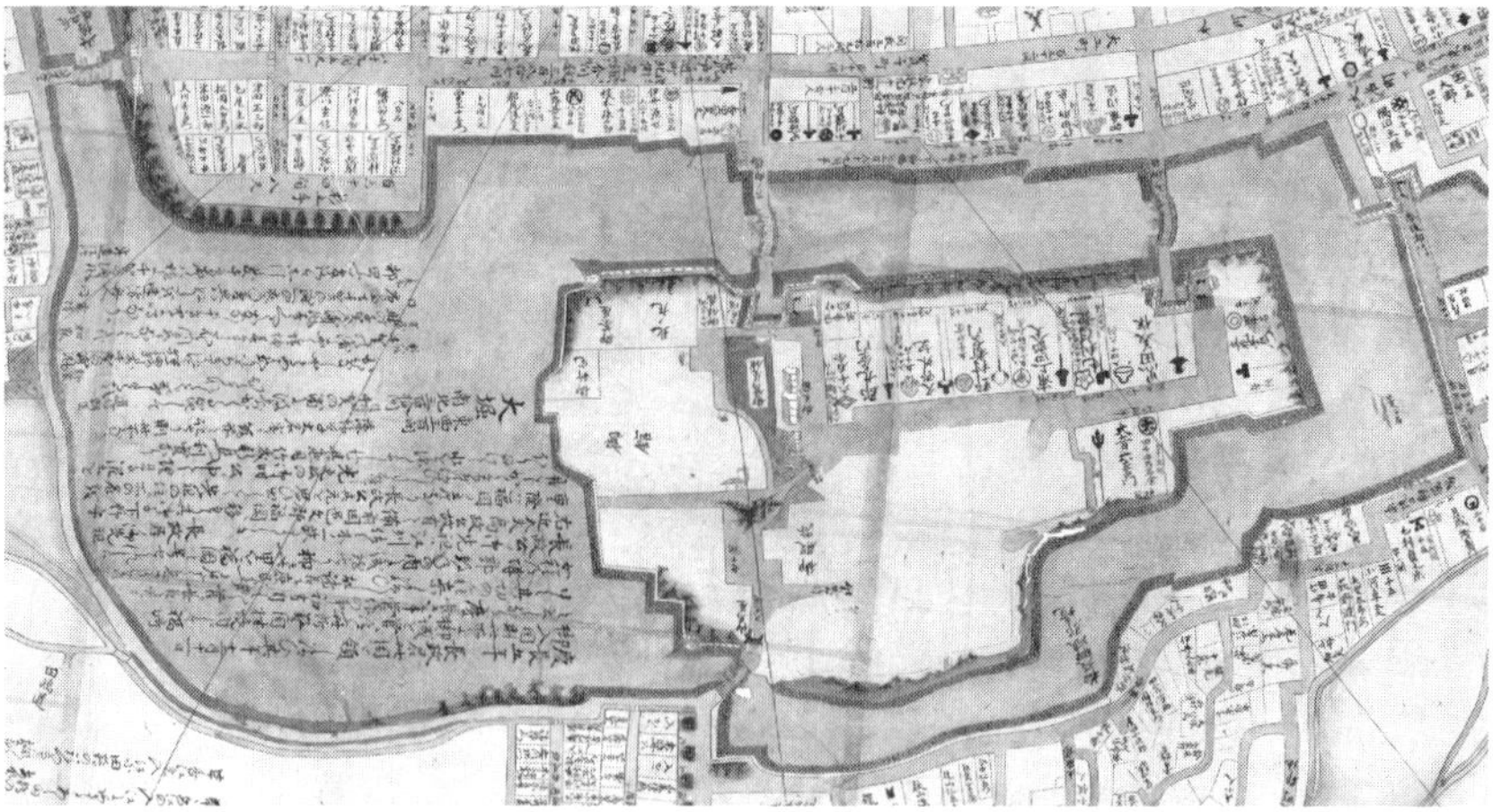

図5　福岡城と「大堀」（「福岡城下町・博多・近隣古図」）

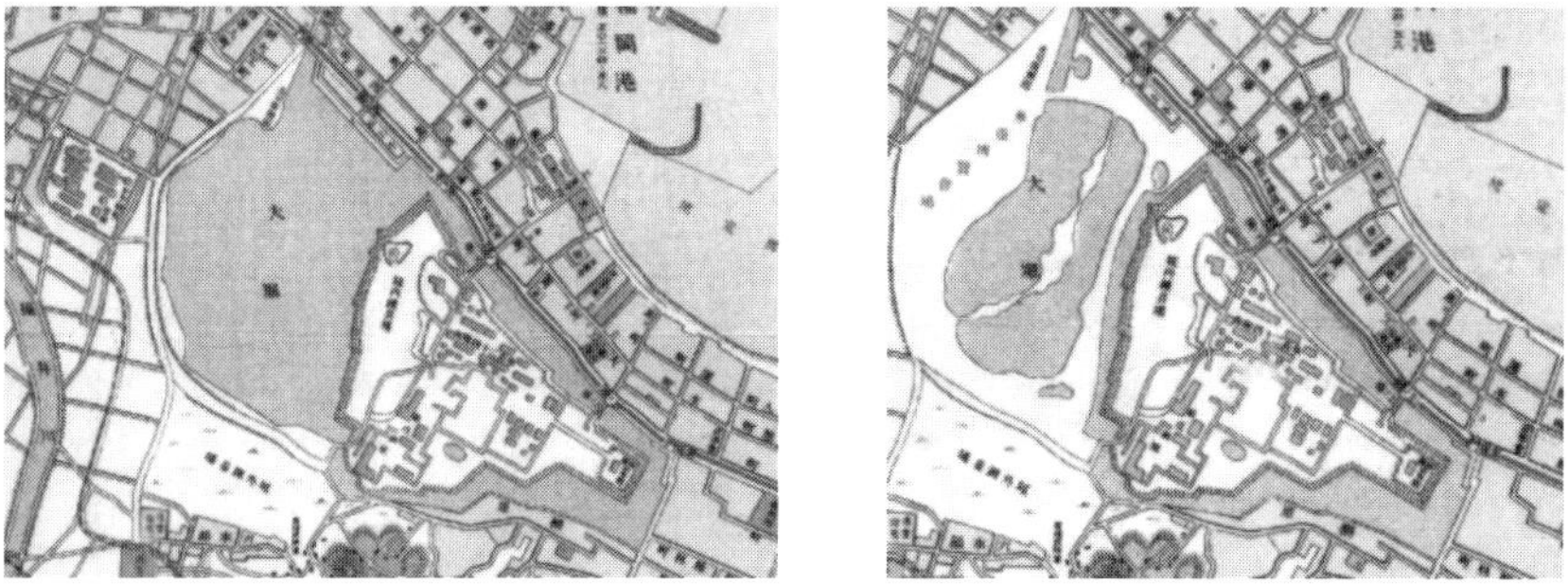

図6　左：大正15年（1926）、右：昭和2年（1927）（「最新福岡市街及郊外地図」）

城は三方を海に囲まれた要害の地であったが、城下町が狭小で将来の拡張を望めなかった。黒田如水《じょすい》・長政の父子は後世の統治を考え、適地を警固《けご》村福崎に定め城を築いた。この城の名前を黒田家祖先の居住地、備前国《びぜんのくに》（岡山県）邑久《おく》郡福岡の里の名をとり「福岡城」と名付けた。

【天守閣の存否】福岡城完成時に、天守閣《てんしゅかく》を含めての完成であったのか、否かは論争の的となっている。慶長八年頃と推定される黒田長政から重臣である黒田三左衛門へ宛てた書状（『福岡県史』史料編―福岡藩初期上）に、「天守をこの月中に柱立てつかまつるべく候間、その通り、大工奉行どもへ、かたく申し聞かすべく候」とあり、着工したであろうことは推定される。しかし、隣藩であった小倉《こくら》藩細川氏の『細川家史料』（『大日本近世史料』、東京大学出版会）によれば、元和六年（一六二〇）三月一五日付の書状に、黒田長政が「主居城をも、大かたはきやく（破却）仕らせ候様に下々取沙汰《とりざた》申し候、いづれ天主などをくづされ候事は、必定の様に申し候」とあり、天守破却の噂を伝えている。当時、黒田氏と仲が悪かった細川氏は、克明に黒田氏の動向を調べていた。徳川氏への忠誠のために、黒田氏は天守閣を取り壊したのであろうか。明治四年（一八七一）、廃藩置県《はいはんちけん》により福岡城は終焉した。その後、明治七年に歩兵第一一大隊が福岡城内に分駐したことが始まりで、陸軍の管轄下に置かれた。それは昭和二〇年の太平洋戦争終了まで続き、その後は平和台《へいわだい》球場や陸上競技場などが設置され、昭和六二年には内三の丸東南部で古代の迎賓館である鴻臚館跡が発見された。

【大濠公園】大正末期、産業振興の目的で九州一円の生産物を集め展示する勧業博覧会の開催が企画された。東亜《とうあ》勧業博覧会は昭和二年の開催。用地造成のため、二年前から「福博古図」にある「大堀」の埋めたてが行われた。埋めたての規模は、埋めたて前の大正一五年（一九二六）「最新福岡市街及郊外地図」（福岡県立図書館蔵）と、埋めたて後の昭和二年（一九二七）「最新福岡市街及郊外地図」（同前蔵）を比較すると、概略が把握できる。博覧会場の跡地を利用し、公園化されたものが、現在の大濠《おおほり》公園で昭和五年に開園された。

6 天神

博多側から中島橋《なかしまばし》を渡ると石垣で囲われた四角＝枡形《ますがた》の空間があり、両横に門があった。博多と福岡を分ける「枡形門」は、高さ約一〇メー《メー》トル《トル》、長さ七〇〇メー《メー》トル《トル》余の規模であり、その石垣は白壁と相まって威容を誇っていた。南門を入ると武家の町へ。北門を入れば町人の住む六町筋となった。黒田長政は、中世以来の博多の大商人を膝元の福岡に取り込むことができなかった。枡形門の設置は、博多町衆との緊張関係からくる黒田氏の境目意識を表していると考えられる。枡形門は、明治になるとその役割を終えた。南・北に長く続いた石畳は、福岡県庁舎建築などに使用され、高く積まれた石垣も護岸工事の用材となった。

【水鏡天神】水鏡《すいきょう》天神には菅原道真《すがわらみちざね》の霊が祭られている。同社は天神町の地名の由来となり、天神町・因幡町・橋口町などの産土神であった。かつて左遷された菅原道真が「袖湊《そでのみなと》」に上陸し、庄村付近の四十川に臨んで水鏡を見ると、罪なく咎めを受けて衰えた容姿が映っており、彼は嘆いたという。後年、庄村の人々はここに社を建て、水鏡の天神または容見《すがたみ》天神として崇めた。慶長一七年（一六一二）に黒田長政はそれをこの地に移した。

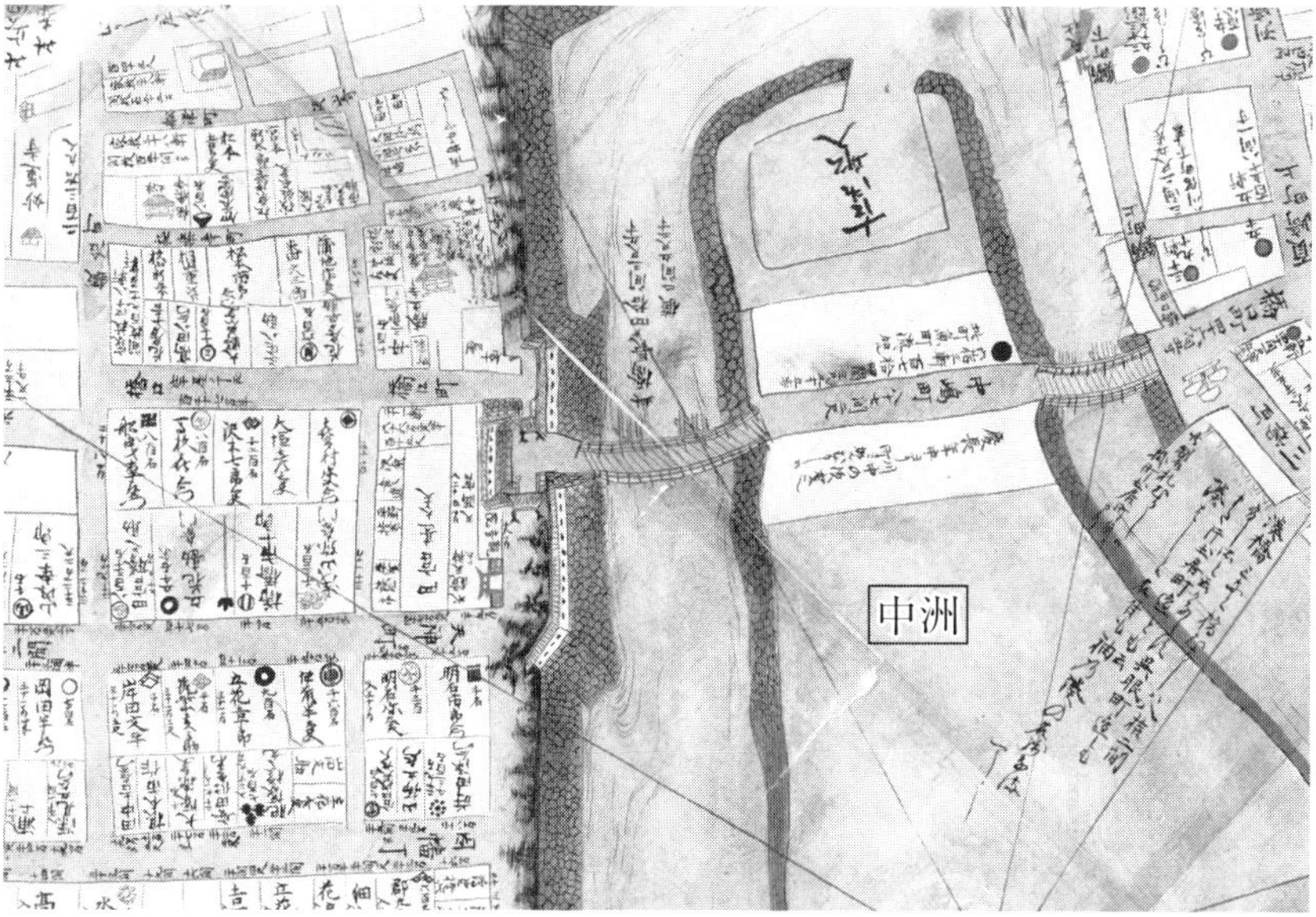

図7　天神・中洲（「福岡城下町・博多・近隣古図」）

【岩田屋】 昭和一一年、天神町に百貨店岩田屋《いわたや》が開店した。岩田屋の始まりは、宝暦《ほうれき》四年（一七五四）に中牟田小右衛門が福岡の大工町に開いた呉服店「紅屋」である。明治一〇年にできた博多支店と大工町の本家を合体して、天神町に岩田屋ができた。今日、岩田屋はやや南側に本館・新館を移している。旧本館は「福博古図」のなかの岡田半左衛門邸である。

7　中洲

「福博古図」に描かれた中島町（博多区中洲中島町、中洲1丁目～5丁目）は、城下町福岡の町並と中世以来の歴史を伝える博多にはさまれて、「古御船入《ふるおふないり》」と通りに面した町筋が記されているだけで、見るからに寂しげな空き地（実際は畠）ばかりが広がっている。これが一八〇〇年頃の中洲《なかす》である。福岡城下と博多をつないで東西に走る道筋に沿って形成された中島町には、黒田長政の旧領地であった中津《なかつ》からついてきた商人たちが住みはじめた。中島町の西は、西中島橋によって福岡城下とつながり、東は東中島橋によって博多につながっていた。「明治文化ここよりはじまる」と、旧中島町の町名碑に刻まれている。「蘭学好みの殿様」といわれる黒田長溥《なかひろ》の命により、弘化《こうか》四年（一八四七）には中島町南側筋裏に藩営の精錬所《せいれんじょ》が営まれた。精錬所では小銃が作られ、磁器やガラス器・薬品まで製造された。このとき作られたガラス器の技法が今に博多チャンポンとして伝えられている。精練所が明治三年（一八七〇）に操業を停止した後、自立した技術者たちがこの地に博多で最初の時計屋や写真屋などを開業し、福岡の文明開化の先触れとなった。

8 博多

「福博古図」の書き込みによると、豊臣秀吉は天正一五年（一五八七）の九州平定後、戦乱によって荒廃した博多の町を復興するため、黒田孝高（如水）に町割りを立案させ、石田三成たち五人の奉行衆を博多再興に当たらせた。その結果、町筋一〇数町をまとめて「流《ながれ》」とする博多の町割りができ、これを「太閤町割《たいこうまちわり》」という。貝原益軒《かいばらえきけん》『筑前国続風土記』によれば、博多の町には九流あった。須崎《すさき》流・土居町流・西町流・呉服町流・東町流・

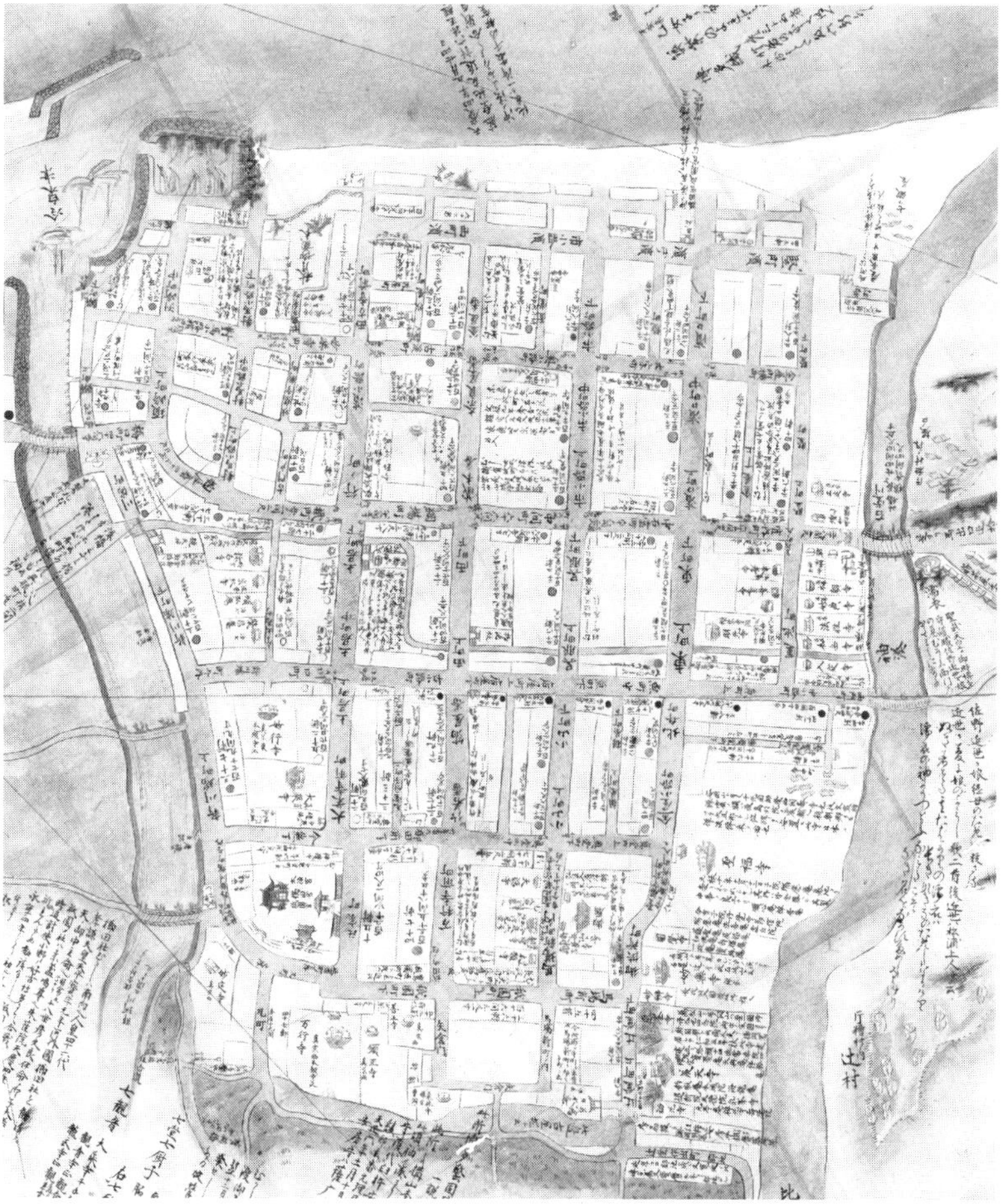

図8　1800年頃の博多（「福岡城下町・博多・近隣古図」）

新町流・石堂流・魚町《うおのまち》流・厨子《ずし》町流。絵図は、九流を四種類に色分けした丸印と無印とによって分類し、町名の他に間口と軒数を書き込んでいる。また海中には秀吉の歌も書かれている。

　秀吉公箱崎にて御発句
　　博多まち　幾千代までや　つのるらん
黒田孝高（如水）君の叔父小寺休夢続けて
　　たちならべたる　かどのにぎわい

これらの歌は『筑前国続風土記』からの抜き書きである。「福博古図」では福岡・博多の家数を別々に書いている。福岡は武士宅八三八軒・町人宅一六二九軒、博多は町人宅三三九五軒。当初は博多にも武士が住んでいたが、一七世紀半ばから福岡へ移住し、博多は「町人の町」となる。

【石堂橋と濡衣塚】

石堂《いしどう》川（御笠《みかさ》川）には二つの橋が架かっている。下流にある石堂橋は、もう一つの西門《さいもん》橋と比べて豪華であり、欄干《らんかん》も描かれている。石堂橋は、歴代藩主たちが崇福《そうふく》寺への墓参や江戸への参勤交代などに使ったメインの橋だった。この橋を渡ると「濡衣《ぬれぎぬ》」がある。聖武《しょうむ》天皇の時（七二四〜七四九年）、佐野近世《ちかよ》は筑前の守として、妻と娘をともない都から赴任して来た。その妻は死去し、やがて迎えた後妻は先妻の産んだ娘を亡き者にしようとたくらんだ。後妻は、漁夫にいろいろの物をやり、「近世の娘が釣り衣を盗んだ」と近世に告げるように言い含めた。近世が娘を調べてみると、娘は夜具の上に濡れた釣り衣を重ねて寝ていた。

後妻にだまされていることを知らない近世は、娘を殺した。一年後、近世の夢に現れた娘は二首の歌を詠み、父親に無実を訴えた。近世は初めて娘の無実を知り、出家して肥前《ひぜん》の松浦山《まつうら》に住み、松浦上人《しょうにん》といわれた。これより後、いわれのない罪を着せられることを、「濡れ衣を着せられる」というようになったという。

〔参考史料・参考文献〕
『筑前国続風土記』文献出版、一九八八年
　貝原益軒の編になる地誌、元禄一〇年（一七〇三）に藩へ献上
『筑前国続風土記附録』文献出版、一九七七年
　加藤一純らの編になる地誌、寛政五年（一七九三）に藩へ献上
『筑前国続風土記拾遺』文献出版、一九九三年
　青柳種信らの編になる地誌、文化一一年（一八一四）から調査開始
『筑前名所図絵』西日本新聞社、一九九三年
　奥村玉蘭の編、文政四年（一八二一）成立
『石城志』九州公論社、一九七七年
　博多の医者津田元顧の編になる地誌、明和二年（一七六五）成立
川添昭二・福岡古文書を読む会校訂『新訂　黒田家譜』文献出版、一九八三年
宮崎克則・福岡アーカイブ研究会編『古地図の中の福岡・博多』海鳥社、二〇〇五年

column

福岡藩校修猷館

安高啓明

福岡には〝御三家〟と呼ばれる公立高校がある。それは、福岡県立福岡高等学校、福岡県立筑紫丘高等学校、福岡県立修猷館高等学校であり、今日でも進学率が高く、いわゆるエリート校といわれる学校である。この御三家のなかでも、特に歴史のある学校が、福岡藩校の系譜をひく修猷館高等学校であろう。

修猷館の起源は、一七八四（天明四）年、福岡城の東側に東学問所こと〝修猷館〟（館長竹田定良）が赤坂門に置かれたことにある。時を同じく、唐人町に西学問所〝甘棠館〟（館長亀井南冥）が設けられる。上級武士の屋敷は修猷館、中級下級武士の屋敷は甘棠館に近かったものの、亀井南冥の「学問則政治」に魅せられた上級武士が甘棠館におおく集まった。さらに、甘棠館の競争心理を利用する学力増進法「会講」が特色であった。

しかし、一七九二（寛政四）年に亀井南冥が寛政異学の禁により、廃黜（罷免）されてしまう。さらに一七九八（寛政十）年の火災によって甘棠館も類焼するとそのまま廃校となり、これにともなって学生たちは修猷館へと転籍することになる。同年には修猷館の敷地内に武術稽古所が設けられ、文武両道を目指す方針がとられる。

修猷館を学び舎とした著名な人物のひとりに金子堅太郎がいる。金子堅太郎は一八五三（嘉永六）年、筑前国早良郡鳥飼村（現福岡市中央区鳥飼）に生まれ、一八六二（文久二）年、修猷館に入学する。明治になると、米国ハーバード大学で法律学を修め帰国している。その後、伊藤博文内閣に入閣し、大日本帝国憲法や皇室典範の起草に携わり、「憲法の番人」としても彼の名前は知られる。

明治新政府による廃藩置県にともない藩校が廃止となる。しかし、金子堅太郎らの尽力により、修猷館は再興される。県立修猷館、中学修猷館、そして今日の高等学校となる。修猷館出身者には金子堅太郎のほかに、第

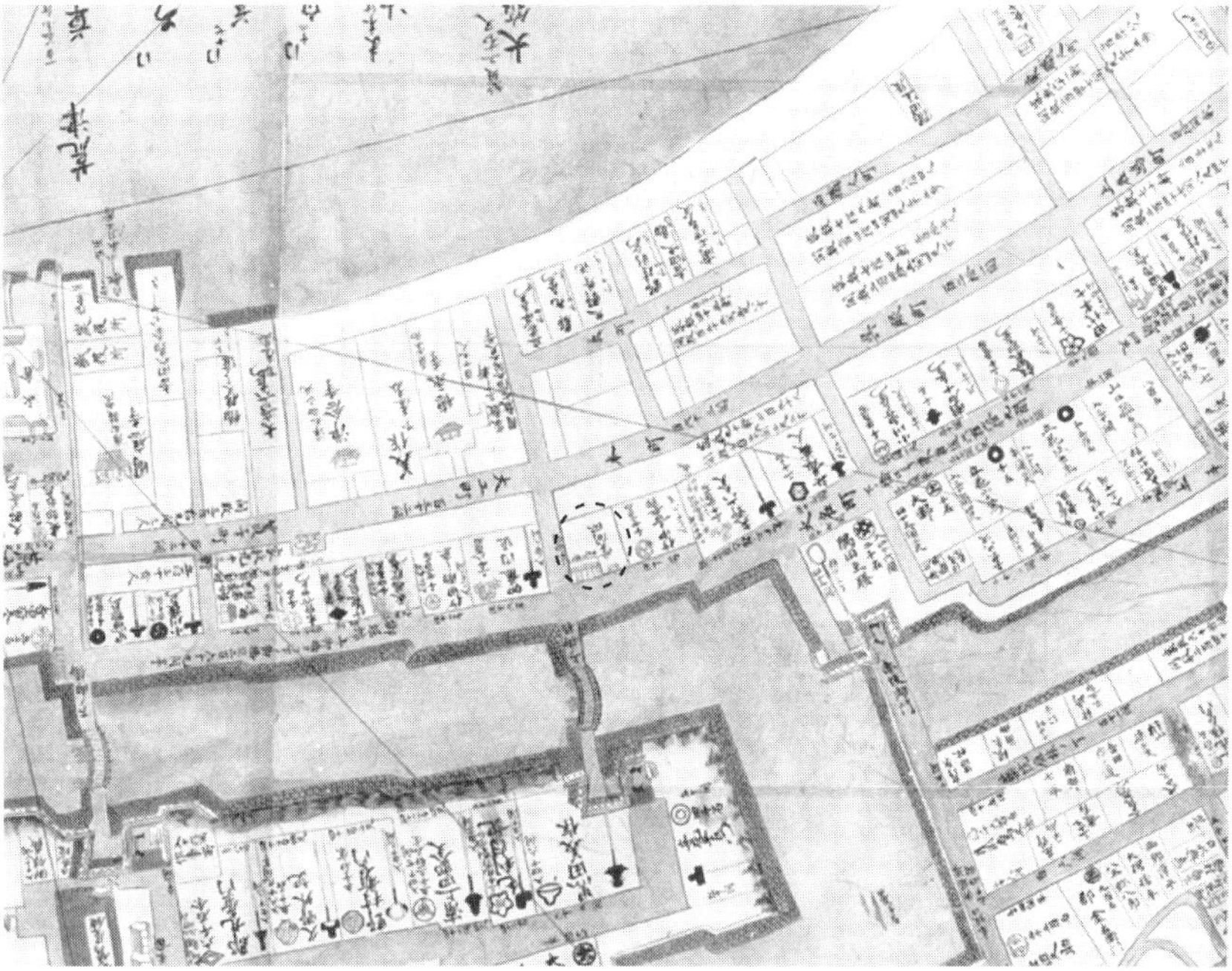

図1　学問所（修猷館）（「福岡城下町・博多・近隣古図」九州大学デジタル・アーカイブより）

図2　修猷館旧正門

三十二代内閣総理大臣の廣田弘毅がおり、多くの政治家、実業家などを輩出している。

福岡県内には、久留米藩校の明善堂（起源を一七八三年の学問所とし、一七八五年に講談所、一七八八年に修道館、一七九六（寛政八）年に明善堂となり久留米城内に設けられる）や小倉藩校の思永館（起源を一七五八年の学問所思永斎とし、一七八八年に思永館と改称し武芸稽古場を併設する）があった。両校とも福岡県立明善高等学校、福岡県立育徳館高等学校として今日でも現存する。

今日にはその姿を残さないが、一八二四（文政七）年に柳川藩校である伝習館、一八一〇（文化七）年に秋月藩校稽古館（一七七五年の稽古亭を起源とし、一七八四年に稽古観として拡張）があった。それぞれが藩主の命令により、本格的な教育がおこなわれるようになったことは共通する。

各藩独自で実施する教育システムの流れは、姿を変えながら今日にも引き継がれている。なかでも福岡藩校修猷館では、多くの藩士が教育され、近代国家の礎を築く人材を育てた。学兄たちの息吹は、現在でも生徒たちに継承されている。

九州北部の鉄道のあゆみ
――戦後の復興と興隆を中心に――

中島和男

1 序言

九州一の大都市「福岡」を語るのに石炭を主産業とした筑豊から始めるのはあまり適当とは言えないであろう。福岡・博多は歴史的には海に向かって開かれた港湾都市であり、後背地域に内陸を擁しつつも、都市としての意義は大陸との交流の窓口としての役割の方が大きい。しかしここで言及するのは福岡の歴史一般ではなく、鉄道史、それも鉄道の戦後の歩みであるので九州北部をその視点から語ろうとすると福岡という街とのかかわりは直接的ではなくても、どうしても石炭輸送を中心とした筑豊地区の状況から始めなければ北部九州の要を落としてしまうような気がしてならない。たしかに今日の福岡市を「炭都」と呼ぶ人はいない。しかしながら福岡、いや、博多は間接的にではあっても鉄道の発達をみるならば、鉄道近代化を担ったがゆえに逆に近代化の主流から外れる、という皮肉な筑豊の歩みと密接につながっている。また、博多っ子でない筆者にとって福岡・博多を語るには直接的にではなく、周囲の状況を時間的経過から語る方がこの町により接近できるように思えるのである。

戦後の歩みを顧みても、福岡・博多は鉄道交通にとってはひとつの通過点に過ぎなかった時代が長く続く。九州の鉄道の中心は北九州、とくに門司であり、国鉄時代の鉄道管理局所在地も門司であった。列車の往来から見て、博多駅がその中心になるのは新幹線が博多まで延長された後のことである。

2　石炭輸送盛衰記

若松から原田までの筑豊本線、名は本線であるが現在では桂川から原田までの間はあたかも別線のようである。営業キロ数六六・一キロのうちこの末端区間は二〇キロにも満たない。この区間の列車本数は極端に少なく「本線」と呼ばれるべき面影もない。また今日、直方方面から原田に直通する列車は一本もなくすべて桂川発着である。この桂川発原田行きの列車ダイヤを見ると朝の七時四〇分発の後は一〇時二三分まで一本もなく、同区間を一日に全部で九本を数える各駅停車が走るがいずれも単行（一両のみ）のディーゼルカーであり、以前にあった優等列車はもちろん皆無である（二〇一一年五月現在）。一時期は寝台や食堂車を連結した東京―熊本間の長距離急行「阿蘇」やディーゼル特急「かもめ」、「みどり」またブルートレインの「明星」、「あかつき」などの長距離優等列車がこの筑豊本線を経由した。今日それを想像するのは難しい。また昭和三一年一二月の全国大改正時刻表（日本交通公社刊）によると同区間の普通列車は快速をも含め一二本と現在よりも多い。当時は大分発久大本線廻りで原田経由の門司港行きという超迂回運転の列車も走り、時代を感じさせる。また、普通列車であっても二等客車（今日のグリーン車に相当）を繋いだものも運行されていた。

筑豊本線とその支線の多くは石炭輸送を主眼として敷設された。筑豊地区の石炭輸送量はたとえば昭和三七年度までは全貨物輸送のうちの半分以上を占めるほどであった。九州における貨物輸送トン数の推移をみると、昭和二六年の朝鮮戦争、また同じく三二年の神武景気の二度の時期に二〇〇〇万トンを超え、この最盛期には九州地区の全貨物輸送量の五六％に達し、戦後最高を記録している。このころの国鉄は慢性的な石炭車不足に悩み、駅では炭鉱業者間での空車の奪い合いが日常であったという（『九州の鉄道の歩み』国鉄九州総局刊、昭和四八年、一四〇ページ）。

その後になると石炭需要は一気に下降線をたどる。昭和四六年度をみると石炭輸送量は三五三万トンにまで落ち込み、これは最盛期の二割に過ぎなくなってしまった（同上）。

九州北部、石炭で栄えた過去の栄華の面影はいまいずこ。筑豊本線にはもはや過去を知る手掛かりは残されていないだろうか。どこかに当時の面影はないかと、まずは日田彦山線田川後藤寺駅に降り立つ。ローカル線の駅としてはプラットホームは長く、いまや雑草にまみれたヤードも極端に広い。短い編成のディーゼルカーが発着するにしてはこの長いホームはもてあまし気味である。一九八二年に駅名が改称され、現在田川後藤寺と呼ばれる駅こそかつての後藤寺駅である。繁栄を誇った木造二階建てだったかつての旧駅舎はすでになく、いまはそれは小ぶりでモダンな平屋建てとなってしまっている。田川といえば石炭、石炭産業が華やかなりし頃の田川は筑豊最大の炭都であり、採掘量も全国の半数にまで達する時期もあった。その最盛期の一九五〇年代には人口は一〇万を超え旅客数からみても後藤寺はその表玄関の駅であり、幹線の主要駅に匹敵する王者の風格さえ漂っていた。

石炭輸送の専用線を含めて、後藤寺駅には旅客列車とともに各方面からホッパー車と呼ばれる石炭輸送専用貨物による「石炭列車」がところ狭しと発着し、それを牽引する蒸気機関車の黒煙ともども炭都の風格を味わうには十分すぎるほどの舞台装置であった。また、それは駅構内の広大さだけではない。道路整備がままならなかったころ、鉄道による輸送が長距離輸送の主幹であった。しかし戦後しばらくの間、全国の主要幹線といえども複線化を達成している路線はそれほど多くはなかった。主要幹線でもない福岡県内のこの地域の路線が一部ながら複線を持っていたことからも当時の石炭輸送がいかに頻繁に行われていたかが窺い知れる。ちなみに筑豊本線の直方、折尾―中間・植木―直方間は一八九四年、若松、折尾間はすでに一八九六年に複線化を完了している。

写真1　田川線の9600(内田―油須原間)(『九州の蒸気機関車』門司鉄道管理局　昭和48年刊より)

国鉄時代の門司鉄道管理局が発行した「九州の蒸気機関車」(昭和四八年刊)の中に後藤寺機関区にまつわるエピソードが記されているので紹介しよう。筑豊の人たちにとって炭鉱景気のよさを象徴したのが全国的に有名な「炭坑節」である。この炭鉱との縁の深さは鉄道にとっても同様であり、当時の後藤寺機関区と三井鉱業田川鉱業所との関係もまさにその最たるものであった。この機関区では機関車用に供される燃料炭は「ボタ」を含んだ質の悪い豊州炭で、これでは機関車は長大編成の重い石炭車を牽引して思うように走れない。困り果てた機関庫では機関車を入れ換えで鉱業所の専用線に入れたときに高カロリーの三井田川坑の炭を割分けてもらうことにしていた。ただし、この反対給付として機関区側も炭鉱側の要望を受け入れるという条件付きであった。また給水に関しても三井田川坑に頼っていたため、「三井鉱業後藤寺機関区」との別名があったという(同書七七ページより)。

北部九州で忘れられないのが通称「デゴイチ」、D五一型と並んで俗に「キューロク」と呼ばれていた九六〇〇型の蒸気機関車であった。キューロクは約半世紀にもわたり、筑豊の石炭、鉱石の輸送に貢献した大正生まれの不細工な恰好の機関車である。今日では「SL」などとふやけた言い方が定着してしまったが、蒸気機関車がまだ現役の頃はこんな言い方は決してしなかった。それは「カマ」と呼ばれたり、ロコモティヴのあたまをとって「ロコ」と呼んだり、また書くときは決まって「蒸機」であった。

さて、今日の田川後藤寺駅を見渡して当時を偲ぶ唯一の景観はその構内の広さである。当時は何本ものレールが敷かれ、石炭を満載した貨物列車が構内を行き来していたのであるが、今ではそのレール群は撤去されただ広大な敷地だけが残り、レールの代わりに雑草が生い茂るだけである。機関車やホッパー車の面影はもはやなく、つわものどもが夢のあと、とはこのことか、と思える。長編成の長距離列車が発着できるほどの長いホームもたまに短い編成のディーゼル列車が発着するくらいでがらんとして活気が感じられない。しかし、この寂寥感こそかつての炭都としての栄華を今日に伝える貴重な遺産である。

一九六〇年代になると産業エネルギーは石炭から石油へと転換され、石炭産業は衰退の途をたどる。一九六四年のこと、三井田川鉱業所が閉山を迎えると石炭の都としての田川の役割も終焉を迎えるのである。

図1　総合時間表　1962年12月号　弘済出版社より

この田川後藤寺駅のような光景は筑豊地区の数ある駅のなかのほんのひとつの例にすぎない。飯塚駅でも、直方駅でもやはり同様な寂寥感は免れない。昭和三〇年代後半の時刻表の地図を広げて、今日のそれと比較してみると石炭産業の斜陽化とともに筑豊地区の後退は一目瞭然である。

この時刻表からもわかるとおり、筑豊地方には、大都市近郊でさえ例を見ないほどの線路が張りめぐらされていた。今日の鉄道網と比べるまでもない。そのいずれも筑豊で産出される石炭を、積出し港がある若松や小倉、大牟田などに輸送するために敷設された鉄道路線であった。この地区の沿線にある炭鉱からは良質な石炭が産出され、黒煙をたなびかせ蒸気機関車が牽く石炭列車は長大を極める。峠を越える区間では機関車は前だけでなく最後部にも付けられる。香春から産出されるこちらは石炭ではなくセメントであったが、これを北九州の港へと輸送する日田彦山線、香春からの連続上り勾配を押し上げるD五一、また筑豊本線の冷水峠など、急勾配を喘ぎ登るときの後押し（補機と呼ばれる）を従えたその姿は近代産業のエネルギー源としての筑豊地方の栄光を物語っていた。

ところで工場煙突から出る煙はのちに煤煙として敬遠されるに到ったのであるが、石炭が戦後の産業の担い手であったころの「煙」は文字どおり近代化の象徴のシンボルであったのは何も筑豊地方に限らない。いきなり東京へと場所は変わるが、昭和三〇年代まで上野を出た常磐線の列車が三河島に近づくと「お化け煙突」と呼ばれる四本の煙突が見えたのを筆者は記憶している。列車が移動するにつれ、見える角度により煙が上がる四本が三本にも二本にも見えるところからこの名がつけられたのである。そんなところにも石炭による産業の発展を肯定的にとらえていた当時の人々の様子が窺えよう。

石炭需要の低下が鉄道への依存率を減少させるのは当然の帰結である。この結果、盲腸線といわれる短距離の末端路線は以下に掲げるように切り捨てられる運命となった。九州北部の鉄道地図から後に地方交通線赤字路線として廃止および第三セクターへ移管となった路線は次のとおりである（線名駅名は廃止当時の名称による）。

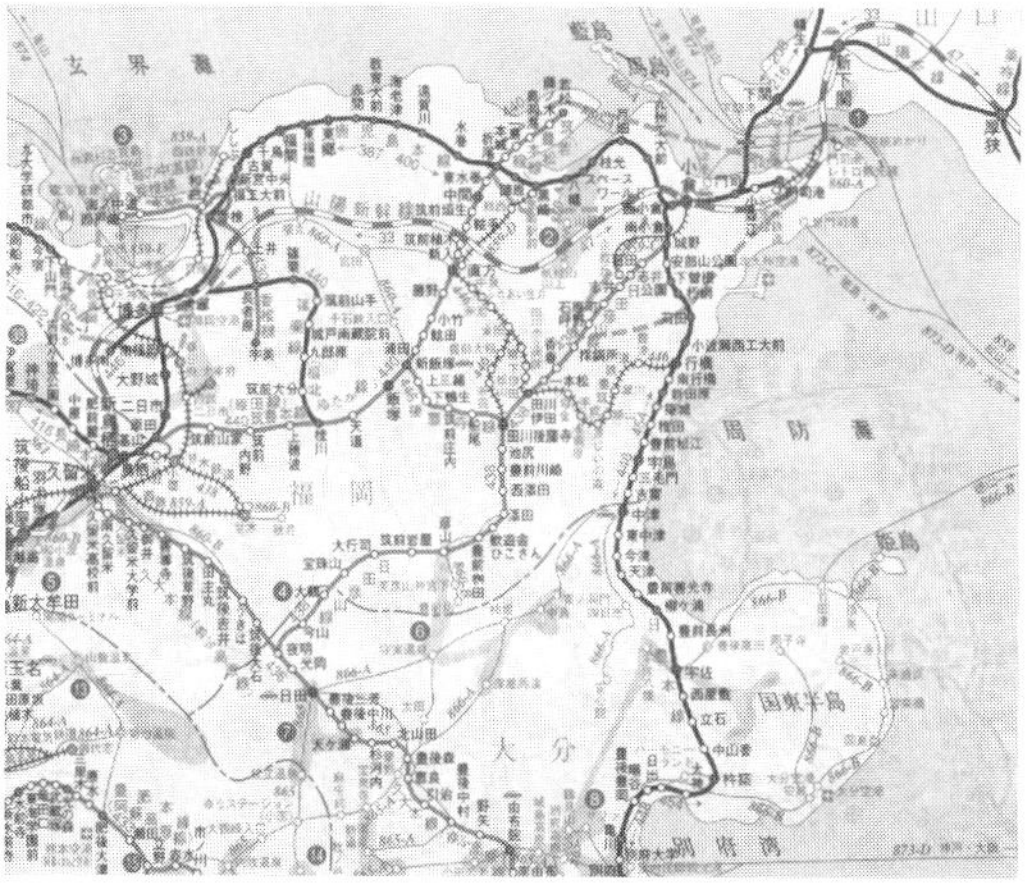

図2　JTB時刻表　2011年3月号より

写真2　D50とC55が並走する　(『九州の蒸気機関車』門司鉄道管理局　昭和48年刊より)

線名	開通年	区間	廃止および移管年月日
香月線	一九〇八	中間―香月	一九八五　四月一日
勝田線	一九一八	吉塚―筑前勝田	一九八五　四月一日
添田線	一九一五	香春―添田	一九八五　四月一日
室木線	一九〇八	遠賀川―室木	一九八五　四月一日
漆生線	一九〇二	下鴨生―漆生	一九八六　四月一日
上山田線	一八九五	飯塚―上山田	一九八八　八月一日

宮田線　一九〇二　勝野―筑前宮田　一九八九　一二月二三日
田川線　一八九五　行橋―伊田　一九八九　一〇月一日平成筑豊鉄道へ移管
糸田線　一八九七　金田―後藤寺　同
伊田線　一八九三　直方―伊田　同

戦後の鉄道史との関連で石炭産業に言及する以上志免鉱業所のことに触れないわけにはいかない。糟屋郡新原にあったこの志免鉱業所は明治二十二年に海軍燃料蔽採炭部として開坑した。終戦を迎え石炭不足が深刻化する中、この鉱業所を国鉄は機関車用の石炭を確保するため、自家生産方式で運輸省門司鉄道局志免鉱業所として出発させた。戦後間もないころ、この鉱業所が存在したおかげで石炭不足のさなかの九州地区の国鉄がその輸送力が確保できたことは記憶されなければならないであろう。その後エネルギー需要の推移によりこの鉱業所を国鉄の経営から切り離す問題が持ち上がった。このための反対闘争は壮烈を極めたというが、結局国鉄からの切り離しは行われなかった。それゆえ、国鉄の累積赤字が三〇億円に達し（昭和三七年度）、結局は国鉄の電化、ディーゼル化による石炭需要の急速な落ち込みにより経営破綻が加速したという皮肉が引き起こした幕引きであった。同鉱業所は三九年六月を以って閉山に追い込まれたのである。

3 近代化の幕開け

国鉄の輸送量は戦後の復興、特需景気などにより旅客だけでなく貨物輸送も著しく進展した。このため、国鉄は全国規模で長期計画を導入し、これは昭和三二年度から第一次、三六年度から第二次、四〇年度からは第三次と続いた。九州地区に関しては昭和三六年度

写真3 「かもめ」初列車 博多駅

写真4 「あさかぜ」初列車 博多駅

から始まった長期計画の中で鹿児島本線をはじめ、日豊、長崎本線の主要幹線を中心として複線化をはじめ、電化、また車両の無煙化や信号の自動化、駅舎の改築などなどの諸設備の近代化が推し進められた。

終戦後の疲弊から徐々に復興の兆しが見え始めたころ、特急列車の復活を望む声は少なくなかったという。地上諸設備の近代化に先立ち戦後まもなくこれに応える形で、九州地区でも特急列車が復活した。博多—京都間を一〇時間で結んだ「かもめ」である。昭和二八年三月一五日から運転を始めた「かもめ」は戦前にただ一本だけあった長崎—東京間の「富士」(戦局悪化のため一九年一〇月廃止)以来の九年ぶりの特別急行列車であった。

この「かもめ」には車内乗務員として「かもめ」嬢が乗務し接客にあたり、利用者の評判は上々であったという。乗車率も良好でこれに触発され東京までの直通特急を走らせたいとの要望が高まった。「かもめ」に遅れること約三年半、昭和三一年一一月一九日東海道本線全線電化とともに博多—東京間を一七時間半で結ぶ「あさかぜ」が特急として誕生する。この「あさかぜ」は博多を夕方に出て翌日の午前中に東京に着く夜行列車としてはごく当然の時間設定であった。しかしながらこれでは途中の大阪通過が深夜となるのは必須であり、これに大阪が猛反対をしたエピソードが伝えられている。その反対はあまりにも激しく、そこまで大阪側が反対するのなら列車は大阪駅を通さずにその北側にある短絡線を通過させることも考えている、とまで言わせたのである(阪田貞之『列車ダイヤの話』中公新書より)。国内第二の大都市大阪の誇りを撥ねつけ関西地区の有効時間帯を見事に無視して誕生したこの「あさかぜ」は寝台車を中心としながらも誕生当初は雑系客車と呼ばれる茶色の普通の客車の寄せ集めであったが、それでも人気は抜群であった。このため、翌年七月には長崎—東京間の「さちかぜ」を新設し、さらに三三年以降になると「はやぶさ」（鹿児島—東京）、「みずほ」（熊本・大分—東京）を増発する勢いとなった。

「あさかぜ」に関しては当時松本清張の『点と線』にも登場し、この推理小説は当初雑誌「旅」に連載された。さらに昭和三三年一〇月には当時は画期的と言われた冷暖房完備の新型車両が投入され、個室寝台も備えられ動くホテルとまで言われて後のブルートレインの元祖となったことはあまりにも有名である。昭和三〇年代はまだ長距離は座席に座れるだけで十分といわれる時代であり、また列車内は扇風機があればまだましな方で現在では当然の設備でしかないが、当時としては「冷房つき」とは贅沢極まりない。時刻表にも冷房付きであることを示す記号が特別に記されていた。そんな時代であるからこそ冷房を十二分にアピールすることがまず第一のサービスで、「あさかぜ」という愛称名はやや効きすぎたかのような冷気で乗客が朝かぜをひいたことに由来するのである、などとささやかれたものだ。そんな「あさかぜ」だからこそ話題には事欠かない。それは濃いブルーの車体に特急を象徴する三本のクリーム色のラインを施した当時としては最先端ともいえるデザインだけではなかったのである。確かに新しい時代の幕開けを示すかのような車体だけでも十二

写真5　長崎まで延びた「さちかぜ」（『九州の蒸気機関車』門司鉄道管理局　昭和48年刊より）

写真6　電化後、旧博多駅に並ぶ特急列車群（昭和36年、架線に注意。『九州の蒸気機関車』門司鉄道管理局　昭和48年刊より）

分な魅力はあった。しかし、それはその後にも絶えてなかったほどの車両自体の設計思想が高かったことにも由来する。当時の特急というのは文字どおり「特別急行」であり、時代の先端をリードする乗り物であった。特別急行に乗車するからには身なりをも整えてから惧れを以って車内に入るべし、との思いを作家の内田百閒は伝えている。これは百閒ならずとも、特急に乗るということは今日と大きく異なり、何か特別な非日常を体験することであった。定期券で特急を利用できる今日とは時代環境が根本的に異なっていたのである。そしてその期待をみごとに裏切らなかったのが当時の「特別急行」なのであった。

それまで茶色一色だった客車が鮮やかなブルーのいでたちで現れたことも驚きであったが、そんな外観もさることながら寝台を中心とする車内設備を今日の目から見れば、たしかに三等の寝台幅は　五二センチであり、おまけにその三段式ベッドは頭上も狭すぎ寝返りにも窮

写真7　ブルートレインとなった「あさかぜ」下関駅にて　1975年3月　筆者撮影

屈この上なかった。しかしこれは当時の寝台車の標準仕様であったのだ。長距離でも座席に座れるかどうかが問題であり、ましてや移動中に横になれるだけで贅沢という時代である。しかし筆者も含め、多くの乗客が感心したのは列車の乗り心地であった。この二〇系という車両の走行中の静かさは後々の新型車両といえども太刀打ちはできなかったほどである。この客車の連結部には停発車時のショックを緩和する油圧式緩衝器が設けられていた。これも当時はまだ時代の先端を歩んでいた特急車両ならではであった。後の改良型で全国にブルートレインブームを作った一四系、二四系と呼ばれた客車では人間工学上に基づくデータを根拠として寝台幅を七〇センチにまで広げ車内の居住性は大幅に改善をみたものの、走行中の連結部の騒音はそれまで

写真8　門司港—久留米間の初のディーゼル快速列車（『九州の蒸気機関車』門司鉄道管理局　昭和48年刊より）

よりもより高いばかりでなく停車、発車時のショックが大きく、安眠を妨げられるとの苦情が絶えなかった。後者の原因のひとつには機関士の運転技術の相違によるものではあるが（昭和四〇年代初期ころまでの特急の機関士、運転手は技術が最優秀の者だけの特権であった）、初代ブルートレイン車両自体の設計思想の高さは製造後半世紀以上を経た今日でも十分に通用するほどである。東京オリンピック開催に合わせて昭和三九年一〇月一日、東海道新幹線が新大阪まで開通し、翌年一〇月からは新たに新大阪発の「あかつき」が新設されることとなった。世界でも例を見なかった電車寝台を含めた後々の九州特急群の元祖こそ「あさかぜ」であった。

話題がやや寝台特急に偏りすぎたようである。鉄道近代化というと華やかな特急列車の推移に焦点が合ってしまうことが多い。こと九州に限らないが、鉄道近代化の基礎は実はローカル輸送の近代化にこそより多くの意義がある。この近代化とは先に記した筑豊地区にとってはまことに皮肉ではあるが、石炭需要からの離脱に他ならない。事実、九州地区の地域間輸送を見ても、列車の無煙化の一環としてディーゼル化が促進され、昭和二七年八月にはディーゼル車として初めての総括制御可能な車両が開発され、二八年五月から門司―久留米間で三両編成の快速列車の運転が始まった（キハ四四一〇〇、四四二〇〇型）。これが今日九州北部に広がる近郊快速列車の原型となる。

これはさらに全国各地域に繰り広げられた「動力近代化」計画と符合して九州地区においてもローカル線旅客列車のディーゼル化また後のディーゼル車による準急列車、急行、特急列車の新設へと繋がっていくこととなる。

寝台特急「あさかぜ」が豪華固定編成へと変貌したころ、世の中は戦後の復興からより豊かさを求める高度経済成長期へと移行する。鉄道輸送体系の整備が進む中、九州にあってもその豊かな観光資源をより活用すべく観光を主体とした輸送計画が話題となったのも時代の推移を示すことである。先のディーゼル快速列車の成功を機に昭和三一年五月一日には博多から小倉、別府経由の熊本行きの準急列車「ひかり」が新設され（キハ五五型による）、この区間を五時間五四分で結んだのである。昭和三九年一〇月の開業以来新幹線の愛称名として定着している「ひかり」は九州が故郷である。これをきっかけとして九州においても準急行列車以上の優等列車への気動車導入の機運は一気に高まり、特急にまで至る後々の増発の大きな起爆剤となった。

ディーゼル化と並行して輸送力強化の一環として九州北部で進められたのが電化計画であった。昭和三二年、門司港―熊本間の電化が話題となり、交流方式により門司港から久留米までの一一五・四キロの電化工事がはじめられた。三六年六月一日、山陽本線小郡（現新山口）―下関間の電化（直流方式）完成とともに新製なった四二一系交直流式近郊型電車による直通運転が同区間ではじまった。これは常磐線取手―勝田間の交流電化開業と同時で、交直流の二電源方式にまたがって直通可能な近郊電車による本格営業運転という意味においても国鉄史上記憶すべき事柄である。特急や急行のような長距離列車と異なり、近郊電車は文字どおり日常生活のための列車である。これは福岡市とともに後の三八年に五市が合併して生まれた北九州市の発展にとっても大きな出来事であった。すなわち両市はおおよそ七〇キロ離れて位置している。しかし電車の導入により、この間に快速運転が始まりこの区間の時間的距離がおおいに縮まったのである。

現在の祇園町にあった旧博多駅は昭和三八年に現在の位置へと移転した。したがって、まもなく移転することを見越して、ほんの短い期間ではあったが旧博多駅構内にも架線が引かれたことになる。

この電化により、先のディーゼルカーによる快速運転がそのまま電車に引き継がれたことは言うまでもない。電化により画期的だったのは博多―折尾間無停車の快速列車が運転されたことである。それまでのディーゼルカーによる同区間の快速は途中吉塚、香椎、福間の三駅に停車し所要時間はおおむね五四分であった（昭和三一年一二月現在）。ちなみに電車による快速はこの区間を七往復が無停車で走り、所要時間は上りが三六分下りは三七分であり（三六年一〇月時点）、今日の同区間の特急列車と比べても何の遜色もなくこの韋駄天走りから当時の意気込みが伝わってくるようである。さらに、である。当時の時刻表をより細かく観察すると一本の上り快速が急行列車を追い越す、という珍事が発生しているのに気付く。三六年一〇月時点で熊本発の上り名古屋行き急行「阿蘇」は博多駅を一七時四二分に発車する。この一八分後、山陽本線小郡行き快速が博多を一八時に出発する。「阿蘇」の門司到着が一九時二分で機関車付け替えのため、一九時一三分の発車となっているのに対して、後発の快速は一九時八分着で一分停車の後一九時九分に小郡に向けて出発し、しかもこの快速は門司からは各駅に停車するにもかかわらず、「阿蘇」に先んじたまま終着の小郡に至っている。長距離夜行が客車列車であったのに対し、俊足を誇る近郊型電車の面目を示した例として興味深い。余談ながらこれと同様な例は後にも見られ、季節列車として増発された東京行き臨時「あさかぜ」が途中で同じく快速列車を退避するダイヤを組んだ時期もあった。

4 競合期へ

戦後の鉄道近代化の歩みの中で、いつごろが九州地区の国鉄の最盛期であったのであろうか。これに答えるのはしかし意外と難しい。国鉄といえば常に赤字を抱えており、しかも全国的に累積赤字は時代とともに増大するばかり、「日本国有鉄道」とは文字どおり読めば「日本の国に有った金を失う道」となるなどと揶揄したこともあったが、ともかく赤字が解消された時期は一度もない。これが昭和六二年四月の国鉄分割民営化へと移行する最大根拠であり、この後は旧国鉄に属した各鉄道会社は地域ごとの独立会計となる。鉄道の使命は第一に安全輸送であるから、これを基準に考えると、鉄道にとっての基本的に近代化、つまり、電化、複線化などの設備の充実が完了するまでを興隆期と判断することに合理性はあるものの、いつごろが最盛期であるのかを詮索してもあまり意味がない。むしろ、九州の場合は鹿児島までの電化完成により鹿児島本線がひととおりの整備をし終えた昭和四五年あたりまでを設備近代化を推し進めた興隆期とし、これ以降が他の交通手段との競合期になると考えた方が実情に合っているのではないか。もっとも日豊線の全線電化はこれよりもずっと遅く、鹿児島までの電化が完成したのは昭和五四年のことであり（南宮崎までは昭和四九年三月完成）、九州の場合、同じ幹線であっても日豊本線の近代化が後手となるのが常である。

昭和五〇年三月には新幹線の博多開業があり、これにより九州の鉄道地図が大きく変わった。他方、この時期から高速道路網の進展に伴う車社会が本格的に起動し始め、鉄道輸送は事実上車との競合に入っていく。また他方、昭和四九年より航空会社は主要幹線に大型航空機を導入し航空輸送の大衆化を図った。これ以降東京―大阪―福岡間に関しては航空機対新幹線という競合の構図が徐々に出来上がっていく。

新幹線の博多開業当初はしかしまだ鉄道と航空運賃との格差が大きく、また東京―博多間に関して所要時間は新幹線でもまだ六時間四〇分（開業当初は博多―小倉間徐行運転のため六時間五六分）を要していたのでこの時点では両者はまだそれぞれの役割分担が機能していた。しかし、ちょうどこのころ、物価上昇もあり国鉄運賃は大幅な値上げを余儀なくされる。その結果航空運賃との差が次第に接近し始めると、長距離客は次第に航空機に流れるようになる。

一九八〇年代になると両者は競合の度合いを増してくる。さらなる移動手段の選択肢拡大の結果、長距離輸送客は航空機に、短・中距離客は車あるいは低廉な運賃のバスに奪い取られる結果となった。とりわけ移動距離が五〇〇キロ以上、あるいは鉄道乗車時間が三時間を超える区間となると、主要幹線の客は航空機へと移行する傾向が明らかになるのである。したがって新幹線の博多開業はそれまで鉄道が独占してきた中長距離客が他の交通手段との競合により鉄道離れを起こし始めたことで鉄道会社がより厳しい経営と工夫を迫られるに至った時代の幕開けであると言える。

一九九三年以降JRは最高時速三〇〇キロの「のぞみ」を博多まで導入する。しかしながら最速でも五時間四分を要した「のぞみ」は東京—博多間の旅客を航空機から奪還することはできなかった。以後新幹線は博多を中心として見るならば、関西圏、あるいはせいぜい名古屋までの旅客を主たる対象とするに至る。これは往復割引乗車券の販売区間を見れば一目瞭然である（博多—東京間の割引切符は現在でも取り扱いはあるものの、主力とはなっていない）。

戦後復興期では鉄道輸送は地域間移動を独占してきたが、鉄道会社はより厳しい経営を迫られるようになる。それまでは不足する輸送力を増強することのみに力点が置かれ、世の中の需要に追いつくことで当面の目標は達成されたかに見えたが、戦後の経済発展の結果距離に応じて移動手段の選択肢が拡大するにつれ一九八〇年代以降になると鉄道はより一層の努力を集客そのものに向けなければならなくなる。国鉄時代の「乗せてやる」から「乗っていただく」への鉄道マンの意識の変換は世の中の変動と相俟って必然的な帰結であった。

今日のJR九州は分割民営化後も経営努力を続け、利用客の流れをより意識したダイヤ編成を目指し、また国鉄時代とは異なり快適な移動空間としての車両導入など多くの工夫を採り入れている。これはこの度鹿児島まで開業した九州新幹線にも該当することで、この点は今後も全国のＪＲ各社の手本となってほしいものである。

この一方、在来線と異なるルートを通る新幹線の開通により、そのルートから外れた地区が結果的に不便を甘受せざるを得なくなっているのは地域の新しい問題である。また新たに開業した新幹線と並行する一部区間の在来線はＪＲから分離され第三セクターの運営となり、厳しい経営状態であることはすでに二〇〇四年の九州新幹線の部分開業に伴い鹿児島本線より分離された肥薩オレンジ鉄道をはじめ他のいくらかの例からも明らかになっている。現在計画中の新幹線長崎ルートにしても然り、地元では切望されている新幹線が新たな光と影を生みだしていることをわれわれはもっと真剣に考えなければならない。福岡に限らず都市とは単独では存在しえず、他の大小都市と交通網によって結ばれてこそ機能することを忘れてはなるまい。

HAKATA
（はかた）
博多

column

福岡のSA・PA事情

安高啓明

福岡県門司ＩＣを起点に鹿児島ＩＣまでを縦に結ぶ「九州縦貫自動車道鹿児島線」（九州自動車道）は、総延長距離３４６・４Ｋｍにおよぶ九州の大動脈というべき高速道路である。この間、さまざまなＳＡ（サービスエリア）やＰＡ（パーキングエリア）が整備されており、ドライバーの憩いの場として近年成長著しい。まさしく〝ハイウェイオアシス〟であるＳＡ・ＰＡでの〝食〟へのこだわりは見逃せない。地元食材にこだわったメニューやＳＡ限定グルメ、パンにスウィーツなど老若男女に受け入れられそうな商品が並ぶ。これまでの古くて目立たなかったＳＡ・ＰＡの異変を、福岡県内にあるなかからいくつか紹介していく。

関門橋上りにある「めかりＰＡ」（北九州市）は九州最北端のＰＡで、瀬戸内海国立公園内にあり眼前には関門海峡が広がる。関門特産のふぐを使ったメニューが多いのが特徴である。また、ご飯の上にカレーやチーズなどをのせてオーブンで焼き上げる香ばしい焼きカレーは門司港の名物グルメとして知られるが、ここでは〝シーフード焼きカレー〟が食べられる。

上り「古賀ＳＡ」（古賀市）では、「古式切り麦法」という製造法で作られるコシ・ツヤのある麺の能古島名物〝能古うどん〟が提供されている。屋外コーナーでは〝博多なんこつ天〟や太宰府銘菓〝梅ヶ枝餅〟も販売される。また、近年、博多の新名物として売り出された〝どぶ漬けから揚げ〟は、佐賀県のみつせ鶏を「どっぷりと秘伝のたれにくぐらせた」もので、ジューシーで濃厚な味付けに仕上がっている。ここは、ロイヤルホストなどのレストラン経営で知られる福岡を代表する企業ＲＯＹＡＬが運営する。〝揚げたてカレーパン〟やＲＯＹＡＬブランドのスウィートポテトなどといった人気の商品を購入することができる。なお、「めかりＰＡ」も同社が運営

写真1　古賀PA

写真2　古賀PA屋外ブース

写真3　下り広川SA

写真4　広川SA店内

するが、上り「古賀ＳＡ」は一線を画し、ＲＯＹＡＬ色を出したオリジナルの店作りとなっている。

下り「古賀ＳＡ」では、北九州の郷土料理で鯖をぬかみそで炊いた〝じんだ煮定食〟や福岡の郷土料理〝かしわめし〟がある。また、新作豚骨ラーメン〝新〟も提供される。カステラ生地に餡を巻き込んだ〝古賀ロール〟という和菓子も販売されている。

上り「広川ＳＡ」（広川町）では、近隣する八女産を使ったものが目立つ。小倉餡と生クリームを、八女茶が練り込まれた生地で包んだ〝八女抹茶ろ〜る〟や濃厚な茶葉の香り際立つ〝八女茶ソフト〟は創作スウィーツとして人気である。また、〝南関あげごま味噌パン〟や瀬高の高菜と八女茶煮豚を使った〝広川からし高菜バーガー〟など、地元食材をアレンジして若者向けに作られている。

下り「広川ＳＡ」（広川町）でも〝八女抹茶シュー〟や〝八女抹茶あずきソフト〟、〝八女抹茶メロンパン〟などが並ぶ。また、ちゃんぽん風の煮込みうどん〝久留米しおちゃんどん〟や〝星野村玉露ロール〟などの創作系も目をひく。また、「広川ＳＡ」上下線共通して〝鯖寿司〟、〝焼き鯖寿司〟があり、筑後地方のもてなし郷土料理を食することができる。

このように、ＳＡやＰＡには、伝統的な郷土料理や新作の創作料理の食文化が集約されている。高速道路という一線上に、地産地消の原点に立ち返った、新しい〝ご当地食文化圏〟を形成している。紙幅の都合上、紹介できなかったところもあるが、福岡のＳＡ・ＰＡに来れば、手軽に新旧福岡の食を堪能できる。

第2部

福岡の魅力

音楽都市・博多
―ポピュラー・ミュージシャン大量輩出の由来試論―

栗原詩子

1　はじめに

博多について音楽都市としての機能を考えよ、とのテーマをいただいた。

博多には、人々から愛されるライブ喫茶が少なくない[1]。しかしながら、クラシック音楽におけるウィーンやパリのような、ジャズにおけるニューオリンズのような、ポピュラー

（1）田代俊一郎『福岡音楽散歩――ライブハウスの人びと』書肆侃侃房、二〇〇九年。

音楽におけるリヴァプールのような意味での「音楽都市」像を描くことは、さすがに困難であるように思われる。

筆者個人としては、居酒屋で「御神楽《みかぐら》」の音色が流れる情景が、他の地方よりも博多で多く出会うこととして、思い入れ深い。文献でも、「中世後期から近世前期にかけて、法者や山伏と組んだ神子は、法者の詠む祭文につれて神がかりしたり死霊鎮めの舞を舞い、神子と法者が連携した神楽は、中国・九州地方において顕著にみられた」[2]との記述がある。しかしながら、宮中に由来する御神楽《みかぐら》と民間の神楽《かぐら》の来歴や地域的特性について語っても、必ずしも、私たちの「音楽」的博多体験と重なりあう部分が少ないのではないか、とおそれた。

そこでこの機会に[3]、博多をかこむ文化圏に暮らす私たちが、常日頃、意識することの多い「沢山歌手がでる街」としての福岡・博多について考えてみたい。

2　福岡・博多とポピュラー音楽

まず、福岡・博多の出身であることが広く知られているミュージシャンを一覧化してみよう。ただし、同時代のミュージシャンの特性を客観的に分類した研究は過去に例がないため、筆者の独断性の高い情報となったことを、あらかじめご諒解いただきたい。

表には、長渕剛、MISIA、中島美嘉のように、生まれた地域が福岡県外のケースも掲載したが、いずれも、ラジオ・トーク等で、修業期を過ごした博多への思い入れを繰り返

(2)　渡辺伸夫「神楽」、神田より子・俵木悟『民俗小事典　神事と芸能』吉川弘文館、二〇一〇年、二九一頁。

(3)　本稿は、公開講座シリーズ「魅力ある街、博多・福岡」の内容にもとづく。

表 1　福岡出身のミュージシャン一覧表

略号：◎美声や歌唱力　■作曲　●作詞　☆ビジュアルやダンス

名前	生年	出身	技能		
財津和夫（チューリップ）	1948	福岡	◎	■●	
大川栄策	1948	大川	◎		
井上陽水	1948	飯塚	◎	■●	
武田鉄矢（海援隊）	1949	福岡		●	
高橋 真梨子	1949	福岡	◎		
清水 健太郎	1952	小倉	◎		☆
小柳 ルミ子	1952	福岡	◎		☆
甲斐よしひろ（甲斐バンド）	1953	福岡	◎	■●	
郷 ひろみ	1955	糟屋	◎		☆
長渕剛	1958	（鹿児島）		■●	☆
チャゲ	1958	小倉	◎		
飛鳥涼	1958	大野城	◎	■●	
陣内孝則	1958	大川	◎		☆
松田聖子	1962	柳川	◎		
徳永英明	1962	柳川	◎	■●	
KAN（＝木村和）	1962	福岡	◎	■●	
藤井郁弥／尚之（チェッカーズ）	1962／64	久留米		■●	
広瀬香美	1966	太宰府	◎	■●	
中村あゆみ	1966	福岡	◎	■●	
草野正宗（スピッツ）	1967	福岡		■●	
森口博子	1968	福岡	◎		
氷川きよし	1977	福岡	◎		
浜崎あゆみ	1978	福岡		■●	☆
MISIA	1978	（長崎）	◎		
椎名林檎	1978	福岡		■●	
SHOGO（175R）	1980	小倉		■●	☆
中島美嘉	1983	（鹿児島）	◎		
橘慶太（w-inds）	1985	福岡	◎	●	☆

し語っているミュージシャンである。

さて、ポピュラー音楽のミュージシャンの場合、その魅力を構成する要素は、筆者が専門とするクラシック音楽のような場合よりもずっと幅が広い。他の作詞家・作曲家から提供された楽曲を個性的な声や歌唱力で演奏するヴォイス・パフォーマー派と、「シンガー・ソングライター」[4]という業名にみられるように、自身で作詞・作曲を行いつつ演奏するクリエイター派、そして、歌唱力の有無にかかわらずダンス・パフォーマー派の三つに大別されよう。ただし現実には、各ミュージシャンが、楽曲ごと、あるいは時期ごとに、これら三つの領域を横断しながら、複合的表現を行うのが、ポピュラー音楽界の特性である。そこで表では、右辺の「技能」という欄に、ごく大雑把に、「美声や歌唱力」「作曲」「作詞」「ビジュアルやダンス」の四点のうち、各ミュージシャンに顕著な特性と思われる部分をマーキングした。

このように一覧化してみると、福岡・博多には、特徴的な声や歌唱力で勝負するミュージシャン――大川栄策・高橋真梨子・松田聖子ら――もさることながら、自ら作曲を手がけるミュージシャン――財津和夫・井上陽水・広瀬香美・飛鳥涼ら――が絶え間なく豊かに育っていることが目をひく。このような豊かな音楽的創造力《クリエイティヴィティ》は、どのような音楽環境を背景に生まれたものなのだろうか。

まず思い当たるのは、博多の街が、古来より、主にアジア諸国との海洋交易を通じて、さまざまな響きの洗礼を受けてきた、ということである。

以下、音楽的創造力《クリエイティヴィティ》の由来をたどって、博多における舶来の音楽芸能について考えてみたい。

(4) 著作権法や税法において、「シンガー」を実演家、「ソングライター」を著作者と位置づけ、別種の人格として想定していることは、興味深い。

3 博多を通過した舶来の音楽芸能

「音楽」は、モノとして形態が残りにくい文化ジャンルであり、歴史上たしかに存在したのに、その地域における過去の音楽状況が把握されにくいケースが多々ある。『古事記』（七一二）や『日本書紀』（七二〇）に神楽歌・久米歌・東遊・大和歌・大歌・誄歌への言及がみられるが、とはいっても、これらの文書にあらわれるものは私たちの実感において、歌＝音楽というよりも、文学に近いのではなかろうか。とはいえ、七～八世紀頃に造営された泉崎横穴（福島県）などに、和琴《わごん》を奏する楽人の姿を模した埴輪が出土していることなどから、音楽が、現世のみならず彼世においても奏でられるべき楽器として、日本各地に広く定着していたことがうかがわれる。

九州地方については、たとえば九世紀に、唐の曲調で笏拍子・笙・篳篥・竜笛・琵琶・箏を奏する「催馬楽《さいばら》」[5]が成立したが、このジャンルは薩摩藩の催馬楽村で発生したという説がある。[6]ここに、神への奉献物として音楽を用いる姿がみられる。また、民衆の間では、九四〇年代に仏教が盛んになり、空也上人（九〇三～九七二）の伝えた「踊念仏《おどりねんぶつ》」がとりわけ遠賀川（中間市・遠賀郡）周辺で流行して、江戸中期に大きな所作を特徴とする「芦屋歌舞伎」[7]に昇華したとも言われている。また、密教音楽は、栄西（一一四一～一二一五）が建立した聖福寺（福岡市博多区）を拠点に、日本全土に浸透していった。

これら古代・中世における大陸系の音楽が、いずれも無拍節あるいは二拍子系の、どち

（5）応仁の乱の後に廃絶したが一六二六年に再興された。

（6）催馬楽村には、都曇答蝋、鼓川、轟小路など、音にまつわる地名が多く、しばしばこの地域の馬士唄と関連づけられる。

（7）野間栄「芦屋歌舞伎の役者たち：筑前遠賀川に映えた常民芝居の〝栄光と挫折〟をあとづける」『日本及日本人』第一五三〇号、一九七五年、七〇―七五頁。

らかといえば静的な音楽性をもたらしたのに比べ、近世以降は、西洋・朝鮮半島・琉球から三拍子系の動的な音楽が伝来し、音色の面でも一層幅広い感性が呼び覚まされた。

十五〜十六世紀に西洋から到来したキリスト教は、博多に直接に根《ね》（音《ね》）をおろしたわけではなかったが、後述するように、周防・長崎各地・豊後を通じて間接的に、しかしながら、これらの地域よりも、いっそう長期にわたって、舶来の響きの感覚を博多に残した。また、朝鮮通信使が一六〇七〜一八一一年にかけて計一二回来日し（8）、江戸上りの間じゅう弾奏したという。十五世紀頃の朝鮮半島の主要な音楽様式は、今日国際的に人気を博している「四物《サムルノリ》」の前身にあたる「風物《プンムル》」と推測されるが、多彩な太鼓類と中〜高音域の金属打楽器を組み合わせた刺激的な音色は、博多の人々の楽興を呼び覚ましたに違いない。さらにこれと並行して、琉球王国からは薩摩藩の付庸国として一六三四〜一八五〇年に一八回に渡って琉球使節を江戸に送られた。この時には、当時の清（中国）の最先端の音楽表現法として、ポルタメント（滑らかな音程進行）を効かせた管弦の音色が往来にこだましたことであろう。

（8） 本書で尹氏が詳述している、二一―二七頁。

4 博多における西洋の音

このように多種多様な舶来芸能の中で、博多とキリスト教音楽の関係は一見薄い。日本全国の中でキリスト教音楽の影響について最も語られやすいのは、十六世紀に布教が熱心に行われた周防国（山口県）・平戸（長崎県）の二地であろう。すなわち一五五一年にザビエルが周防国のキリシタン大名大内義隆《おおうちよしたか》（一五〇七〜一五五一）に洋楽器を贈呈した上「五調子十二調子ヲ吟ズル」[9]という記録の残る周防国、一五五七年に宣教師ヴィレラ（Gaspar Vilela, 1525-1572）らに率いられたポルトガル船員が「フラウタ」「チャルメラ」を合奏して歌ミサを開いた平戸である。この周辺の天草・島原・長崎・平戸・生月島・度島にはラテン語聖歌が歌われていた記録が残っているし、一五八〇年代以降は巡察使ヴァリニャーノ（Alessandro Valignano, 1539-1606）が、日本各地にセミナリョ（seminario）やコレジョ（collegio）を設立して宗教教育と音楽教育を高度に実践していた。[10]そしてこれらの地域では、一六一四年のキリスト教禁止令の後も、隠れキリシタンたちが聖歌を「おらしょ」[11]として伝承していた。博多がいくら港町だとはいっても、これらの地域に比べると、豊臣秀吉による一五八七年の「バテレン追放令」や徳川家康による一六一四年の「耶蘇教禁止令」を受けて、三百年にわたる鎖国の間、直接に西洋の音楽文化が入ってくる隙はなかったように見えるのである。

ところが、当時の権力者たちは、キリスト教の信仰を絶とうとする執念とはうらはらに、キリスト教に付随して入ってくる西洋音楽文化には寛容で、しかも、たいへん積極的に接していたようである。一五八一年にローマ教皇にあてた『日本年報』には以下のような報告がある。「今日までに日本へ渡来した事物の内、日本人がもっとも好んだことはオルガン、クラボ、ビオラを弾楽することであった[12]」。

これを裏付ける出来事は、多々記録されている。たとえば一五八一年、織田信長が安土の住院《レジデンシア》に立ち寄り「修道院に備え付けのクラボとビオラを見て両方とも弾かせ、これに耳を傾けて喜んだ。クラボを弾いた少年は日向国の子であったが、これを多いに褒め、ビ

（9）皆川達夫『洋楽渡来考』日本キリスト教団出版局、二〇〇四年、十四頁。

（10）たとえば有馬のセミナリョでは合唱・オルガン・クラボを実習し、週日の毎日二〜三時に唱歌・楽器の演練習が定められていた。皆川達夫、前掲書。

（11）ラテン語で「祈祷」を意味する「oratio」を伝承したもの。

（12）松田毅一監訳『十六・七世紀イエズス会日本報告集』第三期第六巻、一九九一年、六三頁。

オラを弾いた少年をも褒めた[13]」。また豊臣秀吉は一五九一年、バテレン追放令の後にもかかわらず、音楽的興味ゆえに天正遣欧使節団[14]に積極的に面会している。

> 一行の奏する音楽を聴きたいからといふので四人の公子に彼の前へ来るやうにと命令した。そのために手配してあった楽器が直ぐに届けられ、クラヴォ、アルパ、ラウデ[15]に合わせて歌ふた。彼らはイタリヤとポルトガルで十分にこれを学んでゐたので、立派な姿勢で品よく軽快に行ふた。関白は彼らに命じて歌はせ、注意深く且つ大きな好奇心を以てこれを聴いた。彼らが少しばかり弾奏した後で、彼に倦怠を感じさせぬため敬意を表して弾奏を中絶すると、彼は同じい楽器で繰り返し弾奏し且つ歌ふやうにと三度に亘って彼らに命じた。その後に楽器の一つを自らその手に取り、それに就いて日本人公子らに種々の質問をした[16]。

極東からの少年使節団を迎えるために、ヴェネツィアではガブリエリ（一五一〇～八六）による『歓迎ミサ曲』が作曲されているし、その近郊でのマントヴァではモンテヴェルディ（一五六七～一六四三）が活躍、そして何より、使節団が教皇グレゴリウス十三世に謁するために訪れたローマではパレストリーナ（一五二五～九四）というように、まさに近代西洋音楽の基礎となる作曲家たちが活躍していた最中のことである。今日では多くの人が眠気をもよおす古典音楽も、当時にあっては最先端の音楽として、まことに刺激的な愉しみになったことであろう。

キリスト教は禁じるが、その美しい音楽はぜひ演奏させたい……。語り伝えられるキリ

（13）皆川、前掲書、一七―一八頁。
（14）ヴァリニャーノの勧めにより、九州の大村純忠・大友宗麟・有馬晴信の三キリシタン大名がローマ教皇謁見のために、一五八二年（天正十年）に派遣した少年使節。伊東マンショ・千々石《ちぢわ》ミゲル・原マルチノ・中浦ジュリアンの四名は、一五九〇年に帰国した。
（15）現代一般的な発音では、鍵盤楽器をさすクラヴィア、琴状の楽器をさすハープ、ギター状の撥弦楽器をさすリュートのことである。
（16）皆川、前掲書、一三―一四頁。

スト教弾圧の激しさからは、容易に想像しがたい、一種ゆるい気風の中で、一六〇五頃、礼拝音楽を角形ネウマ譜で記録した歌集『サカラメンタ提要』や、祈りの歌を変体仮名で記録した『耶蘇教写経』が起草され、博多の町人文化に根をおろした。音楽史家の皆川達夫氏は、そこに書き込まれた筆跡や装本状態から、これらの小型書物が隠れキリシタンの蔵にしまいこまれていたのではなく、「十分の余裕をもって記された個人の実用のための袖珍版」[17]と推測している。こうした例からみると、宗教的伝習所としてのセミナリョやコレジョが閉鎖された後、これらの施設にあった西洋楽器が、一般町人の手で大切に保管され、演奏されたことは想像にかたくない。

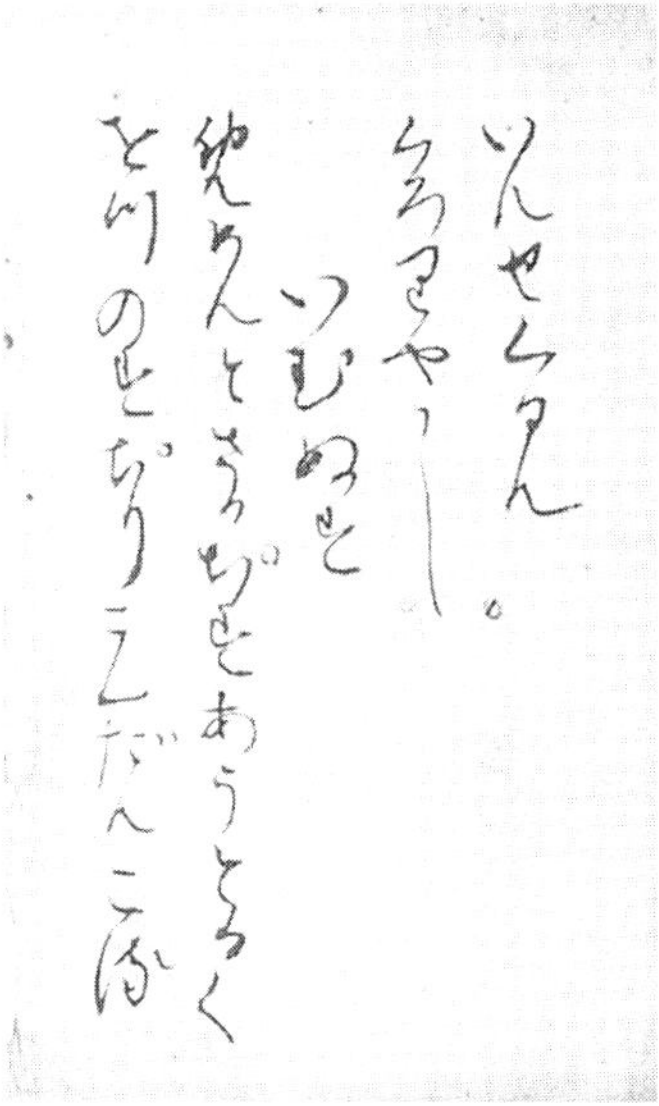

図1　耶蘇教写経

『耶蘇教写経』の記述	推測できるラテン語原文	意訳
いんせくるん	in saeculum	とこしえに栄光なるかな。
くろりやー	Gloria	賛歌
いむぬす	Hymnus	思い給え、救いの主。
めめんとさるちすあうとるく	Memento, salutis auctor, Qu	かつてわれらの肉体の姿
をつのすぢりこんだんこる	od nostri quondam cor [poris]	をとりて。

(17) 皆川、前掲書、二〇五頁。

また、『耶蘇教写経』（図1）[18]で第四行と第五行の「ち」の文字に、半濁点のように丸印が書き込まれているのは、西洋語の「ti」の音が、日本語の「chi」とは異なるのだ、ということを記号的に示したものであろう。記述上のこうした配慮は、当時の人々が、西洋独特の「音」に、いかに注意深く接していたかをうかがわせる。

(18) 皆川、前掲書、一九九頁より転載。

5　福岡で生まれたポピュラー音楽

福岡を通過した様々な舶来音楽を概観してきたが、二〇世紀以降のポピュラー音楽は、全世界的に近代西洋音楽の音楽語法を踏襲したものであって[19]、むろん、先に博多発として言及したポピュラー・ミュージシャンが作った音楽を、朝鮮風／琉球風／西洋風などと分類できるわけではない。

(19) 柘植元一『世界音楽への招待——民族音楽学入門』音楽之友社、一九九一年。

たとえば、広瀬香美（一九六六〜）のヒット曲「ゲレンデがとけるほど恋したい」（一九九五）のサビ部分は、音楽大学の作曲科で学んだミュージシャンらしく、近代西洋の機能和声の力学をそのまま踏襲したものになっている（譜例一）。しかし、同様の機能和声語法はきわめて汎用のものであるため、独学で作曲を身につけたミュージシャン、たとえば飛鳥涼（一九五八〜）のヒット曲「ＳＡＹ　ＹＥＳ」（一九九一）のサビ部分にも現れる（譜例二）。したがって各ミュージシャンの作品を「分類」的観点でさぐっても、その特性にも魅力にも迫れない。

では、博多的ミュージシャンのアイデンティティと魅力は、歌詞の面でしか探りようが

譜例一

ぜっこうちょうまふゆのこいスピードにのってー
IV V VI (V7 I)

譜例二

あいにはあいでかんじあおうよ
I IV V VI

ないのか。

この問いを前にして、井上陽水（一九四八〜）のバラード「傘がない」（一九七二／譜例三）を例に、音楽の魅力の作られ方、ということについて考えてみたい。というのも、井上は、「能古島の片想い」「夏まつり」「リバーサイドホテル」など歌詞の上で博多を題材にした作品の多いミュージシャンであるが、「傘がない」は都会の青年をテーマに、博多とは全くかかわりのない歌詞をもった作品であって、その意味で、その作家性を音楽一本にしぼって分析できると考えられるからである。

この歌をきいて耳に残るのは三つの動機《モチーフ》A・B・Cである。Aは譜例三（その二）の第一段目に頻出する谷型の音形、Bは第二段目に頻出する山形の音形、Cは第三段目に頻出するなだらかな下降音形である。

動機Aは、きわめて長い休符によって媒介されながら、三回繰り返される。次に現れる動機Bを媒介する休符は半分の量に短縮され、このことによって、音楽の時間全体が、冗長性から切迫性へと駆り立てられながら三回繰り返される。同じ音形のまま

譜例三

とかいでは じさつする わかものが ふえている
けさきたぁ しんぶんの かたすみに かいてある
だけどもぉ もんだいは きょうのあめ かさがない
いか なくちゃ きみにあいに いかなくちゃ きみのまちに いかなくちゃ あめに ぬれ
つめたい あめが きょうは こころーに しみる きみの
こといが いは かんが えられなく なるー それ は いい ことだ ろ?

動機A
動機B
動機C

譜例三（その二）

A
とかいでは じさつする わかものが ふえている
けさきたぁ しんぶんの かたすみに かいてある
だけどもぉ もんだいは きょうのあめ かさがない
B
いか なくちゃ きみにあいに いかなくちゃ きみのまちに いかなくちゃ あめに ぬれ
C
D
つめたい あめが きょうは こころーに しみる きみの
こといが いは かんが えられなく なるー それ は いい ことだ ろ?

で全体を一音ずつ下げながら行われる繰り返しの手法は「ゼクエンツ」と呼ばれ、池に落ちた水滴が相似形に水紋を広げるのと同様、知覚・記憶されやすい、という効果がある。そして、第二段目の末尾でふたたび動機Aが登場し、音楽に一種の「まとまり」が生まれる。見事な手法である。

さらにこの後、動機Cは、わずかな息継ぎのみでほとんど休符らしいものを媒介せずに二回繰り返され、このまとまりがリピートされる。興味深いのは、リピート後、これまで動機Cの歌い出しの機能を担っていたにすぎない刺繍音形が、それまでの十六分音符から八分音符へと拡大され、これによって突然、第四の動機Dとも呼ぶべき存在感を獲得する点である。たいへん見事な手法である。

長い休符を支える打楽器群、そもそものような休符をものともせずに次のフレーズへとエネルギーを引率するような声の力量がなければ、このような休符も、それに継ぐ動機拡大も行えないのではないか。

こうした音楽の総合力がどこに由来するのかについては、これを育てた博多が舶来文化の坩堝だったとはいえ、まだまだ筆者の見識の及ぶところではない。

〔参考文献〕

笠原潔『黒船来航と音楽』吉川弘文館、二〇〇一年。
加納克己『日本操り人形史：形態変遷・操法技術史』八木書店、二〇〇七年。
神戸愉樹美「キリシタン史料における撥弦楽器」『音楽の宇宙　皆川達夫先生古希記念論文集』音楽之友社、一九九八年、二三九―二五四頁。
進藤務子「日本・キリシタン音楽教育の原点：南蛮文化との出会い―イエズス会士A．ヴァリニャーノによるミッション教育の軌跡の探訪」『久留米信愛女学院短期大学研究紀要』三〇号、二〇〇七年、一三一～一三三頁。

瀬戸美都子「博多津要録にみる山笠と町衆」『西日本文化』第四四五号、二〇一〇年、一〇―一五頁。

田代俊一郎『福岡音楽散歩――ライブハウスの人びと』書肆侃侃房、二〇〇九年。

武野要子『博多――町人が育てた国際都市』岩波新書、二〇〇〇年。

柘植元一『世界音楽への招待――民族音楽学入門』音楽之友社、一九九一年。

野間栄「芦屋歌舞伎の役者たち：筑前遠賀川に映えた常民芝居の〝栄光と挫折〟をあとづける」『日本及日本人』第一五三〇号、一九七五年、七〇―七五頁。

松田毅一監訳『十六・七世紀イエズス会日本報告集』、同朋舎出版、一九八七〜一九九八年。

皆川達夫『洋楽渡来考』日本キリスト教団出版局、二〇〇四年。

横田庄一郎『キリシタンと西洋音楽』朔北社、二〇〇〇年。

column

アジア映画と「福博」の魅力

西谷郁

福岡で育った私が物心ついた時、すでにアジア映画は身近な存在だった。映画の中心は福岡一番の繁華街、中洲で、洋画や邦画ばかりを見ていた。放課後、デパートのチケット売り場に前売り券を買いに行った。すると見慣れない劇場の名前と映画のタイトル、スチール写真が目に飛び込んできた。絵画のような美しい牧歌的な山の風景を背景に、とぼとぼと歩く男の子と女の子の姿、『恋恋風塵』という青春の淡い香り。こんな映画おもしろくない、という友人をよそに、スチール写真と漢字だけのタイトルの魅力に引き寄せられ、チケットを買った。『恋恋風塵』が台湾映画を代表する侯孝賢の代表作だったとは露知らず。この作品に出会ってから、中洲の大劇場で上映される洋画、邦画だけでなく、アジア映画が上映される天神のミニシアターにも足繁く通い始めた。その日から今日まで私は福岡と博多「福博」でアジア映画を見続けている。

図1　恋恋風塵（画像提供：福岡市総合図書館）

一九九〇年代、私が『恋恋風塵』のチケットに出逢えたことは偶然ではない。福岡は全国でも珍しく映画祭だけでなく、年間を通じて一般の劇場でアジア映画が上映され続けている。その最大の要因は、福岡市が行政機関として、アジアマンスと称し、福岡からアジアとの文化・経済交流の発展を目指したことである。一九九〇年代半ば以降、福岡アジア映画祭やアジアフォーカス・福岡国際映画祭が開幕した。福岡市総合図書館映像ホール・シネラは、日本で東京国立近代美術館フィルムセンターと同じく、国際フィルム・アーカイヴ連盟（ＦＩＡＦ）という、映画の保存と普及を目的にした国際団体に加盟している。それから二〇年以上たち、福岡は「アジア映画の中心地」として世界に広く認知されている。

福岡市総合図書館のユニークかつ大変重要な役割として、アジア映画の収集と保存、普及という活動がある。この活動は、毎年開催されるアジアフォーカス・福岡国際映画祭との連携活動で、映画祭に出品され、英語字幕と日本語字幕が制作されたフィルムを、福岡市総合図書館に収集・保存・普及する活動である。そのため映画祭開催の期間中は、福岡を訪れたアジア映画の監督やプロデューサーと交渉し、その活動に支援と理解を求め、多くの賛同を得ている。

図2　福岡市総合図書館（画像提供：福岡市総合図書館）

フィルムは湿度や湿気に弱い素材であり、アジア地域はフィルムの長期保存・管理に適していない気候であるが、福岡市総合図書館には、フィルム専用の所蔵庫があり、アジア各地では保存することが困難な作品も、福岡なら保存可能な設備が整っているのである。そうした収集と保存と整理の維持に欠かせないのが、普及活動であろう。図書館という公共施設に映画作品が保存されていることにより、一般の人びとが気軽に、普段見る機会の少ないアジア映画に接することができる。こうした市井のニーズとは裏腹に、「福博」からは二〇一〇年前後に、相次いでミニシアターが閉館し、都市のショッピングモールにある一〇前後のスクリーンを擁するシネマコンプレックスが拡大している。パヴェリア、シネテリエ天神、シネ・リーブル、ソラリアシネマで、たくさんのアジア映画に魅了された。

地域活性化や人びとのニーズをみたすべく、全国的規模でさまざまな試みが活発だ。とくに、コミュニティー・シネマ（映画専門の公共施設）が連携するシネマテーク・プロジェクトは、こうした問題点を克服する大きな一歩となるのではないか。約二〇年間、アジア映画という貴重な作品を収蔵し普及し親しんできた実績を持つ福岡市総合図書館と「福博」の劇場がその中核的役割を担うことを切望してやまない。

スポーツを通じてみた福岡

片山隆裕

福岡国際マラソンやユニバーシアードをはじめとする国際スポーツ大会を数多く開催してきた街。福岡ソフトバンクホークス、アビスパ福岡をはじめ、様々なプロスポーツチームがある街…福岡。本章では、福岡のスポーツ史を概観するとともに、福岡という都市がスポーツとどのように関係し、そこにいかなる課題があるのかについて考えてみたい。

1　スポーツ史からみた福岡

福岡のスポーツ史を概観すると、大まかに（一）前史、（二）第二次世界大戦後の復興期、（三）昭和四十年頃から昭和末期、（四）平成以降、という四つの時期に区分できそうである（表1参照）[1]。「前史」としては、江戸時代末期には各藩で武術の稽古が行われており、明治時代には富国強兵政策の下、旧藩校を単位に軍事教練が行われるようになる。一八七一年に来日した米国人H．ウィルソンが当時の東京開成学校予科で教えた野球が全国に広まり、福岡でも対抗試合が行われる。講道館柔道も普及し始め、大正時代には福岡でも柔道の対抗試合が行われるようになる。地元の福岡日日新聞が運動部を新設するなど、メディアによるスポーツ・体育の報道が始まるのもこの時期である。一九二八年には福岡県体育会が設立され、各県の体育会設立のさきがけとなった。

戦後の復興期は、「プロ野球とスポーツメディアの黎明期」である。一九四七年、福岡県体育協会が発足する。一九四七～八年には、全国中等（高等）学校野球選手権大会で、小倉中学（高校）が連覇し福岡は活気づく。一九四七年には福岡平和台総合運動場が完成、翌年には総工費三千万円で平和台球場が建て替えられ、一九五〇年には西鉄クリッパーズと西日本パイレーツの、さらに一九五三年には西鉄ライオンズのフランチャイズ球場となる。翌一九五四年には西鉄が初優勝を成し遂げる。次いで、「西日本スポーツ」（一九五五年）、「フクニチスポーツ」（一九五七年）が創刊され、スポーツメディアも充実の途をたどって

（1）福岡のスポーツ・体育史の歩みは、主として、岸野雄三、成田十次郎、大場一義、稲垣正浩『近代体育スポーツ年表　一八〇〇～一九九七』大修館書店　一九九九年　を参考にした。

表1　福岡スポーツ史略年表

第１期：前　史

福岡藩、修猷館に文武館を設立（1868)、福岡藩、文武学校を設立（1871)、福岡城内営所に体育器械新設（1877)、福岡県尋常中学修猷館、久留米尋常中学明善校、豊津尋常中学校が、連合操連（1892)、五高対山口高、野球試合（福岡）（1897)、九州柔道大会第１回大会開催(久留米武術館道場)（1905)、福岡日日新聞、社告をもって「運動部」新設を発表（1916)、第１回福岡・熊本対県柔道試合を福岡で開催（1925)、東京・京都・九州・東北の４帝大で「帝大柔道会」が結成され、京大主催の高専大会は帝大柔道会の主催に代わる（1926)、福岡県体育会創立（1928)

第２期：プロ野球とスポーツメディアの黎明

福岡県体育協会発足。全日本陸上選手権大会、八幡で開催。地方で挙行の最初となる。朝日新聞社と日本陸上競技連盟、「第１回金栗賞朝日マラソン大会」(福岡国際マラソンの前身）を開催（熊本)。第29回全国中等学校優勝野球大会（甲子園）で、小倉中学６－３岐阜商業（1947)、第30回全国高等学校野球選手権大会（甲子園）で、小倉高校１－０桐蔭高校。第３回国民体育大会の会場である総合運動場を「平和台」と名づけ、市民スポーツの拠点とする（1948)、九州学生柔道連盟結成。第１回全国学校保健大会開催（福岡）（1951)、新日本放送、ラジオ東京、中部日本放送、ラジオ九州の４社共同で、商業放送。最初の相撲放送開始(1952)、西日本スポーツ新聞創刊。「朝日国際マラソン」が福岡市開催になり定着（1955)、西日本スポーツ賞制定。第１回授賞式（1956)、フクニチスポーツ創刊（1957)、西鉄ライオンズ、奇跡の日本一、巨人相手に３連敗から４連勝（1958)、西日本新聞社販売部にスポーツ課新設(1959)、全国高校野球選手権大会（甲子園）　三池工業２－０銚子商業（1965)、第１回国際マラソン選手権大会、世界の各種国際レースの上位入賞者を招いて福岡で開催（1966)、福岡大学、体育学部設立認可。プロ野球コミッショナー、プロ野球の権威を傷つけたとして西鉄の永易を「永久追放する」と発表（1969)

第３期：大学体育教育の黎明、プロ野球の混迷、国際化と市民スポーツ胎動

プロ野球「黒い霧事件」、西鉄の池永投手、永久追放（1970)、福岡教育大学、保健体育教員養成特別課程設置（1977)、西鉄ライオンズ、「太平洋クラブライオンズ」として再出発、第９回福岡国際マラソン選手権大会で、米国のＦ.ショーター４連勝（1974)、柳川商高、インターハイ・テニス団体（男子）14年連続優勝、福岡国際マラソン選手権大会で、瀬古利彦、２時間９分45秒で３連覇（1980)、福岡市民体育館、全国初の身障者スポーツ教室開始（1981)、第１回福岡国際女子柔道選手権大会開催(1983)　第39回全国高校駅伝競走大会で、大牟田（福岡）が２時間５分53秒の大会新で優勝（1988)

第４期：プロスポーツの多様化、スポーツの国際化

福岡ダイエーホークス始動。博多の森陸上競技場が完成（1989)、第45回国民体育大会・とびうめ国体を開催。「シティマラソン福岡」を初開催（1990)、福岡大学大学院体育学研究科修士課程設置。女子空手道の第１回世界選手権大会を福岡市民体育館で開催(1990)、福岡ダイエーホークスの「福岡ドーム」が完成（1993)、第18回ユニバーシアード福岡大会開催。国際スポーツ都市宣言、福岡ブルックス、Ｊリーグの準会員としてＪＦＬ優勝（24勝６敗）で、移転初年度でＪリーグへの昇格決定、全国中学駅伝で、男子は曽根中、女子は菅生中の福岡県勢がともに優勝（1995)、福岡ブルックス、Ｊリーグへ参戦。ユニバーシアード福岡大会組織委員会が、11億円前後の黒字見込みを発表（1996)、福岡ダイエーホークス、福岡移転11年目にして、初の日本一！（1999)、世界水泳選手権福岡大会を開催（2001)、財団法人日本オリンピック委員会とパートナー都市協定締結、福岡ソフトバンクホークス誕生。ねんりんぴっく福岡開催（2005)、オリンピックの国内候補都市に立候補表明（東京が国内候補都市に決定)、世界クロスカントリー選手権福岡大会を開催、福岡Ｊ・アンクラス、日本女子サッカーリーグ（なでしこリーグ）に新規加入（2006)、バスケットボールの「ライジング福岡」、bjリーグに参戦（2007)、ギラヴァンツ北九州、Ｊ２リーグ昇格。ソフトバンクホークス７年ぶりのリーグ優勝を達成。アビスパ福岡Ｊ２リーグ３位でＪ１昇格（2010)
（参考資料：『近代体育スポーツ年表　1800～1997』（三訂版）大修館書店1999年他）

いく。一九六二年には、福岡市体育協会が十九の競技団体で発足した[2]。

一九六〇年代半ば頃からの約二十年間は、「大学体育教育黎明期、プロ野球混迷期、国際化と市民スポーツの胎動期」と位置づけられる。一九六五年の三池工業高校の甲子園夏の大会の初出場初優勝は石炭産業斜陽化の過程にあった大牟田をはじめ、福岡に活気をもたらした。その翌年には、第一回国際マラソン選手権大会が福岡で開催され、大会は後に瀬古利彦、宗茂・猛兄弟、F・ショーター（米国）の各選手をはじめ内外の一流選手が集う国際大会となっていく。一九六九年には福岡大学に体育学部が設立認可、二年後には福岡教育大学に保健体育教員養成特別課程が設置され、大学スポーツも充実していく。一方、福岡のプロ野球界は混迷の時期を迎える。一九六九年の「黒い霧事件[3]」、一九七二年、西鉄ライオンズの身売り、さらに、太平洋クラブからクラウンライターを経て、ライオンズは埼玉へ移転し、福岡からプロ野球球団が消えてしまうことになる。その一方、第一回福岡国際女子柔道選手権大会の開催（一九八三年）や第一回市民総合スポーツ大会の開催（福岡市　一九八七年）など、次の時代へつながる福岡スポーツ界の新たな動きもみられるようになった。

平成以降は、福岡のスポーツ界は「プロスポーツの多様化、スポーツの国際化」の時代を迎える。プロスポーツでは、一九八八年には福岡ダイエーホークスが誕生、ホークスは当初弱小球団だったが、一九九五年に王貞治氏を監督に迎え、一九九九年には初のリーグ優勝を成し遂げる。その後、ダイエーの身売りによって二〇〇五年には福岡ソフトバンクホークスとなり、パリーグ屈指の人気球団となっていく[4]。一方、Jリーグ創設後の一九九六年には静岡県藤枝市の中央防犯FC藤枝ブルックスが福岡に移転、福岡ブルック

（2）　二〇一〇年末現在、四十三の競技団体へと発展している。

（3）　昭和四四年から四六年にかけて起きたプロ野球の八百長事件である。西鉄ライオンズの池永正明投手の永久追放をはじめ、これに関与した選手たちには様々な処分が課された（『ライオンズ六〇年史―一九五〇～二〇一〇』（ベースボール・マガジン社）二〇一〇年などを参照）。

（4）　永井良和　『ホークスの七〇年―惜別と再会の球譜』　ソフトバンククリエイティブ　二〇〇八年

表2　福岡市で毎年開催される国際スポーツ大会

大　会　名	会　期	参加者数（選手、役員）	観　客　数
福岡国際マラソン選手権大会	例年12月初旬開催	13カ国　648人（2008年）	
福岡国際クロスカントリー大会	例年３月頃開催	４カ国　1575人（2008年）	約　3,000人
アジア太平洋杯福岡国際男子バレーボール	例年６月開催	４カ国・地域　66人（2008年）	約　5,000人
福岡国際女子テニス	例年５月開催	14カ国・地域　59人（2008年）	約　13,000人

＊1983年から毎年開催されてきた福岡国際女子柔道選手権大会は、2006年をもって終了した。
（出所）「福岡市スポーツ振興の策定について」（福岡市ホームページより）

スとしてＪリーグに参戦した。翌年、アビスパ福岡と改名し、一九九九年にＪ１に昇格するが、その後はＪ１とＪ２を行き来するという現状である。(5) サッカーではギラヴァンツ北九州が二〇一〇年からＪ２に参戦、二〇〇六年になでしこリーグに参戦した福岡Ｊ・アンクラスも期待を集め始めている。二〇〇七年にはプロバスケットボールのライジング福岡がｂｊリーグに参戦、ラグビーのトップリーグでも福岡サニックス、コカコーラが健闘している。

一九九五年にはユニバーシアード福岡大会が開催され、福岡市は「スポーツ都市宣言」を行う。さらに、世界水泳選手権福岡大会（二〇〇一年）、世界クロスカントリー選手権大会（二〇〇六年）を開催し、二〇一六年夏季オリンピックに立候補表明するが、国内での候補地争いで東京に敗れたことは記憶に新しい（表2参照）。一九八八年には、博多の森陸上競技場が完成、翌年には福岡大学に大学院体育学研究科修士課程が設置され、第四十五回国民体育大会（とびうめ国体）が開催された。同年、「シティマラソン福岡」を初開催、二〇〇五年には「ねんりんぴっく福岡」を開催するなど、市民スポーツも盛んになっている。

（5）平成二三年にふたたびＪ１に昇格したアビスパは福岡の期待を集めていたが、わずか一年で再びＪ２に降格することとなった。なお、アビスパ福岡が抱える課題などについては後述する。

2　スポーツと都市づくり

(1)メガスポーツイベントと都市―ユニバーシアード福岡大会をめぐって

都市づくりや都市の活性化にスポーツイベントが利用される事例は多く、都市社会学、経済学からのアプローチ（原田　二〇〇二）やスポーツイベント招致のインパクトや負の遺産に関するアプローチ（松村（編）二〇〇六）など様々な立場からの研究が行われてきた(6)。例えば、イングランドの北東部に位置するシェフィールド市は、第二次世界大戦後盛んになった鉄鋼業が一九七〇年代に起きた燃料危機を契機に衰退の途をたどり、一九八〇年代には失業者の増加、工場地区の荒廃など多くの都市問題を抱えていくことになる。そこでユニバーシアードの招致・開催を決定し、スポーツイベントを通じた都市再生への方向性を打ち出した。百七十億円の経済効果、雇用の創出、多数のスポーツイベント開催などを結果し、「汚れた鉄の街」イメージの払拭に成功、さらに、スポーツ施設の整備、ツーリズム資源としての活用、選手村の公共住宅転用、路面電車の整備、政治的インパクトとしての公民パートナーシップの形成、スポーツ政策の充実など、ユニバーシアードは都市の再生に十分な役割を果たしたのである。しかし同時に、市の財政難を招き、スポーツ施設が外郭団体化することによる利用料の値上がり、財政悪化による福祉サービスの低下、増税による政治構造の変化など負のインパクトも招くことになり、一九九九年の地方選挙では七十年間市政を担ってきた労働党が第一の座を追われ、ユニバーシアード開催を含めて

(6)　原田宗彦『スポーツイベントの経済学―メガイベントとスポーツチームが都市を変える』平凡社新書　二〇〇二年、松村和則（編）『メガスポーツイベントの社会学―白いスタジアムのある風景』南窓社　二〇〇六年

「スポーツイベント戦略」に反対してきた自由民主党が第一党の座を獲得することになった。[7]

シェフィールド大会の四年後の一九九五年、ユニバーシアード福岡大会は一六二の国と地域から五七四〇人の選手・役員を迎えて盛大に開催された。冷戦構造の崩壊と世界各地での民族紛争の勃発という激動の時代において、スポーツのもつ国際交流と平和への貢献の可能性を問う大会であり、「海に開かれたアジアの交流拠点都市」をめざす福岡市の都市戦略上からも重要な大会であった。[8]当初、一九九三年をめざしていたユニバーシアード福岡大会の開催にあたって、開催に先立つ一九八九年、当時の桑原福岡市長は「スポーツ都市福岡を目指している本市としては、アジア太平洋博覧会、第四十五回国民体育大会のポストイベントとして一九九三年のユニバーシアード夏季大会を開催するために立候補した」と述べ、[9]その後、友池助役は「…一九九五年を目指して強力な誘致運動を展開している。…①国際都市づくりの手段として ②ポスト博覧会のイベントとして ③来年行われる国体に向けてのスポーツ関係施設づくりとその活用 ④参加国の規模から考えてユニバーシアード大会の誘致が適切」と述べている。[10]一九九〇年の福岡市議会における予算説明では、「…一九九五年に本市で開催されることが決定したユニバーシアード大会は、国をあげて取り組む国際総合スポーツ大会であり、本市が世界に向けて大きく飛躍する契機となる…」とされ、「スポーツはかるく国境を越える」という大会スローガンの下、ユニバーシアードが福岡で開催されることになったのである。競技会場は、福岡ドーム（現ヤフージャパンドーム）、東平尾公園の諸施設（陸上競技場、県総合プール他）、マリンメッセ福岡、各地区体育館などが利用され、日本はアメリカの計六十九個に次ぐ第二位の、金二十四、銀

（7） 金子史弥「英国における「スポーツイベントによる都市再生―シェフィールド市を事例として」『一橋大学スポーツ研究』二七号 二〇〇八年 四一―四八ページ

（8） 山本教人、松尾哲矢、谷口勇一、吉田毅、多々納秀雄 一九九九「参加選手によるユニバーシアード福岡大会の評価」*Journal of Health Science* (21) Kyushu University. pp.93-102

（9） 一九八九年の福岡市議会での市長答弁（福岡市（編）『福岡市史』）。

（10） 福岡市議会における友池助役答弁（福岡市（編）『福岡市史』）。

十六、銅二十四の計六十四個のメダルを獲得した。
ユニバーシアード組織委員会によると、福岡大会は十一億円前後の黒字見込みを達成した。「福岡市ユニバーシアード記念スポーツ振興基金条例」が制定され、「本市で開催される国際スポーツ大会に必要な資金を積み立て…、市民のスポーツレクリエーションの普及振興に資する…」（第一条）ためにこの基金を設置すること、「市長は、基金の設置の目的を達成するために必要があると認めるときは、これを処分し、本市で開催されるスポーツ大会に必要な費用等に充てる」（第六条）ことなどが確認されている。[11] 参加した選手たちによる評価を見ても、大会は概ね好評で、特に施設、安全・衛生、景観・環境などに対する評価はかなり高かった。課題をあげるとすれば、試合会場までの交通・輸送、宿泊、選手間の交流などにおいて相対的にやや低めの評価が下されている。[12]
その後、福岡市は世界水泳選手権大会、世界クロスカントリー選手権大会を成功させ、二〇〇五年には日本オリンピック委員会とパートナー都市協定を締結、市議会でオリンピックの国内候補都市に立候補を表明した。同年十月、オリンピック招致検討委員会、翌年三月には招致推進委員会を設置して、四月二十四日JOCに対して「立候補意思表明書」を提出し正式に立候補した。市の計画案ではメイン会場を中央区の須崎ふ頭の福岡競艇場付近としてメインスタジアム・選手村などを設置し、それ以外のほとんどの競技施設を東区海ノ中道地区、早良区シーサイドももち地区におき、西日本初のオリンピックとして、福岡を世界にアピールする予定だった。しかし、八月三十日に行われた国内開催候補地決定の投票で東京都に三十三票対二十二票で敗れた。[13] 財政危機の中でのオリンピック誘致が影響したのか、二〇〇六年十一月十九日の福岡市長選挙では、自民・公明推薦の現職候補

（11）「福岡市ユニバーシアード福岡大会記念スポーツ振興基金条例」（平成八年九月二十六日　条例第39号）

（12）山本教人、松尾哲矢、谷口勇一、吉田毅、多々納秀雄　一九九九　前掲論文

（13）二〇〇六年八月二十五日、福岡市職員による海の中道大橋飲酒運転事故によって、福岡オリンピック構想

が民主党推薦の新人候補に敗れ、スポーツ施策が政治に影響を与える結果となった。

（2）プロスポーツと都市づくり―プロサッカーチームの誘致にみる福岡市と新潟市の比較

プロスポーツチームの誘致やインフラ整備が地域経済を活性化するという議論は、米国の都市論や一九八〇年代以降の欧州などにおいてなされてきた(14)。日本でも一九九三年のJリーグ誕生以降、サッカーが都市の環境やスポーツ文化振興を通じた地域開発につながることなどが論じられてきた(15)。プロサッカーチームが都市づくりに与えるインパクトという視点から、Jリーグのアビスパ福岡とアルビレックス新潟を比較して検討してみよう（表3参照）。

二〇一一年三月五日に開催されたJリーグ開幕戦で、アビスパ福岡はアルビレックス新潟と対戦し0－3で敗れた。シュート数は十二本対十三本と互角にみえるが点差に相当する実力差とチームをとりまく環境の差が影響していると思わざるを得ない結果だった。

一九九〇年代半ば頃まで、新潟市ではプロのチームスポーツを観戦する機会はあまりなかったが、二〇〇二年のW杯日韓大会の開催地と認められてから、「ビッグスワン」の愛称で呼ばれる総合スポーツスタジアムが二〇〇一年に開場された。ここをホームとするアルビレックス新潟は一九九八年からJFL、その翌年からJ2リーグに参加し、J2の二〇〇三年までの最多入場者記録である四万二千人を何度か更新、三年連続してJ1の平均観客動員数を越える唯一のJ2クラブとしてめざましい観客動員をみせ、地方中堅都市での地域密着型プロスポーツの成功例として注目されてきた。成功の理由としては、「区長を通じた無料券配布→好調なチーム成績→不確実な無料券より確実な観戦券購入者の増

で行われるイベントが延期となり、山崎広太郎福岡市長がライバルになりそうな札幌市の「オリンピック予想試算二兆円弱」について、「うちは二〇〇〇億でやる。札幌市はやる気が無いのだろう」と発言し、それに対して札幌市側が抗議。翌日、「総経費と市の負担額を勘違いしていました」と福岡市側が謝罪する事態もあり、こうしたことも投票結果に影響したと思われる。

（14） たとえば、Ingham, A. etal. 1987 Professional Sports and Community: A Review and Exegesis, *Exercises and Sports Sciences Review, 15*: pp.427–65

（15） たとえば、鹿島アントラーズと地域の活性化、町おこしに関しては、研究者レベルから大学生の卒業論文までさまざまな研究がある。

表3　福岡市と新潟市の比較

	福岡市	新潟市
人　　口	146万3826人（2010年10月1日）	80万3864人（2010年9月30日）
面　　積	341.32平方キロメートル	726.10平方キロメートル
姉妹都市	7都市（アトランタ、釜山、広州など）	6都市（ガルベストン（米）、ハルビン（中）　など
予算規模	1兆8523億円	6440億円
プロサッカーチーム	アビスパ福岡（1995年～）	アルビレックス新潟（1998年～）
平均観客数（2010年）	8,821人（1試合あたり）＊J2リーグ	30,542人（1試合あたり）＊J1リーグ
市民の感じるチームの地域貢献度	３０．５パーセント	７０．１パーセント

（出所）　福岡市および新潟市のホームページ、アビスパ福岡、アルビレックス新潟の公式ホームページ、Jリーグ公式ホームページなどから作成

加」という図式があるが、サッカーにおける下部組織、女子チーム、外国サッカーリーグへの参戦や、バスケットbjリーグ、スノーボード、陸上、野球独立リーグなど異種競技にも「アルビレックス」という名称のチームをもち、相互に連携した総合型スポーツ体制が市民に受け入れられたことによる[16]。

一方、アビスパ福岡の前身藤枝ブルックスは、一九九五年福岡市にチームを移転後、福岡ブルックスと改称し、元アルゼンチン代表監督だったオルギンを監督に招聘、京都、鳥栖、神戸などとJFLでJリーグ昇格を争い、二十四勝六敗で当時のJFL優勝、本拠地移転初年度でJリーグ昇格を果たした。その後、J1とJ2の昇格・降格を繰り返して、二〇一一年に五年ぶりにJ1昇

(16)　「新潟市公式サイト」（http://www.city.niigata.jp）、「Jリーグ公式サイト」（http://www.J-league.or.jp）、「アルビレックス新潟公式サイト」（http://www.albirex.co.jp）などを参考にした。

格を成し遂げた。しかし、アルビレックスの場合と違って、チームの福岡への地域密着度は今一つといった感がある。例えば、二〇一〇年のJリーグの報告書によると、「Jクラブはホームタウンで大きな貢献をしている」という設問にイエスと答えた人の割合では、山形（八〇・四％）、川崎F（七八・五％）、鹿島（七一・六％）、に次いで新潟も七〇・一％と高い数字を示しているのに対して、福岡は三〇・五％とJ2を含めても下から5番目となっている。(17) 二〇一〇年の平均観客動員数も八千八百二十一人で、J2時代から含めて八年連続して平均三万人以上を誇る新潟とはかなりの差がみられる。人口規模においては福岡は新潟より上回っているが、サッカーに関しては今のところプロスポーツクラブの誘致が都市の活性化に直結していないということができるだろう。

これには幾つかの理由が考えられる。第一に、クラブ誘致とJリーグ昇格までの経緯の拙速さから福岡にサッカー文化が根づく時間がなかったことである。藤枝市からチームを誘致して公的資金を投入し、一気にJリーグに昇格を遂げたことにより、新潟のようにファン層が底辺から拡大していくプロセスがみられなかった。第二に、福岡は西鉄ライオンズ以来の伝統をもついわゆる野球どころで、現在でもソフトバンクホークスの存在が相対的に大きく、サッカーのファン層が拡大しにくい事情がある。このことはメディアにおける扱いにもみられ、スポーツ報道が野球中心になりがちである点は否めない。第三に、ホームスタジアムまでの交通不便、駐車場問題が挙げられる。ここには、ユニバーシアード福岡大会の参加選手が抱いた不満と共通性がみられる。最後に、一部サポーターのマナーの悪さ、相手チームへの過度な誹謗中傷や侮辱行為など、本来チームをサポートすべきファンの一部が足を引っ張ってきた点が挙げられる。柏レイソル戦でのバナナ投げ入れ事件

(17) 『Jリーグスタジアム観戦者調査二〇一〇サマリーレポート』（Jリーグ公式サイト http://www.j-league.or.jp）による。

（二〇〇一年）、盧延潤選手への韓国代表ユニフォーム投げ入れ事件（二〇〇二年）、横浜FC戦後の空き缶投げ入れ事件（二〇〇五年）をはじめ、サガン鳥栖戦での侮辱的な横断幕やチャント、ペットボトルや傘等の投げ入れ、ピッチ乱入、審判追い回しなど、事件を挙げると枚挙にいとまがない。こうした行為には大多数の福岡サポーターたちも眉をひそめてきており、近年はかなり改善の兆しがみられるようになった。チームの経営努力とともに、行政や市民による草の根的なサポートの輪が広がり、サッカー文化を地域全体に根づかせていくかが今後の課題といえるだろう。

3 おわりに――「スポーツ都市福岡」の課題

福岡はスポーツと関わりの深い街である。スポーツの国際化やプロスポーツの振興とともに、近年では市民スポーツの振興にも力をいれている（コラム参照）。しかし同時に、スポーツの国際化の成功の一方でオリンピック招致の失敗にみられるように行政と市民との意識に乖離がみられたことへの反省、プロスポーツの野球へ偏りを解消しながら、後発プロスポーツを地域に根づかせる方法の模索、シティマラソンなどの市民スポーツにみられる目標と実態のずれの解消、など、福岡が真のスポーツ都市として発展していくための課題も残されている。

LOVE FUKUOKA

column

福岡の市民スポーツ

―「シティマラソン福岡」を中心に―

片山隆裕

福岡では市民スポーツも盛んである。二〇一〇年下半期（七月～十二月）の「財団法人福岡市体育協会」関連のスポーツレクリエーションを見ると、六十九競技に八百五十五もの大会が開催されていることがわかる。バレーボール（百三十三大会）が最も多く、バドミントン（七十六大会）、バスケットボール（七十四大会）、卓球（七十二大会）が続く。インディアカ、スポーツチャンバラ、杖道、長拳などのように、一般にはなじみが少ないものも含まれていて興味深い。

近年のマラソンブームに乗って、市民マラソンも盛んである。福岡市民のいこいの場の大濠公園では、数多くの市民ランナーがランニングを楽しみ、実業団や中学高校の陸上部の選手たちが汗を流している。一九八九年十二月十五日、福岡市政百周年を記念して「第一回福岡シティマラソン」が開催され、今年（二〇一一年）で二十三回を数える。現在、定員はハーフマラソンが五〇〇〇人、五キロの部が三〇〇〇人で、今年の大会は十月二十三日に開催され、ハーフマラソンに五八〇二人（福岡市内五四・一％、市外三二・三％、福岡県外十三・六％）五キロに二六三三人（市内六四・六％、市外二七・八％、県外七・六％）が参加し、数多くの市民ランナーたちが福岡の街を駆け抜けた。この大会は、すっかり福岡の秋の風物詩となった感があるが、定員の十倍近くの応募がある東京マラソンを始め、全国の数ある市民マラソン大会に比べると、「シティマラソン福岡」はあまり評判が芳しくない。マラソンサイトRUNNETの「二〇〇九全国マラソン大会一〇〇選」に投稿されたランナーたちの評価はかなり低いのである。その理由は「港湾倉庫街マラソン」と揶揄される港湾地区の倉庫街を「走らされる」コース上の問題、東京マラソンのように名所巡りや特産品など独自の特色がないこと、市民マラソンの割に時間制限（ハーフで二時間十分）と関門制限が厳しいこと、などが挙げられる（そして、二〇一〇年には「一〇〇選」からも漏れてしまった）。毎年この大会に出場している筆者もまったく同じ感想を抱いた（それでも二〇一一年には募集開始一日目で定員に達するという盛況ぶりではあったが……）。今や、東京だけでなく、大阪、京都、神戸、奈良など、全国の大都市、観光都市に加えて九州でも熊本、長崎でも市民対象のフルマラソン大会の開催が決定している。交通規制をはじめとする運営上の問題はあるだろうが、フルマラソン実施の可能性を模索し、これを観光政策や地域のさらなる活性化に結びつける発想など課題も多く、シティマラソン福岡は、今、ひとつの岐路に立たされているといえるだろう。

シティマラソン福岡2011

アジアへの想像力
――頭山満・夢野久作・尹東柱をめぐって――

西村将洋

1　歴史の霧の向こうへ

「福岡こそは日本の国家主義と帝国主義のうちで最も気ちがいじみた一派の精神的発祥地として重要である(1)」。

往々にして人は、容易に理解できない存在や価値観に直面したとき、正常／異常の二分

（1）『ハーバート・ノーマン全集』第二巻増補（岩波書店、一九八九年）に収録された論文「日本政治の封建的背景」の第五章「福岡玄洋社」より。

以下、本稿で引用している文献は幾つかの不適切な表現を含むが、文献の資料性と当時の時代状況を踏まえて全て原文のままとした。ご理解いただきたい。

写真1　1924年に来日したインドの詩人ラビンドラナート・タゴール（右）と頭山満（出典：藤本尚則編『頭山満翁写真伝』頭山満翁写真伝刊行会、1935年）。

法を駆使しながら、後者の属性によって、つまり異常という評価で対象を限定してしまう。そのとき、理解への意志を持続する、というもう一つの選択肢は決定的に欠落するだろう。

　最初に引用したのは第二次世界大戦中（一九四四年）に執筆された論文の一節で、筆者はカナダの外交官ハーバート・ノーマン。ノーマンは日本ファシズム研究の権威として知られており、第二次大戦後の連合国軍最高司令官総司令部（ＧＨＱ）による日本占領政策においても多大な影響力をもった。

　ノーマンは先の一文に続いて、元寇襲来や、秀吉の朝鮮出兵、あるいは日露戦争における海軍の重要基地としての、福岡の「歴史と地理的位置」を確認した上で、「近年になって福岡からは侵略的外交政策に関係した人物が他の都市より多く出ている。膨張論的・排外愛国主義《ショーヴィニズム》諸団体の福岡出身者の名簿は実に堂々たるもの」であるとして、福岡「玄洋社」やその中心人物「頭山満《とうやまみつる》」（写真1）を論じている。この一派こそが「日本帝国主義の前衛」なのだ、と。

　これと軌を一にするように、終戦翌年の一九四六年一月四日、ＧＨＱは超国家主義《ファシズム》団体として玄洋社に解散命令を下す。その結果、戦後日本において頭山満らの名は触れられぬ禁忌として、歴史の霧のなかへフェードアウトすることになるのである。

日本近代史における頭山らの重要性に注目したノーマンは慧眼の持ち主だった。しかし、時代的かつ資料的な制約もあり、その論旨には幾つかの限界や問題点がある。一例を挙げよう。ノーマンはナチスとの比較（共通性）によって玄洋社を規定しようとしたが、ショートショート（掌編小説）で知られるSF作家の星新一は次のような記録を残している（次の引用の「亡父」とは「製薬王」の異名をもつ実業家の星一《はじめ》を指す）。「亡父の日記には『ドイツも軍備でなく道義の競争をすればいいのに』との頭山（満…引用者注）のナチス批判の言葉が書かれており、超国家主義だったとは思えない。なぞの人としておく以外にないようだ(2)」。

たしかにノーマンが論じたように玄洋社は右翼テロリストの側面を持っており(3)、頭山はその巨頭だった。そして彼らは政府や軍関係者のあいだを暗躍した。だが、頭山らが孫文の辛亥革命をはじめとするアジア諸国の独立運動を支援し(4)、日本国の戦争遂行に反対したこと（後述する）も一つの事実なのである。星新一は「なぞの人」と言っていたが、頭山や玄洋社においては国粋主義と国際主義は矛盾せず、渾然一体となったアマルガムを形成している。

五木寛之（福岡県八女市出身）の小説『戒厳令の夜』には九州出身の「鳴海望洋」なる老人が登場し、次のような持論を展開していた。「右翼と左翼は正反対のものではなか。時には紙一重でかさなる部分もある。ましてわしらは右翼というより、地方民権の立場から中央の権力金力の悪を撃つという志で生きておった人間たい。（略）玄洋社でさえも、その創立の憲則には〈――人民の権利を固守すべし〉の一条をかかげておる(5)」。ちなみに、

（2）　星新一「杉山茂丸」（『明治の人物誌』新潮社、一九七八年）より。同じ文章によれば、一九三五年に頭山満と杉山茂丸の交友五〇周年を祝う「金菊の会」が開催されているが、この会の名称を考えたのは当時小学三年の星新一（本名、星親一）少年だったのだという。

（3）　一八八九年、玄洋社の来島恒喜《くるしまつねき》は大隈重信による不平等条約の改正（外国人の裁判は外国人判事を多数採用して行う）に反対し、大隈を爆弾で襲って右足切断の重傷を負わせた。来島はその場で自害している。

（4）　頭山らは、孫文の辛亥革命を支援したほかに、朝鮮の金玉均、インドの亡命者ビハリ・ボース、フィリピンの志士アルテミオ・リカルテ、ミャンマー（ビルマ）の反英派ウ・オッタマ、ベトナムのクォン・デ、アフガニスタンの高山彦九郎とも言われたマヘンドラ・プラタップらの独立運動に関与した。詳細は坪内隆彦『アジア英雄伝』（展転社、二〇〇八年）を参照。

（5）　五木寛之『戒厳令の夜（上）』（新潮社、一九七六年）より。五木は『玄洋社社史』（玄洋社社史編纂会、一九一七年）の憲則を引用しており、本稿次節で引用する創設当時の憲則とは異同がある。

頭山は思想家の中江兆民とも親しく、しばしば行動をともにした。(6)「東洋のルソー」とも評される兆民は、大逆事件で処刑された社会主義者の幸徳秋水の師にあたり、左翼の源流とも目される人物である。

右翼と左翼が交錯する「なぞ」の領域。福岡の街を入り口としながら、その歴史の霧の向こうへ足を踏み入れることがこの文章の目的である。ただし頭山らの思想のみを探るつもりはない。(7) ここでは頭山らに加えて二人の文学者――小説家の夢野久作と詩人の尹東柱――を取り上げ、アジアへの想像力について考えてみたいと思う。

それはともかく、街へ出よう。舞台は福岡市の西部副都心、西南学院大学の周辺である。

2　アジアへの連帯か？侵略か？

地下鉄西新駅に直結する商業施設「西新エルモール・プラリバ」の北側、明治通りを挟んだ小さな公園（西新緑地）に、一本の大きなクスノキがある（二〇一一年現在）。樹下の石碑（一九二八年建立）には「頭山満手植之楠」と刻み込まれている（写真2・3）。

もともと頭山の生家は今のプラリバの位置にあったが、都市開発のために取り壊され、生家の庭にあったクスノキと石碑が現在の公園に移された。(8) このクスノキは頭山が十一歳のとき（当時は頭山家の養子になる前で筒井乙次郎といった）、楠木正成父子の逸話に感動して植えたものである。(9) その逸話とは『太平記』の名場面の一つ「桜井の別れ」のことで、戦前は天皇への忠誠を表現した美談として有名だった。

(6)　中江兆民『一年有半』（博文館、一九〇一年）には次のような記述がある。「頭山満君、大人長者の風有り、且つ今の世、古の武士道を存して全き者は、独り君有るのみ、君言はずして而して知れり、蓋し機智を朴実に寓する者と謂ふ可し」（引用は『中江兆民集』近代日本思想体系3、筑摩書房、一九七四年より）。

(7)　本稿では頭山満の先行研究として松本健一『雲に立つ――頭山満の「場所」』（文藝春秋、一九九六年）、葦津珍彦『大アジア主義と頭山満』（葦津事務所、二〇〇五年）、田原総一朗『なぜ日本は「大東亜戦争」を戦ったのか――アジア主義者の夢と挫折』（PHP研究所、二〇一一年）などを参照している。

(8)　もともと頭山の生家のクスノキは、プラリバの地下二階にある「カフェあによ」（二〇一一年現在）のちょうど地上部分に植えられていた（石瀧豊美「玄洋社関連史跡一覧」『玄洋社・封印された実像』海鳥社、二〇一〇年も参照）。

(9)　吉田鞆明『巨人頭山満翁は語る』（感山荘、一九三九年）には、頭山の言として「小さな楠木を探して来、内の庭に植え、一生懸命可愛がつて育

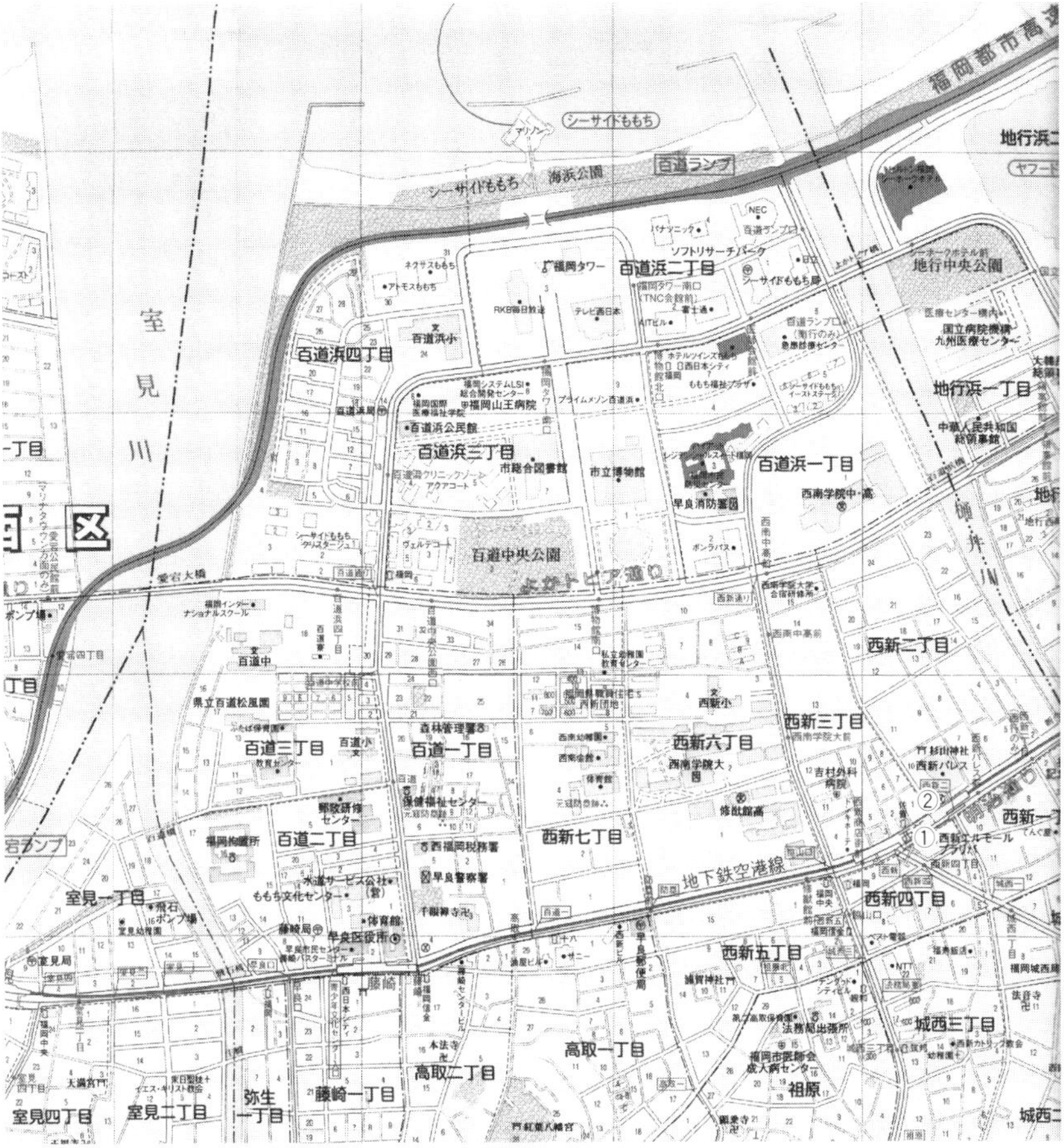

図1　現在の西新周辺（出典：『都市地図　福岡市詳細』塔文社、2010年）。①が西新エルモール・プラリバ。②が西新緑地。

写真2　西新緑地のクスノキと頭山満石碑（著者が2010年に撮影）。

写真3　頭山満の石碑（著者が2010年に撮影）。

このクスノキへの思いはそのまま玄洋社へと連続している。創設当初の一八八〇（明治一三）年、福岡県警に提出された玄洋社の憲則（根本精神）には次のように記されていた。

第一条　皇室ヲ敬戴ス可シ
第二条　本国ヲ愛重ス可シ
第三条　人民ノ主権ヲ固守ス可シ(10)

第一条からは頭山の幼少期以来の皇族への忠誠を確認できるが、特徴的なのは第三条だろう。玄洋社は自由民権運動の一派として出発したわけだが、「主権」を宣言することは、明治政府が推進する天皇主権に真っ向から対立することになる

てた。日夕楠木父子尽忠の精神に接する気であった。俺の魂が這入り込んだと見え、スク〱と太ったのだ。俺は彼の楠木に会ふのが楽しみだ」とある。

(10)　前掲、石瀧豊美『玄洋社・封印された実像』より。

からである。[11] その意味でこの第三条は皇室に関する第一条とも齟齬をはらむことになる。そこで、この矛盾を調停しているのが第二条の「国」概念である。英語のネーション(nation)が国民、国家、民族といった三つのレベルの複合体をなすように、第三条の「人民」は「国」（第二条）を仲立ちとして民族の頂点たる「皇室」（第一条）と結合するのである。

一般的に自由民権論は国権（薩長の藩閥政治）との対決という性格を持つ。しかし、玄洋社においては国権（第二条）と民権（第三条）が矛盾せずに共存している。事実、当初は藩閥政治に反旗を翻した玄洋社は、次第にその中枢とも接触していく。そして、さらに長い視野で考えるならば、この民権と国権の混在は、玄洋社によるアジア解放運動にも大きな影を落としている。

頭山ら玄洋社がアジア諸国の独立を支援した根底には、民権の思想（人は生まれながらに自由・平等で幸福を追求する権利をもつ、という天賦人権説的な考え方）があったためである。そこには連帯の意識があった。

例えば、玄洋社の内田良平は対華二十一ヵ条の要求（一九一五年）を支持する演説会で乱闘騒ぎを起こし、「東洋平和」から逆行する日本政府を批判した。[12] また頭山は、敬愛する西郷隆盛の「日本は支那と一緒に仕事をせんければならぬ。（略）日本の優秀な人間はどしどし支那に帰化してしまはねばならぬ」という発言について、「我々が痛切に感ずること」と感想を述べている。[13] 戦時中の一九四一年、東久邇宮稔彦王（後に戦後最初の首相となる）が蒋介石との和平交渉のために頭山に接触したのも、「頭山翁は、人の国の衰運に乗じてその領土を盗むようなことが非常に嫌いで、朝鮮の併合も反対、満洲事変も不賛成であった」からだった。[14]

（11） この点は警察への届出でも問題となり、第三条の「主権」は後に「権利」と改められた。詳細は前掲、石瀧豊美『玄洋社・封印された実像』を参照。

（12） 詳細は「国民大会の騒擾」（『東京朝日新聞』一九一五年五月一〇日朝刊）を参照。この記事と同じ紙面（第五面）には、袁世凱政府による二十一ヵ条承諾を喜ぶ大隈重信の記事（「祝杯を挙げやう／大隈首相の完爾顔」）や、この事件に当惑する中国人留学生の記事（「支那留学生語る／容易に信じられません」）も掲載されている。内田良平は日韓併合にも反対しており、その点は滝沢誠『評伝内田良平』（大和書房、一九七六年）第七章が詳しい。

（13） 小谷保太郎編、頭山満講評『大西郷遺訓』（正教社、一九二五年）より。

（14） 東久邇宮稔彦「和平への念願」（『私の記録』東方書房、一九四七年）より。

だが他方で、日本近代史とは国家権益のためにアジア諸国を侵略した歴史でもあった。紛れもなく、日本の国権は他国の民権を否定した。それについて頭山は「元来日本民族は、世界民族の間に人間としての範を示す為に出来て居る。さう云ふ風に天地創造の神が日本に使命を与へたものと、俺は心得て居る」[15]といった発言を残している。つまり、優秀な日本国が他の国々を教化して正しい方向へ導く、という自民族中心主義的な立場をとるのである。

これについて中国文学者・思想家の竹内好は「そもそも『侵略』と『連帯』を具体的状況において区別できるかどうかが大問題である」[16]と総括した。例えば、ある企業が他国へ事業を拡大したとしよう。恐らく、その国外活動が活発になればなるほど、他国との連帯の意識と、利益を追求する進出の意識は区別できないほど入り混じってしまうはずだ。連帯と進出は相互補完的な関係性を形成することになるのである。竹内好が玄洋社に見出したのは、これと類似した問題点だった。

ここにおいて玄洋社の葛藤はリミットに達するわけだが、この問題をもう少し別の角度から考えてみたい。再び西新駅周辺に向かおう。

(15) 前掲、吉田鞆明『巨人頭山満翁は語る』より。

(16) 竹内好「アジア主義」(『現代日本思想体系』第九巻、筑摩書房、一九六三年)より。

3 「犬神」の思想

頭山のクスノキから西へ向かうと修猷館高校がある。修猷館からは多数の著名人が輩出されているが、文学者でも、芥川龍之介らと活動した豊島与志雄や、戦後派文学を代表する梅崎春生らの人材を挙げることができる。なかでも玄洋社との関連で外せないのが、江戸川乱歩とも並び称された幻想文学の作家、夢野久作（本名、杉山泰道）である（写真4）。

夢野の父、杉山茂丸は玄洋社にも所属した浪人で、伊藤博文や松方正義、桂太郎らの多数の政治家と親交を結んで暗躍したことから、政界の黒幕などとも呼ばれた。そのこともあり、夢野は玄洋社の要人たちとも接触している。ただし明治期に活発な活動をみせた玄洋社も、夢野が本格的な作家活動を展開した昭和初期には既に実質的な活動を停止していた[17]。

父の茂丸が他界した翌年の一九三六年、夢野久作も脳溢血で急死してしまうのだが、その直前の時期に夢野は頻繁に玄洋社に言及している。時あたかも二・二六事件が発生し（夢野も事件当日の東京にいた）、日本が戦争へと疾走していた時代である。夢野は玄洋社の意義を次のように説明する。

「ファツシヨもいけない。議会政治も面白くない。赤い思想は尚更いけないと云ふ現代の日本人は、今一度、何かの参考の為に、この玄洋社精神

写真4　1921年、九州日報記者時代（当時32歳）の夢野久作（出典：多田茂治『夢野久作読本』弦書房、2003年）。

(17)　先にノーマンは玄洋社を太平洋戦争期のファシズム団体と規定していたが、時代的に無理がある。

を回顧してみる必要がありはしまいか」[18]。つまり、機能不全の議会政治や、全体主義（ファッショ）、マルクス主義（赤い思想）とも別の可能性をもつ存在として、夢野は玄洋社に注目していたのである。

その点で注目できるのが夢野久作「犬神博士」である[19]。この作品は、主人公の犬神博士（本名、大神二瓶）が自らの幼少期（七才頃）を回想する形式の小説で、日清戦争直前の一八九〇年前後（明治二〇年代中盤）を舞台に、伝統芸の博多仁和加《にわか》を思わせる文体で福岡の街を活写したものだ。

小説の全体は二つに分けることが可能で、前半は大道芸で生活する「チイ」（犬神博士の幼名）の家族の物語、後半ではチイがたどり着いた筑豊炭坑の町（直方）での物語が展開されている。ちなみに、明治政府による殖産興業を根底で支えたのが福岡の炭坑であり、一八九〇年代の筑豊には空前の炭坑ブームが訪れていた。

夢野はこうした時代状況を踏まえながら、作中に大きな対立軸を設定している。前半でチイは風俗壊乱（わいせつ罪）を理由に警察の取り調べを受け、後半では炭坑区の買い占めを目論む県知事や財閥と対立する。つまり、チイに代表される地元の民衆と、国家権力および中央財閥との格闘が基本軸として設定されているのである。それは民権と国権との抗争に他ならない。

作中の最大の山場は、終盤で地元資本の「玄洋社」が登場し、財閥の意を汲む県知事や憲兵と抗区争奪戦を繰り広げる部分だろう。玄洋社社長「楢山到」は、「乾児《こぶん》の浪人」が朝鮮で日本国のために活動していることや[20]、チイが「直方《のおがた》町民の怨《うら》みの声ば小耳に挟んで」行動していると力説し、国家の権化のように振る舞う県知事を批判する。「国家のためを

(18) 夢野久作「玄洋社からどんな人物が出たか」（『夢野久作著作集5 近世快人伝』葦書房、一九九五年）より（初出は『話』一九三五年二月号）。

(19) 「犬神博士」の引用は全て『夢野久作全集5』（三一書房、一九六九年）より。この作品は『福岡日日新聞』夕刊（一九三一年九月二三日～翌年一月二六日、全一〇八回）に連載されたが、夢野の生前は単行本化されず、同時代の中央文壇では知られていなかった（現在は角川文庫で手軽に入手できる）。

(20) 実際、内田良平は「天佑侠」の一員として東学党の乱（一八九四年）の際に朝鮮半島で活動している。前掲、滝沢誠『評伝内田良平』を参照。

ば思うて、手弁当の生命《いのち》がけで働きよるたあ、吾々福岡県人バッカリばい」（「犬神博士　百六」）。

この小説の主題をさらに端的に語るのがタイトルの「犬神」である。これは中国地方や山陰で流行した「モノスゴイ迷信」で、村に天変地異や泥棒、人殺しなどの事件が頻発して在来の神様では間に合わなくなったとき、「犬神様」が祭られる。人々はお宮を建て、一匹のオス犬を探し出す。

図2　「犬神博士　三」の新聞連載時の挿絵（『福岡日日新聞』1931年9月25日夕刊）。この挿絵は福岡出身の洋画家、青柳喜兵衛が担当している。

その牡犬《おすいぬ》を地均《じならし》した御宮の前に生き埋めにして、首から上だけを出したまま一週間放ったらかして置くと、腹が減ってキチガイのように《ほ》なる。（略）その犬の眼の前に、肉だの、魚だの、冷水だのとタマラナイものばかりをベタ一面に並べて見せると犬は、モウキチガイ以上になって、眼も舌も釣り上った神々しい姿をあらわす。その最高潮に達した一刹那を狙って、背後から不意討ちにズバリと首をチョン斬って、かねて用意の素焼きの壺に入れて黒焼きにする。その壺を御神体にして大変なお祭り騒ぎを始める。（「犬神博士　三」）

このように「犬神」とは、餓死寸前の瞬間に現れる超絶的なエネルギーであり、それと同様に、少年チイ（犬神博士）も貧困と苦境の渦中で「天才的な洞察力」を獲得していくのである。この点を踏まえるならば、チイたち大道芸人の他にも、芸者、博打打ち、炭坑夫など、作中には社会の下層に生きる者たちが多数登場していることに気づくはずだ。

　さらに、この傾向は玄洋社社長の人物造型にもみられる。作中の「楢山到」とは、もちろん頭山満が想定されているのだが、それ以上に根本的なモデルとなっていたのが玄洋社の奈良原至である。奈良原は、頭山らのように表舞台の華々しい生涯を送ることなく、無冠の生き方を選び、極貧の生涯を送った人物だ。しかし、夢野は「極端な清廉潔白と、過激に近い直情径行」を併せ持った「快人」として奈良原を高く評価するのである。[21]

　ここでは民権と国権の対立軸に別の次元が加わっている。民権は一枚岩ではなく、そのなかでも貧苦にあえぎながら生きる弱き者たちの中にこそ、あるいは社会の裏側にいる他者の場所にこそ、根源的な強度が宿るというのである。小説「犬神博士」は、そうした他者への想像力を要請している。

　最後になるが、もう一度街へ戻ろう。

4　アジアへの想像力

　修猷館の西側にある藤崎地区は、かつて糸島富士（糸島半島の可也山）が遠望できたことから「富士見崎《ふじみさき》」と呼ばれた地域で、一九〇〇年頃に福岡医科大学（九州大学の前身）の設

（21）「近世怪人伝」（前掲『夢野久作著作集5　近世快人伝』）を参照（初出は『新青年』一九三五年四月号～一〇月号）。このエッセイでは頭山満と杉山茂丸も取り上げられているが、西原和海「解説」（前掲『夢野久作著作集5　近世快人伝』）は、頭山や茂丸が「成功者」だったのに対して、「当代の立身出世から遠く離れ、無名のまま貧窮の生涯」を送った奈良原至が「明治初期の玄洋社の精神」を持ち続けていたと述べ、「奈良原の存在そのものが、頭山や茂丸に対する痛烈きわまる批判となっている」と主張している。

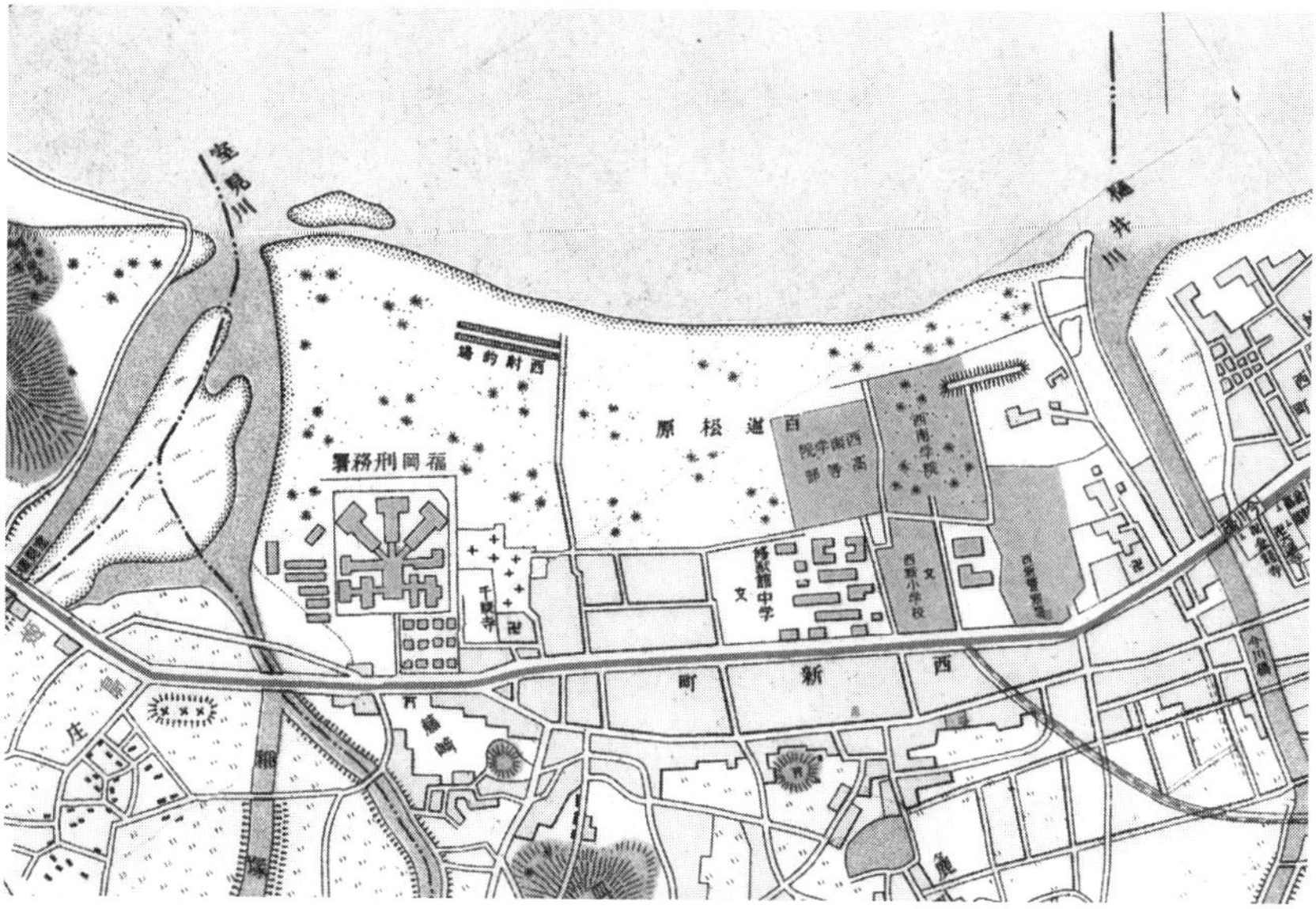

図3　1927（昭和2）年頃の西南学院大学周辺（出典：「最新福岡市街及郊外地図」駸々堂旅行案内部、1927年）。福岡刑務所は1965年まで藤崎にあった（以後、糟屋郡宇美町へ移転）。現在の西新地図（127頁を参照）と比べると、埋め立てのために海岸線が大きく変化していることがわかる。

立が決定すると、藤崎周辺も候補にあがった。しかし「医科大学ができたら伝染病が広がる」と住民たちが反対し、結局その話も流れてしまう。そして大学の代わりに来てしまったのが監獄だった[22]（図3、写真5・6）。

福岡監獄はもともと須崎裏町（現、中央区天神五丁目）にあったが、一九一三年、藤崎にレンガ造りの建物が完成して移転した。一九二二年には福岡刑務所と改称されているが、この刑務所で生涯を閉じた一人の詩人がいる。韓国を代表する国民的詩人、尹東柱《ユン・ドンジュ》である。

尹東柱（当時二五歳）が

（22）　藤崎周辺の歴史については柳猛直『福岡歴史探訪　早良区編』（海鳥社、一九九五年）を参照。

写真５　福岡刑務所の全景（出典：宋友恵『空と風と星の詩人　尹東柱評伝』藤原書店、2009年）。

写真６　福岡刑務所の正門（出典：宋友恵『空と風と星の詩人　尹東柱評伝』藤原書店、2009年）。

来日したのは一九四二年のことで、最初は立教大学に入学し、半年後には京都の同志社大学に転入学している。しかし、翌年七月に朝鮮独立運動に関与した容疑で検挙され、一九四四年に福岡刑務所に収監、終戦六ヵ月前の一九四五年二月に獄死した。ちなみに、尹が日本滞在中に書いた詩は立教大学の頃の数編しか残されていない。京都でも詩を書いたはずだが、逮捕時に押収され、日本の敗戦とともに全て燃やされてしまった[23]。

尹東柱は詩をハングルで綴った。この意味はとても大きい。朝鮮半島では一九三八年から中学校の朝鮮語教育が朝鮮総督府によって禁止されており、ハングルで授業をしたり、

(23)　詳細は宋友恵『空と風と星の詩人　尹東柱評伝』（愛沢革訳、藤原書店、二〇〇九年）を参照。

文章を公表すると日本軍の憲兵に捕らえられたからである。来日前に尹が作成した手書きの詩集『空《そら》と風と星と詩』（一九四一年）もハングルだったが、戦時中は母親が壺に入れて地中に埋め、奇跡的に残った。その結果、尹東柱は戦時下にハングルを綴った詩人として戦後韓国で大きく評価されることになる。

先の詩集の巻頭を飾ったのが有名な「序」詩である。日本人にも広く知られる伊吹郷訳（一九八四年）を引用する。(24)

死ぬ日まで空を仰ぎ
一点の恥辱《はじ》なきことを、
葉あいにそよぐ風にも
わたしは心痛んだ。
星をうたう心で
生きとし生けるものをいとおしまねば
そしてわたしに与えられた道を
歩みゆかねば。

今宵も星が風に吹き晒される。

写真７　延禧専門学校卒業時（1941年12月）の尹東柱（出典：宋友恵『空と風と星の詩人　尹東柱評伝』藤原書店、2009年）。

尹東柱は戦時下にハングルで書くという政治的な選択を実行した。にもかかわらず、彼の詩は露骨な政治性からは遠く、柔らかな抒情性で読み手の純粋な良心に訴えかけてくる。

（24）　尹東柱「序詩」（伊吹郷訳『空と風と星と詩　尹東柱全詩集』影書房、一九八四年）より。後に、伊吹郷の翻訳を紹介した茨木のり子のエッセイ「空と風と星の詩人」が高校三年生の教科書『新編現代文』（筑摩書房）に採用され、日本では伊吹訳が広く知られるようになった。

この清らかさが尹東柱の特徴の一つだろう。

しかし、この伊吹訳をめぐって複数の論議が沸騰する。(25)例えば一行目の「空」。原文の「ハヌル하늘」には「天」と「空」の意味があり、「天」というキリスト教的な文脈で翻訳すべきだという異論である（ちなみに、クリスチャンだった尹東柱は福岡刑務所服役中に新約聖書の差し入れを頼んでいた）。さらに、この「ハヌル」からは朝鮮の天空神「ハヌニム하느님」を想起することも可能であり、日本語の語彙に収まらない意味作用の磁場が形成されている。

続いて二行目の「恥辱《はじ》」。これも原文は「プックロム부끄럼」（恥ずかしさ）で、あえて硬い漢語表現にする必要はない。この訳語には、尹の悲劇的な人生を踏まえた、訳者自身の好みが表出している。

同様の観点から最も問題となったのが六行目の「生きとし生けるもの」である。原文は直訳すると「あらゆる死にゆくもの」（大村益夫訳、一九八四年）の意味だった。生と死は表裏一体の関係にあると考えれば、たしかに伊吹訳も意味的には誤訳とはいえない。しかし、伊吹訳は無意識のうちに「生きとし生けるもの、いづれか歌をよまざりける」（『古今和歌集』仮名序）という日本語の伝統性のなかに、つまり自分好みの世界観のなかに尹の詩を押し込めている。尹東柱が命の危険を冒してまでハングルで書いたことを考えれば、尹の詩を日本語の伝統性で置き換え、別の世界観に変えてしまう行為は不当ともいえよう。

この「序」詩の翻訳をめぐる論争は、異文化理解の重要な問題点を提示している。尹東柱の詩に日本語の伝統的世界観を押しつける行為は、玄洋社の自民族中心主義的な発想とも相通じている。玄洋社は、皇室も民衆も権力も異民族さえも、全てが融和する絶対的な

(25) 以下、「序」詩の翻訳をめぐる諸問題は、木下長宏「尹東柱 一篇の詩の運命」（『美を生きるための26章』みすず書房、二〇〇九年）、稲賀繁美「詩の解釈をめぐる争論の彼方を透視する——尹東柱（ユン・ドンジュ）「序」詩の翻訳から見えてくるもの（上）（下）」（『図書新聞』二〇一〇年三月六日、一三日）などを参照。

アジアの全体化を夢みた。だが、彼らは他者と全く同じ感情が共有できるという確信を、あまりにも自明なこととみなしすぎていなかったか。

夢野久作の小説「犬神博士」は他者を想像することの重要性を表現していた。玄洋社のアジア解放運動も伊吹郷の翻訳も他者を想像する行為だ。だが、他者と感情を完全に同化することのみが想像力の唯一のあり方ではない。「序」詩の「ハヌル하늘」は日本語にできない多義的な言葉だった。ならば、その多義性に向かって何度も繰り返しアプローチする想像力もあるはずだ。それは非同化的な想像力であり、一体化・全体化の幻想を夢みるのではなく、他者と対話を続けて関係性を育てる営みである。

ここまで福岡の三つの地点をめぐってきた。最後に、冒頭で掲げたハーバート・ノーマンの言葉を一部変更して結語としよう。福岡こそは近代日本の思想史と文学史のうちでアジアへの想像力を再考し続ける場所として重要である、と。

column

サザエさんのふるさと――百道浜――

K・J・シャフナー

「サザエさん」と言えば、誰でも独特の髪型、そそっかしくて、どじな、元気のいい漫画の主人公を思い浮かべるだろう。アメリカ人として来日した私にとってサザエさんの漫画とテレビ放送は日本語学習のよき教材であっただけでなく、日本文化や生活スタイルを理解するのにも大変役に立った。

東京に「サザエさん通り」と「長谷川町子美術館」があることが知られているが、ちゃぶ台を囲んでいる家庭を描くコメディー漫画に登場する活発でへまをする主婦サザエさんは福岡生まれである。生みの親である長谷川町子は一九四六年四月二十二日に西日本新聞から独立したばかりの『夕刊フクニチ』のためにサザエさんの漫画を描き始めた。

福岡市の地下鉄一号線の西新駅一番出口から海の方向へ歩くと、「よかトピア通り」という広い道路に出る。その早良区西新六丁目の角に「磯野広場」がある（写真1）。この広場にサザエさん発案の地を記念する碑が二〇〇七年四月二六日に設置された。二枚の陶板がこの場所とサザエさんとの関係を説明している。一枚は磯野一家が立ち並んでいるように描かれている―父の磯野波平、サザエ、夫のフグ田マスオ、母のフネ、弟のカツオ、妹のワカメ、息子のタラオ（写真2）。もう一枚は『朝日新聞』に連載された『サザエさんうちあけ話』からの漫画である（写真3）。それで長谷川さんは磯野一家の名前をどういうふうに思い付いたか明らかにされている。お気づきだろうが、海にちなんだ名前がつけられている。これは当時長谷川町子が妹さんと百道海水浴場の海岸をよく散歩して、海を見ながら名前を決めたことに由来する。二〇〇八年三月に金属のプレートが追加され、長谷川町子と家族のことが紹介され、サザエさんを紹介する漫画も刻んである（写真4）。

写真1　磯野広場

写真2　磯野一家

写真3　サザエさんの誕生秘話

写真4　金属のプレート

写真5　1938年頃の百道浜（西南学院資料室）

写真6　1917年頃の百道浜（西南学院資料室）

今は想像しにくいだろうが、当時は西南学院のすぐそばに砂浜と松林があった（写真5、6）。長谷川町子は一九四四年から家族と一緒に東京から福岡に疎開してきて、西南学院中等部本館（現在西南学院大学博物館）の向かい側の西新三丁目の家に住んでいた。現在は「磯野広場」と百道の間が埋立地である。サザエさんの四コマ漫画に海岸を背景としたものがある。主人公の名前だけではなく、長谷川さんが海から得たひらめきが見えてくる。一つの例を紹介しよう。

①海水浴に来たサザエ一家。海に入ろうとしているサザエ、カツオ、ワカメ。着替えの服が盗まれることを心配するカツオ。サザエが杭を見つけ、それに服を結び付けることを思い付く。
②海の中ではしゃぐ一同。杭には全員の服が結び付けられている。
③帰り支度を始めた一同。満潮になって、杭は頭の一部しか水の上に出ていない。慌てている一同。
④水の滴り落ちる水着のままで自宅に帰る一行。周囲の人々からじろじろ見られて、赤面するサザエ、カツオ、ワカメ（『対訳サザエさん』1巻、三二一－三三頁）。

長谷川町子は一九二〇年佐賀県小城郡東多久村（現在多久市東多久町）別府に生まれた。六歳になると、福岡市立春吉小学校に入学し、一九三二年に福岡県立高等女学校（現在福岡中央高校）に進学した。翌年父親が急逝し、母親と二人の姉妹と東京に移住し、山脇高等女学校に転校となる。当時『のらくろ』で一世を風靡していた漫画家の田河水泡に町子が憧れていたことを知った母親が田河に町子を弟子入りさせてくれるよう直談判、町子は田河の弟子となることができた。その後、天才少女漫画家として華々しいデビューを飾るのは町子十五歳のときのことである（少女倶楽部に「狸のお面」）。

戦争の激化とともに東京を離れ、福岡に移住。最初、西日本新聞社に勤務し、報道写真の修正や産業戦士ルポルタージュの挿絵を描いていた。終戦と同時に新聞の仕事を辞め、再び漫画家に転向「サザエさん」の連載を始めた。

ここで福岡での生活の一端を知るエピソードを紹介しよう。ある日母の留守に町子と妹が二人で留守番していると進駐軍の兵隊が大声で何かわめき立て、二人は怖い思いをする。意を決した町子は妹を家の中に残し、一人で外に出てみる。相手の言っていることが分からない町子は困って、近所に住んでいた西南学院中等部（現在の西南学院大学）の教師宅へ案内して通訳をしてもらう。その際小柄な町子は子どもと間違われ、チューインガムやチョコレートをもらって、機嫌をなおしたとのことである（『サザエさん打ち明け話』「こわかった話」⑨（三七－四〇頁）より）。

一説によれば、サザエさんに登場する鼻の高い外国人のモデルは西南学院で教鞭をとっていたアメリカ人の宣教師だったという話である。これらの外国人が登場する興味深い四コマ漫画の一例を挙げてみよう。

①浴衣姿の波平とフネが歩いているところで、外国人のご夫婦を見かける。格子縞のジャケットとネクタイをしているご主人はひざまずき、羽付き帽子やアクサセリーをしている奥さんの靴の紐を結ぶ。波平はその姿を見ながら「女みょうりの国柄だなァ！」とフネに言う。
②波平とフネがその場を離れようとするときに、彼の下駄の緒が切れる。
③口ひげをしている外国人のご主人は波平を指しながら、奥さんに二人を見るようにと言う。
④ご主人は、しゃがみながら下駄の緒を直しているフネの写真を撮る。波平とフネが戸惑う（『対訳サザエさん』5巻、一七五頁）。

この漫画が示すように町子の福岡におけるいろいろな経験と観察がサザエさんに色濃く反映されていることが

分かる。

その後上京し、家族で出版社（姉妹社）を立ち上げ、単行本『サザエさん』第一巻を発行した。一九四九年十二月一日夕刊朝日新聞に「サザエさん」の連載が始まる。一九六一年四月十六日朝日新聞朝刊に移る。以後一九七四年二月二十一日まで六四七七回連載が続いた。

サザエさんは昭和の典型的な家族像を代表し、何気ない日常の中に誰でも微笑むことができるエピソードを盛り込んだ健康的な文化遺産と言えよう。戦後の不安な時代に笑いとユーモアを振りまき、人々の気持ちを明るくさせた功績は大きいと言える。サザエさんのひたむきでプラス思考の姿勢は長谷川町子のキリスト教に対する深い信仰と福岡における貴重な経験がその素地となっている。

人々の生活が大家族から核家族へ、一戸建てから団地住まいへと生活スタイルが変化するに連れて新聞の連載も終了となった。作者の長谷川町子はその後「いじわるばあさん」などの連載で活躍を続けたが、一九九二年五月二十七日享年七十二歳でこの世を去った。同年七月二十八日国民栄誉賞を受賞、女性としては歌手の美空ひばりについで二番目、漫画家としては初めての受賞であった。

福岡を訪ねてもう一度サザエさんの漫画を見たいと思うなら、磯野広場の近くにある福岡市総合図書館に寄れば、サザエさんの全集を見ることができる。

〔参考文献〕
長谷川町子著『対訳サザエさん』講談社、一九九七年。
長谷川町子著『サザエさんうちあけ話・似たもの一家』朝日新聞社、二〇〇一年。
西日本シティ銀行：地域社会貢献活動「ふるさと歴史シリーズ『博多に強くなろう』」No.58 サザエさんの物語り（二〇〇四）
五回シリーズ（二〇一〇／〇九／一四アクセス）
http://www.ncbank.co.jp/chiiki_shakaikoken/furusato_rekishi/hakata/058/01.html

博多の夜は屋台で飲もう
――古代の食から博多ラーメンまで――

高倉洋彰

1　大宰府の主厨司

白砂青松。海岸美を讃えるこの言葉を聞くと、すぐに博多湾口の海の中道を思い浮かべる。

海の中道は、福岡市の東、「漢委奴国王」金印を出土した志賀島と繋がる砂嘴のことで、白砂青松そのものの景勝から現在国営公園になっている。海の中道の北海岸には昔から砕片と化した土器が散在していた。その砕片は焼けていて、布痕があり、製塩土器の特徴をもっていたところから、福岡市教育委員会によって発掘調査された。その結果、この一帯が大宰府直営の製塩遺跡であるとともに生鮮魚介類の供給基地であること、そして古代の筑前国糟屋郡厨戸郷に相当することが明らかになった(1)。

古代の大宰府には主厨司という役所があり、古代の外交交渉の舞台となった鴻臚館で外国からの使節を供応する「蕃客饗応」、天皇家の食材を調製し貢納する「例貢御贄」、官人の交替にともなって厨物を支給するために作成する「官人交替料」、そしていわば公務員食堂の経営に相当する「府官常食」の役割を果たした(2)。鴻臚館にはその博多分館ともいうべき鴻臚中島館という施設があり、そのための役所と思われる津厨も記録されている。厨戸郷はこれらの厨施設に生鮮素材と塩を供給したのだろう。

大宰府や鴻臚館でどのようなメニューの食事が供せられていたかはわからない。しかし大宰府で出土した筑前国の古称の「竺志前贄驛□□」とする贄木簡に、表に「多比二　生鮑六十具　鯖四列　都備五十具」、裏に「須志毛十古　割軍布一古」と「例貢御贄」に関する内容を記した例がある(3)。多比は鯛、都備（ツブガイ）は螺類の総称で小粒の巻貝を意味し、須志毛は割軍布（ワカメ）とともに海草をさす。つまりこの木簡には鯛・鮑・鯖・小粒の巻貝・海草といった海産物が御贄として貢納されたこと、それが大宰府の名産だったことを示している。しかし生鮑を都まで持っていったのであれば腐敗してしまうから、これは「例貢御贄」として調製する前の素材であろう。別に「肥前国松浦郡神戸調薄鰒」と記された、現在の唐津市加部島に鎮座する田島神社の神戸が薄造り、つまりスライスした鰒を調として納めた木簡がある。同じ加

(1)　山崎純男編『海の中道遺跡』（福岡市埋蔵文化財調査報告書第八七集、一九八二年）

(2)　板楠和子「主厨司考」（『大宰府古文化論叢』吉川弘文館、一九八三年）。なお、「府官常食」は、朝廷における「百官常食」と同様に大宰府でも官人の常食や会食の膳は主厨司の所管であったとされる板楠氏の見解をもとにした、造語。

(3)　石松好雄はか『大宰府史跡』（昭和四八年度発掘調査概報、九州歴史資料館、一九七四年）

工食品に「乾年魚七斤」がある。鴻臚館遺跡にも、煮て保存したウニが現在の長崎県平戸市から納入されたことを意味する「庇羅郷甲嬴煮一斗」や「魚□廿九斤」「鹿脯乾」「庸米六斗」などの食材に関する木簡がある。(4) これらから大宰府や鴻臚館では新鮮な鯛や鯖、生鮑あるいは加工した年魚（鮎）・ウニ（甲嬴）・アワビ（鮑・鰒）や鹿の干し肉などを食べていたことがわかる。ほかにも食や酒に関する木簡や墨書土器が出土しているし、九州各地から貢納された名産品や海の中道遺跡から供給される生鮮な海の幸もあって、大宰府の食は古代から恵まれていた（写真1）。

写真1　復原された大宰府の上級官人の食卓（九州歴史資料館提供）。

こうした過去をほうふつとさせる伝統食として、江戸時代の筑前に「のうさば」という珍味があったことが、貝原益軒の『筑前国続風土記』に紹介されている。(5)「のうさば」は今でも、福岡市の北東、海女・海士の故里として知られている宗像市鐘崎で食べられている。ここに正月のおせちの数の子の代わりに供される「のうさば」があり、「鐘崎かずのこ」とよばれることもある。魚の鯖ではなく、ホシザメのことで、干したのうさばの身を三等分くらいに切り分け、茹でる。茹で上がると、鮫肌のザラつきをたわしで落とし、細長く短

(4)　山崎純男『鴻臚館Ⅰ』（福岡市埋蔵文化財調査報告書第二七〇集、一九九一年）。なお、報告書では「甲□煮」を解読できていないが、残された字画および平戸島からの貢納品であることを考えれば、「甲嬴煮」であることは疑いない。

(5)　貝原益軒『筑前国続風土記』（福岡県史資料続第四輯、福岡県、一九四三年）。「土産考上」部の「ふか」項に「のうさは、ふかの類なり」とする。ふか（鱶）はサメのことで、食べ方については「ふか、のうさば、もだま、ささいわり」（ふかおよびその加工品）とともに、「皆煮てさめを去り、又熱湯をかけて、さしみとして、すみそにて食す」とある。

冊状に切る。これを甘口醤油や酒、唐辛子などで作った付けダレに漬け込み、食べる。江戸時代の「のうさば」が酢味噌で食べられていたところが少し異なるが、酒の肴にうってつけの珍味だ。鐘崎の「のうさば」は、形状からして『続風土記』の「ささいわり」（細割）のようにも思われる。というのは古代の食に「楚割」という料理があるからだ。「すはやり」と読み、「条」とも書くように、魚などの素材を細長く短冊状に切ったもので、サメもその素材にある。[6] 鐘崎の「のうさば」の起源は知らないが、海の中道遺跡に近いこともあって、古代の「楚割」を忍ばせてくれる。

2　博多の伝統食

博多[7]には、博多雑煮、がめ煮、鶏料理、イワシの湯豆腐、白魚料理、「あぶってかも」などの名物があるが、これらはすでに江戸時代から代表的な博多料理として知られていた。[8]

博多雑煮は、干し焼きあご（トビウオ）で出汁をとり醤油と塩で味をつけた澄まし汁に軟らかく煮た丸餅を入れ、一人前分を串に刺して下ごしらえをしておいた大根・人参・干し椎茸・ゴボウ・里芋・焼き豆腐・昆布を、串を外して盛り付け、茹でたかつお菜と魚の切り身やカシワ（鶏肉）、細切りしたスルメと昆布をよそおったもの（写真2）。魚はふつうブリだが、サワラやタイにすることもある。魚とカシワ、さらに海老を一緒に盛ることもあり、家庭で異なる。我が家では元日と二日目はブリで、三日目はカシワのみを入れる

（6）　関根真隆『奈良朝食生活の研究』吉川弘文館、一九六九年。養老律令賦役令に「雑魚楚割五十斤」とあるのがそれで、魚肉を細長く割いて塩干しするところが「のうさば」を思わせる。『和名抄』では「須波夜利」とよんでいる。平城京跡出土木簡に「佐米楚割」とサメ（佐米）を素材にした「すはやり」の例がある。

（7）　福岡は、市の中心を流れる那珂川の東が町人の街博多、西が武士の街福岡の、双子都市として発展した。人の来訪を博多弁で「きんしゃる」、福岡弁で「ござらっしゃる」とするような相違もあるが、現在ではかなり一体化している。本稿では博多と福岡を同義でとらえ、博多としている。

（8）　中村正夫「福岡の食とその背景」（聞き書『福岡の食事』日本の食生活全集四〇、農山漁村文化協会、一九八七年）

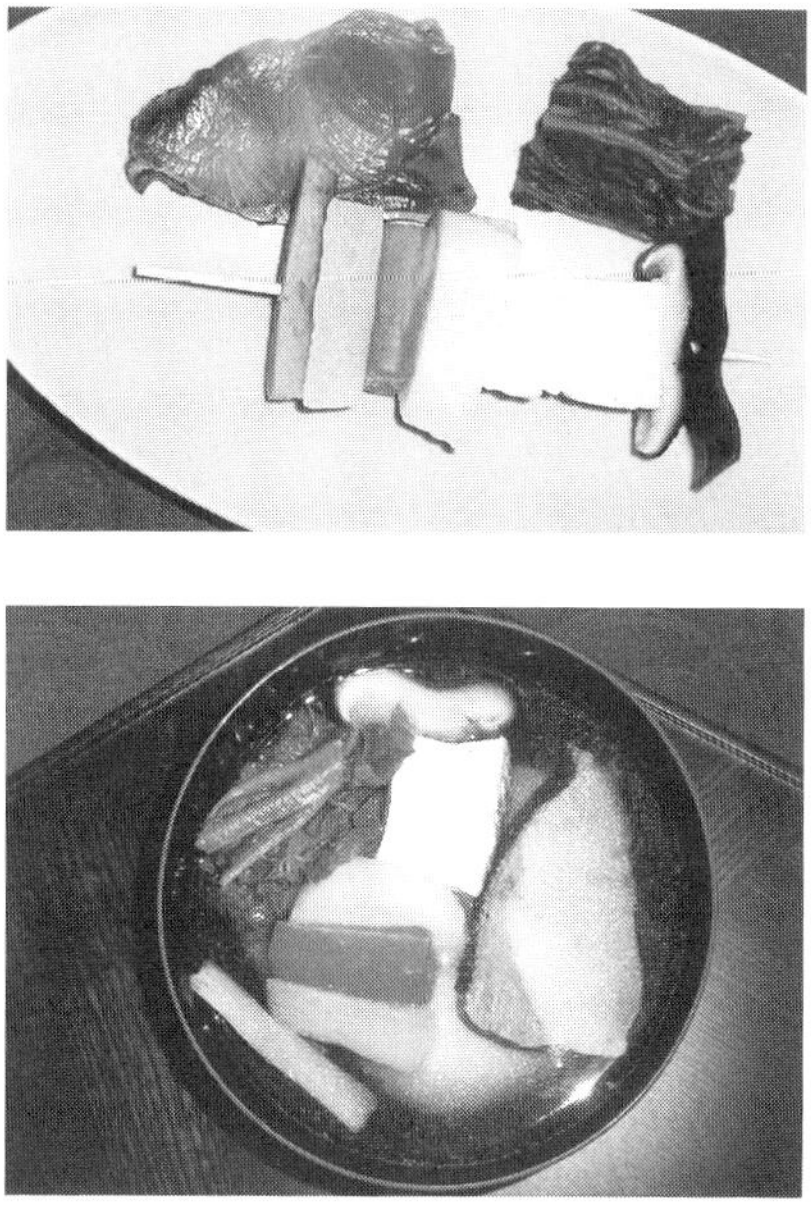

写真2　高倉家の雑煮　上：事前に準備した丸餅以外の具材、下：出来上がり

が、同じ博多雑煮とは思えない風味の違いがある。雑煮などの正月の料理を、栗の枝の先を削っただけの、栗箸で食べるのも博多の正月独特の風物詩であろう。各地の特色ある雑煮をそれほど食べたわけではないが、抜群に美味いという評判を得ている。(9)

　雑煮とともにお薦めしたい博多の正月料理に「がめ煮」がある。カシワ（鶏肉）と大根・人参・ゴボウ・里芋・蓮根などの根菜類、それにコンニャクなどを醤油と砂糖で煮込んだもので、ことに繰り返し火を通し、煮崩れたがめ煮の美味しさはたとえようもないが、料理屋、ましてや東京の料理屋などで筑前煮として登場する小綺麗ながめ煮はそんなに食べたいとは思わない。美味しいがめ煮を食べたければ煮崩れた家庭の味に限る。

　鶏料理は「水炊き」に尽きる。今では全国で食べることができ、実際、京都で京名物という水炊きをご馳走になったことがある。博多の名店「新三浦」と同じ名前だったので、店の人にこっそり聞いてみると、暖簾を分けてもらったといっていた。博多の水炊きはカシワ（鶏肉）を骨付きのままぶつ切りし、薄い塩味で水煮すると、肉とともにスープも極上になる。そこでポン酢醤油に薬味の大根おろしや刻みネギを入れてまずスープを味わ

(9)　二〇〇五年に、文化庁が全国各地の伝統の味「雑煮」を公募し、「お雑煮一〇〇選」を選定している。このうち博多雑煮を含む八品が「審査員特別賞」を得ている。

い、鶏肉に箸をのばす。さらに白菜やネギ、しいたけ、豆腐などを加えて味を替えながら食べる。地元では水炊きというが、博多名物だから博多煮といわれることもある。

冬の湯豆腐も旨い。これに新鮮で臭みのないイワシを加えると、博多名物のイワシの湯豆腐になり、ポン酢に博多こうとうネギやもみじおろしなどの薬味を入れてたべる。イワシの湯豆腐に白菜や春菊・椎茸・ネギ・糸コンニャクなどの具材を足せば、これもまた名物のイワシのちり鍋に姿を変え、博多ならではの食卓が楽しめる。

福岡市の西を流れる室見川の白魚料理も名高い。白魚といっているが、じっさいはスズキ目ハゼ科のシロウオで正しくは「素魚」と漢字で書く。島根県の宍道湖八珍で知られるサケ目シラウオ科シラウオ属の白魚とは異なる。生きたシロウオを水鉢に入れ、泳いでいるのをすくって生食する白魚の踊り食いが名物だが、正直それほど美味しいものではない。むしろ澄まし汁に茹でて真っ白になったシロウオにわかめや三つ葉などをあしらった「吸い物」や、玉子でとじた「卵とじ」、それに酢の物などが美味しい。シロウオ飯に茹でられて筑紫の国にふさわしく「つ」「く」「し」状に背筋を曲げた「吸い物」を添えて食べると春を感じる。

「おきうと」と「あぶってかも」は博多以外の人にはわからないだろう。私は少年時代を福岡市の中心近くで過ごしたが、毎朝、「オキュウートー（おきうと）にナットー（納豆）」「トーフー（豆腐）」という朝餉の素材の触れ売りの声で目覚めたものだった。「おきうと」はテングサの一種である海草の乾燥エゴノリを煮溶かし固めたもので、姿かたちはトコロテンに似ており、生姜を散らし、生醤油をかけて食べる。「あぶってかも」は手のひらよりもやや小ぶりのスズメダイを塩漬けにしたもので、ウロコがついたまま名前どおりあぶって（炙って）噛む（食べる）。あぶって食べると鴨肉の味がするから「あぶってかも」というとする異説があるように、塩辛さの中になんともいえない脂ののった旨味がある。酒の肴に好適の一品となる。

3 舌で噛み切る？ 博多のうどん

福岡・博多といえば屋台が有名だが、実は屋台の料理には博多の伝統料理はあまりない。全国的に知られている博多ラーメンも新参の郷土料理だが、麺そのものは古い歴史をもっている。

大晦日の夜には年越しそばを食べる。その起源説の一つに、鎌倉時代のこととして、博多の承天寺が年を越せない貧しい人にそば餅をふるまったところ、翌年運が開けてきたことによるというのがある。その承天寺はＪＲ博多駅の近くにあり、一二四二（仁治三）年に博多に住んでいた宋の商人謝国明を大檀越（施主）とし、聖一国師を招いて開山とした古刹として知られている。聖一国師は饂飩（うどん）や蕎麦、饅頭などの製法を宋から伝えたとされていて、境内に「饂飩蕎麦発祥之地」や「御饅頭所」の石碑が建っている。羊羹発祥の話もあって、博多は蕎麦やうどんなど、粉モノ食品の発祥地ということになるが、本当のことはわからない[10]。全国を制覇しつつある腰の強い讃岐うどんと対極にあるのが博多うどんで、その腰は弱く、歯を使うまでも無く舌先で千切れるといわれるくらいの軟らかさに特徴がある。一八八二年創業の老舗「かろのうろん」[11]がよく知られているが、博多

（10） 石碑の建立は新しく「饂飩蕎麦発祥之地」は一九八二年、「御饅頭所」は二〇〇八年のことで、発祥の根拠にはならない。

（11） 博多人は「ど」の発音ができず、「ろ」になる。つまり「かどのうどん」で、店が街角にあったことから「角のうどん」。

うどんにしては硬い。本来の博多のうどん屋の風情は博多区呉服町の「みやけ」に残っている。一九五四年創業というが古風を保っていて、店内に入ると、大釜に熱湯が沸き立っていて、注文するとそれでさっと湯掻くのですぐにできあがるから、昼食時でもそんなに待つことはない。そのうどんにゴボウの天麩羅を載せたゴボウ天うどん（博多ではゴボ天という）の味はたまらない。この店だけでなく、博多うどんにはゴボ天がよく合っている。

4 博多の屋台は不思議空間

福岡は魚が新鮮で、刺身にすると美味い。タイ・ブリ・イサキ・カンパチ・イカなど何でもある。イワシの刺身、ゴマサバなどはどこでも食べられそうだが、意外に少なく、博多の名物になっている。大宰府出土の「例貢御贄」木簡に鯖（サバ）があったように、博多では鯖をよく食べる。煮付けにしたり焼いたりするが、何といってもゴマサバが旨い。東京で飲んだときにゴマサバとあったので頼んだら、ゴマサバ（胡麻鯖）という名の鯖だった。博多のゴマサバは真鯖の刺身にゴマを振り、ワサビの効いた醤油で和えて、足の速い鯖を新鮮なままに食べる。小料理屋ならどこにでもある安い酒の肴だが、お茶漬けや熱々のご飯にもよく合い、その旨さは例えようもない。少し前まではこれらの刺身を屋台でも食べることができた。

東京や京都・大阪などに出かけると、「人性酒を嗜む」という倭人の後裔[12]だから、夜、旧知や新たな友人と飲む機会が多い。支払いの段になると、「まァ、ここは地元の私たち

（12）『魏志』倭人伝に「人性嗜酒」とあるほか、「歌舞飲酒」ともある。

が払いましょう」「それじゃぁお返しは福岡で」ということになる。その友人が福岡に来ると、美味しい店を考えているのだが、ほとんどは「屋台で飲みたい」と希望され、案内すると喜んで「美味しい」を連発してくれ、しかも格安の支払いですみ、福岡に住んでいる幸せを噛みしめる仕儀となる。

博多の屋台は博多ラーメンが名高いが、人の嗜好に合わせて何でもある。屋台の集中する天神、長浜、中洲川端を散策しながら、お気に入りを探すのも楽しい。ふつう、どこかで軽く飲んだ後に、皆がもっている行きつけの屋台に行く。私だと、学生時代から四十年以上通っていて、店主の親父も息子も馴染みの西鉄福岡天神駅近くの屋台「さつまや」に遠来の客や友人を案内する（写真3）。季節にもよるが、博多の伝統料理「おきうと」と「あぶってかも」、それに焼き鳥とビールを注文する。これらができるまでのつなぎとして、

写真3　博多の屋台「さつまや」　上：天神バスセンターの前にある屋台「さつまや」、中：見知らぬ同士で盛り上がる会話、下：博多のおでんには餃子もある（手前）

おでん（御田）を頼む。私の場合、おでんの種が決まっていて厚揚げ・イワシのつみれ（蒲鉾状）・大根・餃子・スジ（牛筋）・玉子から三品くらいを頼む。餃子といってもおでんなのだから焼き餃子や蒸し餃子ではない。ふつうの餃子をおでん専用に天ぷら[13]で包んでいて、滅法に美味い。一般家庭でもおでんの種の常連で、餃子王国と称する宇都宮からの友人に薦め、こんな美味い餃子が無くても餃子王国なのかと問うと、敵地のことゆえとりあえず白旗を掲げていた。

屋台の締めはラーメン。近年は博多ラーメンが日本列島を席巻していて、博多でなくても食べることができるが、飲んだ後の屋台のラーメンは格別の味がする。替玉という麺だけを追加注文できる風習があり、二杯目、豪の者は三杯目で満足する。

博多は中国に近い。そこで博多ラーメンのルーツになるようなラーメンを求めて、中国に行くたびに、揚州ラーメンや蘭州ラーメンをはじめ各地のラーメンを食べているが、似たものは無い。東京ラーメンなんてラーメンとはいえないと考えているが、正直に言うと東京ラーメンのほうがよほど中国のラーメン

写真４　中国浙江省寧波の博多ラーメン
上：ゆがいた麺を器に盛り、ネギと焼牛肉をトッピングする
中：牛骨スープをそそぐ
下：見た目は博多ラーメンのできあがり

（13）　博多の天ぷらには、①水にといた小麦粉のころもを魚介類や野菜に付けて油で揚げる天麩羅・天婦羅と、②魚のすり身にゴボウや人参をまぜて揚げるいわゆる薩摩揚げがある。餃子巻きの天ぷらは②で、ウインナーなどを巻いたものもある。先に紹介したゴボウ天は①だが、博多うどんでゴボウ天と人気を二分する丸天は②だからややこしい。

に近い。そうした或る日、浙江省寧波市で待望の博多ラーメンに出会った。暖めたドンブリを用意し、熱湯で湯掻いてしっかりと湯を切ったラーメンを入れ、それにネギや薄切りにしたチャーシュウを載せ、白濁したスープを注ぐ（写真4）。チャーシュウが牛肉だったことを除けば、その作り方や見栄えはまさに博多ラーメン。(14)やっとルーツの手がかりを得て、店の親父にこれは寧波風のラーメンかと聞いたところ、博多で修業したという。聞かなければまだルーツを追っていたかもしれないが、ここで執念が絶たれた。博多ラーメンに近い味の熊本の味千ラーメンが新たな和食として中国で人気を博しているように、博多ラーメンも和食なのだろう。

博多の屋台では、ふつうはビールや酒・焼酎を飲むが、新名所キャナルシティ博多近くの「えびちゃん」に行くとカクテルが飲める。二〇〇種はあるというから驚く。その近くの「菊屋」は欧風料理の屋台でフォワグラのソテーを食べながらワインを楽しめる。「さつまや」の近くの「あほたれーの」ではタコスだって食べられる。他にも、元祖焼きラーメンの「小金ちゃん」、ちゃんこ鍋が名物の「福錦」、ゴーヤチャンプルだって琉球料理専門の「ちょうちん」に行けばある。チャンポンやモツ鍋なら、二〜三軒も覗けば、間違いなくある。

博多の屋台は味の不思議空間。博多に住む醍醐味は食にある。(15)

(14) 一九九二年八月、寧波市の中心に近い月湖の傍らの屋台風の店で体験した。

(15) 博多の屋台は一代限りになっていて、やがて消滅する運命にある。博多名物として知名度が抜群であるばかりでなく、食べ物屋の域を越え、屋台文化として知られる屋台を消滅させて良いのかという保存の動きはたびたびあったが、現在、高島宗一郎市長のもとで見直しが検討されている。屋台は是非とも残したい博多の誇るべき文化であることを、理解していただきたいものである。

column

筥崎宮の放生会

吉田扶希子

「ナーシもカーキもほうじょうや（梨も柿も放生会）」。毎年九月一二日から一八日まで、筥崎宮（福岡市東区箱崎）で行われる放生会は、博多に秋の訪れを告げる祭である。どんたく、山笠とともに博多三大祭で、「ほうじょうえ」ではなく、「ほうじょうや」と訛った独特の名前でよばれて、博多っ子に愛されている。

放生会は、本来仏教行事で、鳥、魚など生き物を供養のため放つ法会である。隼人の乱鎮圧後、宇佐に疫病が流行るが、それを隼人の祟りとして、隼人の霊を鎮めようとして始まる。いまでは神仏習合で全国の多くの寺社で行われるが、八幡神の託宣によって始まったとして、とくに八幡社で盛んに行われている。

写真1　チャンポン

筥崎宮は応神天皇を主祭神とし、神功皇后、玉依姫命を祭る。宇佐八幡宮、石清水八幡宮とともに日本三大八幡宮である。延喜二一年（九二一）、醍醐天皇が八幡神の託宣により「敵国降伏」の宸筆を下賜され、現在地に社殿を創建した。延長元年（九二三）に筑前国穂波郡大分宮《だいぶぐう》よりこの地に遷座したという。商売、勝負の神さまとして信仰が厚い。放生会は、九月一二日にお下り（御神幸）、一四日お上り、一五日に大祭、一八日に放生神事として鳩を放つ。江戸時代には、神社で鳥、境内で鯉、亀を放ち、石堂川、多々良川まで漁を禁止していた。厳重な放生神事である。

しかし今では神事より、毎年社務所で売り出される「チャンポン」（写真1、図1）が人気で、人々は暗いうちから並んでいる。「びいどろ屋宇平」が長

図1　西島伊三雄画「博多チャンポン」

崎から入ってきた中国製のガラス玩具を模倣した薄いガラス製で、喜多川歌麿の「ビードロを吹く女」のビードロである。一一代黒田長溥《ながひろ》は大いに気に入り、藩直営の事業にしようとしたほどである。息を吹くと薄いガラスが動き、ポッペンと音がする。高い音だが、どこか懐かしい音である。また同時に「博多おはじき」も人気で、これもすぐに売り切れる。博多人形師が作った土製の素朴なおはじきで、毎年テーマを決めて一セット約二五個を作る。ある年は「源氏物語」で、色彩豊かに光源氏、桧扇など、ある年は博多の祝い唄「祝いめでた」にちなんだもので恵比寿さま、大黒さま、打ち出の小鎚、伊勢エビなどがあった。

　そして何よりも人気があるのは、一キロほどの参道にびっしりと建ち並ぶ約七〇〇軒の露店である。博多の放生会は露店だけと思う人がいるほど賑わう。昔は葉つきの新ショウガ売り、銀杏売り、栗、梨、柿、椎の実と、秋を思わせる露店が出ていたが、今やその姿は少なく、焼き鳥、焼きそば、ゲームが当たる空くじなしのくじ引きなど、新しい店が増えた。いずれも大人もこどもも楽しめる露店ばかりである。食べ物屋が多い中、浜の方に進み参道から少しそれると、見世物小屋、お化け屋敷と立ち並ぶ特別な場所がある。前を通るのも怖いほど、恐ろしい看板とともに異界へ誘う入口になっている。中には入らなくても、小屋の前を通り、独特の世界をあじわう。

昔から博多っ子は「放生会着物《ぎもん》」といい、放生会には、イッチョウラの新しい着物で、意気揚々と出かけていく。それは博多山笠に参加した旦那が、祭にかかりっきりで迷惑をかけたと、ごりょんさん（奥さん）に買ってあげたものという。そして一五日の例大祭には「幕出し」といい、商売も休み、放生会で賑わう箱崎浜の松原に思い思いの幕を張り、宴会を行った。町人文化連盟によって復活したが、その思いはずっと変わらず、放生会は、博多っ子自慢の博多っ子が愛する祭である。

column

山笠

吉田扶希子

博多の夏は山笠で始まる。毎年七月一日から一五日早朝まで、博多の総鎮守櫛田神社を中心に行なわれる祇園祭である。仁治二年（一二四一）、唐から帰福した聖一国師は、当時博多に流行っていた疫病をおさめるため、施餓鬼棚に乗り、祈祷水をかけながら博多の町を清め払ってまわったという。これが山笠の起こりとされ、二〇一一年で七七〇年を数える。山笠の歴史の中で豊臣秀吉の功績は大きく、戦いで焼け野原であった博多の町を山笠で復興しようとした。現在の山笠の組である「流れ」は、秀吉の太閤町割りを基に構成されている。

山笠（通称ヤマ）は、静と動の二面がある。かつてその区別はなく、高さ一六メートルのヤマを担いで（舁いて）いた。しかし、福岡の近代化が進むにつれて高いヤマは電線に当たるようになり、いままでのヤマは舁けなくなった。そこで静と動に分けたのである。

現在、舁き山の一番から七番までの七流れが動の舁き山の伝統を受け継いでいる。八番から十四番は静の飾り山をたてる。ただし七流れのうち、千代、東、中洲は両方行う。何気なく見ている飾り山にも中国の陰陽の思想が活かされ、奇数番のヤマは「差し山」で陽、偶数番のヤマは「堂山」で陰である。差し山は男を主人公にして勇壮さを、堂山は女を主人公に優美さを表現し、全体の調和を図っている。

一方、動の山笠である。筥崎浜にお潮井を取り行った男衆（おとこし）は、一五日の追い山に向けて、一二日の追い山ならし、一三日の集団山見せ、一四日の流舁きと調子をあげていく。ふつう一つのヤマは六本の棒で支えられ、「鼻取り」の四人が舵をとり、二六人で交代しながら舁く。追い山本番は一五日早朝四時五九分に出発し、櫛田神社の清道をまわる「櫛田入り」の後、博多の町を駆けていき、綱場町のゴール「廻り止め」をめざして約五キロの道のりでタイムを競う。この祭りがスポーツだといわれる所以である。以前は休み休み舁いていたが、博多っ子の気質にあっていたのか「競走」となった。例外的に上川端通りのヤマは走る飾り山といわれ、競争には参加しない。上川端通りの商店街にある飾り山だが、追い山ならしと追い山のときだけ、櫛田入りをした後コースの途中の東長寺まで舁き、動のヤマとなる。ヤマの上部を下げて電線をくぐり抜けるが、重くて大変である（写真）。また神事でありながら、途中東長寺と承天寺に寄り、寺前で待ち受ける住職に一礼をする。東長寺は江戸時代櫛田神社の管理を東長寺に属する神護寺が行っていた関係から、承天寺は開山聖一国師に敬意を表してのことである。決して礼は欠かさない。そしてゴールしたヤマは各々自分たちの小屋に帰り、皆揃ったところで直会となる。櫛田神社では鎮めの能をおさめ、祭りは終わるが、博多っ子はもう来年の夏のヤマに思いをはせる。

走る飾り山（追い山ならしの上川端通のヤマ）

追い山もさることながら、博多から那珂川を越えて福岡に入る「集団山見せ」を橋の上で見物することもおすすめである。かつてヤマが通る度に橋が上下に激しく揺れ、自分も一緒にヤマを舁いている気分になることができた。それはまるで白熱するスポーツ観戦のようだった。

祭りは神事であり、生活の一部である。歴史ある祭りに対して誇りをもち、伝統を守りながらも、ときに新しいスポーツとしてとらえ、新しい感覚をもって祭りを継承している。

第3部

キリスト教文化の普及

福岡のキリスト教史

安高啓明

1 キリスト教の伝来と福岡

一五四九（天文十八）年、フランシスコ・ザビエルが鹿児島に上陸する。フランシスコ・ザビエルの訪れは、キリスト教伝来を意味し、日本宗教史に一ページを刻む出来事であった。日本開教を成し遂げたザビエルは、鹿児島に一年ほど滞在するが、翌年にはポルトガル船の平戸来航を知るや薩摩・平戸を往復するようになる。ついには鹿児島にアンジロウらを残し、一五五〇年八月には平戸に拠点を移す。その後、平戸はトルレスに託し、同年十二月十七日山口へ向けて出発、翌一五五一年一月中旬には、ついに上洛を果たす。この上洛には京都の情勢を把握する目的があったとされる[1]。

一五五一年三月中旬には京都から平戸に到着。さらに四月には再び山口へと向かう。そして、同年十一月十五日頃に豊後から離日している。京都から再び西へ向かったのは「その地が神の教えを宣べ伝えるために平和ではないとわかった」ためで、京都の覇権争いに見切りをつけたのである。山口では大内義隆に接近したり、キリスト教の今後の展開を模索する動きをしていた。

各地でおおむね好意的に受容されたキリスト教は、有力大名の庇護をうけたこともあって浸透していく。この動きは、福岡でも例外ではなかった。のちに福岡領主となる黒田長政がキリシタンであったことは知られている。そこで、福岡とキリスト教の出会いを紐解いてみると、ザビエルが東奔西走するなかで、福岡の地を訪れていることがわかる。

ルイス・フロイス著『日本史』のなかで、ザビエルの博多来訪が記されている。「筑前国の博多の市は、住民が皆商人で、上品であり人口が多いが、司祭（フランシスコ）はその市に来た時に、禅宗の僧侶の非常に大きい某寺院を訪れた。（中略）その仏僧たちは、司祭が彼らの古来の神々の出身地である天竺、すなわちシャム国から来た人であるかのように思い、司祭に会って、ともに語らうことを喜んだ」と記されている。その後、教理の相違により、ザビエルが譴責するなど、最後は挨拶の言葉も述べないで立ち去っている[2]。

右のようないきさつを福岡におけるキリスト教の起源とすれば、福岡とキリスト教の出

（1） 清水紘一『日欧交渉の起源』（岩田書院、二〇〇八年）二六〇〜二六六頁。国王認識「天皇―将軍（足利）」についての検証の要素が大きかったと指摘する。

（2） ルイス・フロイス著、松田毅一・川崎桃太訳『完訳フロイス日本史6』

会いは一五五〇（天文十九）年のことになる。フランシスコ・ザビエルが京都へ向かう途中に博多に立ち寄ったひとコマが右の遣り取りなのである。

（中央公論新社、二〇〇八年）四四～四五頁。

当時の九州の情勢はというと、毛利元就と大友義鎮（宗麟）が九州の覇権争いをしており、結果的に大友義鎮が北九州域（旧大内氏所領）を確保する。そして、自らも受洗（洗礼名ドン・フランシスコ）していたこともあり、一五五八（永禄元）年に教会に土地の一部を寄進したとされる。

その後、筑前五十二万石を拝領する黒田長政はキリシタンであった。その長政の父、黒田官兵衛（孝高・如水）も高山右近らの勧めもあってキリスト教を信仰していた。黒田家は二代にわたり、キリスト教を信仰していたのである。

2　禁教以前の福岡と伴天連追放令

イエズス会関係者は福岡にたびたび訪れている。一五八七（天正十五）年、イエズス会日本副管区長ガスパル・コエリョは、秀吉と謁見するために博多をめざし、その途中、姪浜（福岡市西区）にフスタ船（主に貿易活動をする帆船）で赴き上陸している。そのときルイス・フロイスも同伴しており、彼らは仏僧の一寺院で寄宿することになる。

その間、仏僧たちと交流を深め、なかには説教をすると、二～三名の僧侶はキリシタンになりたいと所望するほどであったと『日本史』のなかで記している。また、フスタ船や伴天連を見物しにキリシタン以外の人たちも訪れ、なかには説教を求めるものがあったようで、『日本史』の史料的性格はあるにしても、賑やかな福岡の町の様子がわかる。

そこに、九州平定のために秀吉が博多に到着する。コエリョらは謁見のために博多へ向かうと、秀吉はフスタ船に興味を示し船上に乗り込んでいる。ここで西洋的な応接を受け、ポルトガルの葡萄酒などをお土産にもらっている。このときに、コエリョの教会領拝領の望みに対して、秀吉は「伴天連は好きな場所をとってよい」と指示したとされる。

しかし、すぐにキリシタンたちの処遇は一変することになる。日本史上においてキリスト教の布教をはじめて禁止した法令、伴天連追放令が博多筥崎の地で発布されたのである。伴天連追放令は、豊臣秀吉が一五八七（天正十五）年六月十九日付で出したもので、日本は「神国」、キリスト教を「邪法」と位置づけた法令である。この発布前に秀吉はコエリョへ強制キリシタンの是非やキリシタンによる寺社破壊などについての質問状を出しており、この結果、伴天連追放令に至ったともいえる。(3)

伴天連追放令は五ヶ条からなり、その概要を示すと次のようになる。一条目は、この禁令の本旨ともいうべきものとなっている。まず、日本は「神国」であることを明示し、キリシタン国の「邪法」を宣教してはならないとする。二条目にその理由を挙げ、多くの住民をキリシタンとして、彼らが神社仏閣を破却したことは前代未聞と断罪している。また、大名・給人に対しても領内での「邪法」を広めることを禁じている。そして、各領主にもこの法令を遵守するように伝えている（集権化）。

三条目は伴天連の法と日本の仏法の矛盾を指摘した上で日本から二十日以内に帰国するようにと命じている。四条目では、黒船（南蛮船）は商売のことに限り来航を許容するとし、これを受けて五条目で仏法の妨げにならない限り、キリシタン国からの往来は自由である

(3) 高瀬弘一郎『キリシタンの世紀』（岩波書店、一九九三年）一四七～一五二頁。

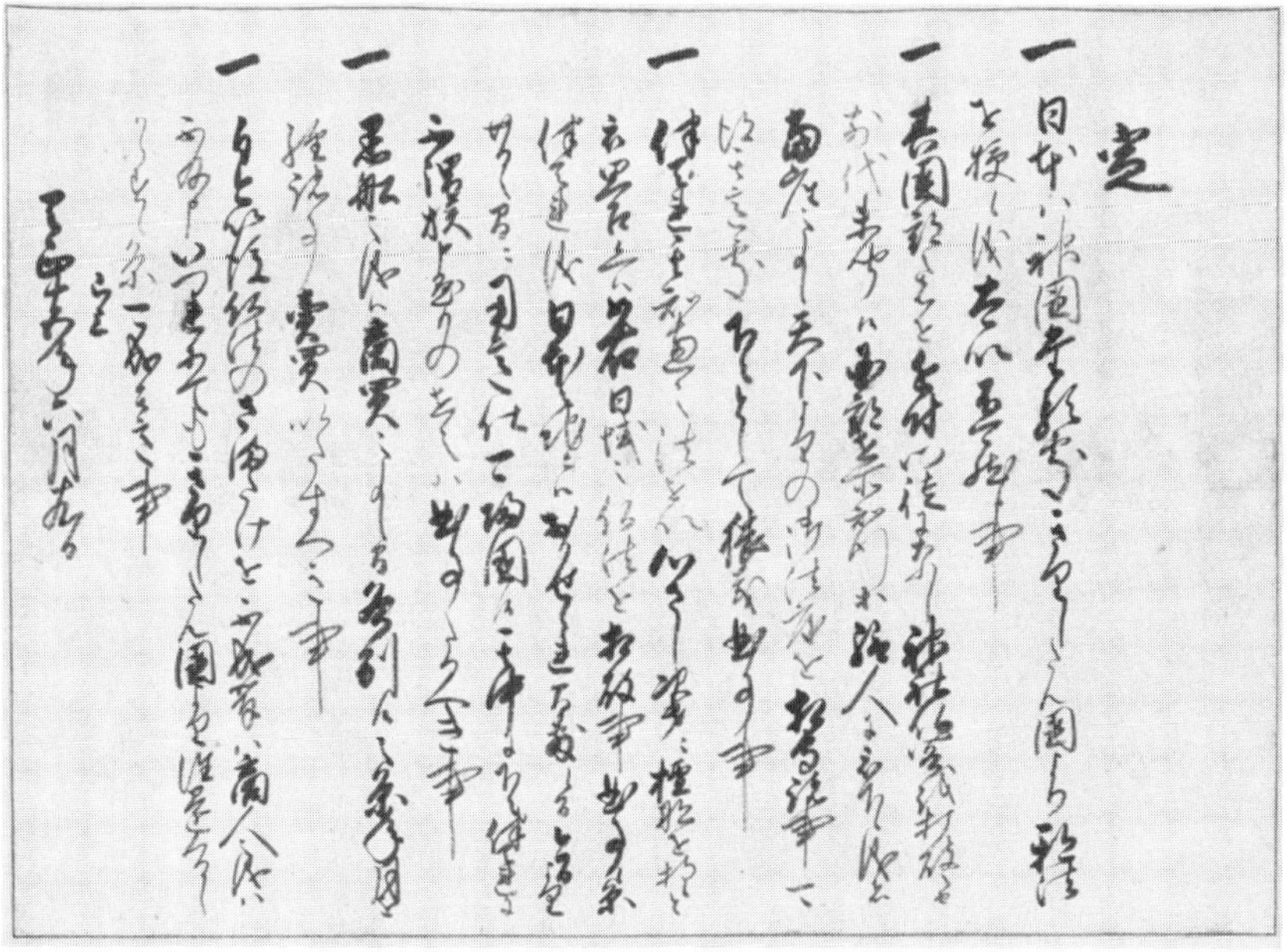

写真1　キリシタン禁制定書（松浦史料博物館蔵）

としている。四条・五条目で秀吉はキリシタン宗門（宣教師）と商売目的の貿易船を区別しようとした（教商分離）。これら条文の本質的な解釈としては、確定しうる統一見解を見出せていないようだが、松浦史料博物館が所蔵する「キリシタン禁制定書」（松浦家文書）が原本として知られる(4)。

　この伴天連追放令は、すべてのキリシタンを追放しようとしたものではなく、あくまでも布教（宣教）することを禁じたものであって信仰することまでには言及していないのが特徴である。また、貿易船に限って往来を認めていることは、貿易と布教を表裏一

（4）　安野眞幸『バテレン追放令』（日本エディタースクール出版部、一九八九年）一〇八〜一二七頁。なお、キリシタン禁制定書は、西南学院大学博物館秋季特別展『開館五周年記念特別展　海を渡ったキリスト教—東西信仰の諸相』（二〇一〇年十一月二日〜十二月十一日）で借用展示し、図録にも採録している。

体で来航していた南蛮船にとって苦渋な決断を迫るものだった。伴天連追放令の法令としての効力の問題はさておき、一五四九（天文十八）年のザビエル来航以来、受け入れられてきたキリスト教を、はじめて禁止する法令が博多筥崎の地で出されたのであった。

3　黒田家とキリスト教

福岡の領主として知られる黒田家であるが、黒田長政が一六〇〇（慶長五）年に筑前国五十二万石を拝領し、福岡を治めるようになったことが福岡黒田家のはじまりである。この黒田長政もそもそもはキリシタンであり、これを勧めたのが父、黒田官兵衛（孝高・如水）である。

播磨国の黒田官兵衛は、小西行長や摂津国高槻城主の高山右近らの勧めもあって、キリスト教を信心するようになり、一五八三（天正十一）年にドン・シメオンという洗礼名を授かっている。領民や家臣にも改宗をすすめ、自らも「Simeon josui」というローマ字印を使用していた。

さらに、黒田官兵衛は息子長政と官兵衛の弟の直之にキリスト教を勧めている。キリスト教改宗にあたって、官兵衛は決して強制したわけではなかったとされる。フロイス著『日本史』のなかの次の言葉はよく知られる。[5]

そなたが予を父と思い、とりわけ何事かにおいて予を喜ばせようと欲するならば、そなた、ただちにキリシタンの説教を聴いてもらいたい。だがそなたがキリシタンにな

（5）ルイス・フロイス著、松田毅一・川崎桃太訳『完訳フロイス日本史11』中央公論新社、二〇〇八年　六十～六二頁

ることを強制しようとは思っていない。それは、我らの主なるデウス様が、そなたに与え給うはずの御恵みと、聴聞した教えについての理解のほどにまつべきことだからである。

その結果、一五八七（天正十五）年に、二人は豊前国中津で洗礼をうけている。この地は官兵衛の領地であり、この前年には教会が建立されていた。黒田長政は〝ダミアン〟、直之は〝ミゲル〟という洗礼名をうけ、特に直之はかたくななまでにキリスト教を信仰する。

一五八六（天正十四）年、大友宗麟は島津家久からの侵攻をうけ宣教師を山口へ避難させようとしたとき、黒田官兵衛が斡旋してイエズス会員らを海路で避難させている。秀吉の周りには、黒田官兵衛以外に多くのキリシタンがいた。九州に知行地をもっていたものでも、小西行長（宇土）、毛利高政（豊後日田・佐伯）、寺沢広高（肥前唐津）などである。

しかし、一五八七（天正十五）年、豊臣秀吉が伴天連追放令を発布するにともない、各領主は対応に追われることになる。高山右近は固辞してこれを受け入れなかったが、黒田官兵衛は表向きすぐにこれを受諾して棄教したとされる。しかし、実際には信仰を捨てず、小西行長とともに宣教師の後ろ盾となっている。[6] 小西行長の旧臣を自分の家臣に取り立てたり、官兵衛の死後は教会に寄付していることも知られている。[7]

また、黒田長政も父官兵衛に従うかたちで棄教し、秋月城代となっていた黒田直之にも棄教勧告をしている。黒田長政は秀吉に恭順の姿勢を示したのであるが、ついには、秀吉の一五九二（文禄元）年の朝鮮出兵にあたって黒田家も出兵するなど、秀吉との関係性を強めていった。のちの徳川家との関係を考えても、政治的かけひきの強さを黒田家はもっ

（6） 五野井隆史『日本キリシタン史の研究』一七二～一七三頁。

（7） 安高啓明「キリシタンとしての官兵衛」（姫路文学館編『黒田官兵衛の魅力』姫路文学館、二〇一二年）。

ていたといえる。

4　秋月のキリシタン

福岡県中南部に位置する朝倉市には、旧城下町であり、〝筑前の小京都〟とも呼ばれる秋月という地区がある。秋月には、多くのキリシタンがいて、この頃の面影のある史跡は今日にも残されている。

一六〇〇（慶長五）年、関ヶ原の戦いなどでの功により、黒田長政は徳川家康から筑前五十二万石を与えられる。これをうけて福岡城の築城に着手し、福岡城を拠点とした城下町を形成していった。翌年には黒田官兵衛の弟にあたる黒田惣右衛門直之が秋月一万二千石を拝領するが、ここがのちにキリシタンの一拠点として定着することになる。黒田直之は一五八七（天正十五）年に長政と洗礼を受けると、その妻である由良新六郎娘（洗礼名マリア）や、子どもたちも授洗させるなど熱心なキリシタンだった。

これ以前に、秋月には、一五八二（天正十）年に博多商人末次興善（洗礼名コスメ、末次家はのちの長崎代官）の屋敷に教会が建てられるなどキリスト教と縁の深い土地柄だった。この当時の支配者、秋月種実がアルメイダ神父に布教を許可したことからキリスト教と接点があり、教会ができた頃には、秋月領には約七〇〇人のキリシタンがいたといわれる。

一六〇四（慶長九）年には、秋月にレジデンシア（司祭が居住する「司祭館」）がイエズス会のガブリエル・デ・マトス神父と日本人修道士ジョアン・ヤマによって創設される。この土地は黒田直之が提供したもので、ここに多くのキリシタンたちが集まった[8]。

さきのマトス神父は自身の回想録（一六〇五（慶長十）年）のなかで、秋月近辺の町や郡部において三〇〇〇人以上のひとが洗礼を受けたとし、日によっては百人以上のひとが洗礼を受ける日もあったと記している。また、これから二〜三年後には、「甘木に立派な教会と神父の住院を、さらにもう一つを、城下町はずれの隣接した村である上秋月に造った。秋月へは一年の主な祝日、特に聖週間のとき、筑前、筑後、豊後などからも四〜五千人ものキリシタンが集まり、大きな信心をもって祝日を祝った」と記している。

このようにキリスト教関係施設が創設されると、その周辺にも拠点が拡大していくことになる。近隣に住むキリシタンの受け入れ体制を整えるためにこうした施設が造られたのであった。甘木のレジデンシアには、フランシスコ・エウジェニオ神父と日本人のマティアス三箇修道士が常駐していた。

熱心な信者であった黒田直之は一六〇九（慶長十四）年に京都で死去し、彼の遺体は遺言により秋月へ運ばれ、ここでミサがおこなわれた。直之から家督を継いだ嫡男の直基（洗礼名パウロ）も信仰心に篤い人物だった。直基は直之の知行地を引き継ぐ条件として、長政から棄教することを条件とされるが、これを拒否する。長政は結局、知行高を減じたうえで直基の知行を認めるが、一六一一（慶長十六）年の直基の死をうけて、秋月の所領を没収する。これにより、秋月のキリシタンの多くが他国へ移り、神父も甘木のレジデンシアに移ることとなった。

その後、長政は一六二三（元和九）年に自身の三男である長興を秋月へ送る。これにともない長興は秋月藩五万石を支配することとなり、キリシタンとの関係は事実上ここで絶

（8）H．チースリク著・高祖敏明監修『秋月のキリシタン』（教文館、二〇〇〇年）。

たれることになった。

5 福岡における宗門改

キリスト教が禁止されるにともない、全国的に厳しい弾圧が展開されることになるが、その象徴的なものが宗門改であろう。宗門改は、キリシタンではないことを立証する手段としておこなわれたものであるが、この代表的な手法が絵踏である。絵踏とはキリシタンに関係する図像を踏ませることによって、キリシタンではないことを証明するものである。

この時使われるのが踏絵であり、これは長崎奉行所で管理されていた。そのため、絵踏をするときは、長崎奉行所まで踏絵を借用に来なくてはならない藩や地域があった。例えば豊後日出藩、中津藩、岡藩をはじめ、五島藩、平戸藩、島原藩、天草などでは長崎奉行所から踏絵を借用して絵踏している。一方、福岡藩、秋月藩、柳河藩、三池藩、小倉藩、唐津藩、熊本藩などは長崎奉行所から踏絵を借りず、なかでも小倉藩や熊本藩では独自の踏絵を使っていたといわれる。(9)

福岡の宗門改の実態は十分調査されているとはいえず、未解明なところが多い。そこで、宗門改の実態を確実に示すものを観世音寺領（現在の太宰府市）の事例でみておきたい。一八二七（文政十）年の「宗旨改書物」（観世音寺蔵）によれば、観世音寺公文所琳翁から延寿王院に宛てられた三ヶ条には次の記載がみられる。

①常々からの宗門改の法度の通り、家内の男女すべてを怠ることなく調べた結果、キリ

（9） 片岡弥吉『踏絵　禁教の歴史』（NHKブックス　一九六九年）。

シタンはいなかった。②家内の男女をはじめ下々の人まで改め、また死人があったときは檀那寺の僧に死骸をみせて確認し、掟の通り厳守している。③三月に宗門改をおこない、家内の宗旨を改め、拙僧（琳翁）の書物や帳面で見届けさせている。三月以降に人の往来があったならば、宗門改をして檀那寺の証拠をとって誓詞判形させるとある。

また、僧自らの家内にも宗門改は実施されている。一八五五（安政二）年「仕上書物之事」（観世音寺蔵）によれば、観世音寺公文所琳翁から延寿王院へ次のことが伝えられている。

①拙僧の妻子ともにキリシタンではございません。当然、ころびキリシタンでもなく、宗旨が禅宗の「当郡宰府威徳寺」（威徳寺は現在の光明寺）が檀那寺で間違いありません。妻子には私の前で誓紙に判形させたので、キリシタン宗門ではないことに間違いございません。②私の召使の下人下女などは以前からの通り、「観世音寺村宗旨帳」に記載し、誓紙判形、そして檀那寺の証拠を見届けています。そして家内に出入りがあれば、宗旨を念入りに調べ、そのうえで必ず届け出ます。③他国他郷から親類縁者などが来たならば、宗旨を改め、不審なことがあり次第すぐに申し上げます。そのまま居住するものがあったならば、郡奉行に届け、指図に従いますとしている。

琳翁から延寿王院に提出されたこの文書は、さらに延寿王院から宗旨奉行に届けられている。延寿王院は宗旨奉行に届けるにあたって、琳翁は一七九〇（寛政二）年から支配を仰せ付けられていることや宗門改に間違いないということ。もし宗門に不審なことがあったならば、自分の過失であるとも記している。これらのことから幕府の宗門改は、領民ばかりでなく、僧自らの家族にまでおこなわせるなど、徹底されていたことがわかる。[10]

また、福岡県北東部の苅田地区でも宗門改の事例を確認できる。一八五九（安政七）年

（10）高倉洋彰・安高啓明「禁教の歴史と福岡のキリスト教」（甘木歴史資料館編『温古』第四十九号、二〇一〇年）。

の三月十二日から莿田で宗門改がおこなわれており、また、ここでかかった費用の授受も確認することができる。[11] 先の観世音寺の事例とあわせてわかるように、福岡領内では三月に宗門改がおこなわれていることがわかる。

(11)『かんだ古文書調査報告書第九集　安政七年申年公私諸用日記』(莿田町、二〇〇九年)十二~十四頁。

6　かくれ信仰とキリシタン遺産

江戸幕府による厳しい弾圧下でも密かに信仰を守り続けているものたちがいた。彼らを〝潜伏キリシタン〟というが、なかには信仰が許されてからも従来の〝潜伏〟を維持した人たちもおり、そのひとたちを〝かくれキリシタン〟という。長崎では、生月や外海、五島などで潜伏キリシタンの存在は知られているが、福岡では現在の大刀洗町大字今村に潜伏キリシタンの集落があった。

彼らは「殉教者ジョアン又右衛門」(ゼーアン様・リアン平田又右衛門)を崇拝していた。今村地区では不完全ながらも教会暦が伝えられ、タブーの日も決めていたようである。また、ゼーアンの命日としてゼゾウスマリアを唱えて献花や線香を絶やさなかったとされる。[12]

一八六五(慶応元)年三月十七日、長崎ではプチジャン神父のもとにイザベリナ杉本ゆりがあらわれ、信仰の告白をする〝信徒発見〟がおこった。これをうけて、各地でキリスト教復活の動きが生じ、浦上キリシタンたちによる潜伏キリシタンの捜索がおこなわれる。そこで、今村の存在を知るところとなり、一八六七(慶応三)年には今村の平田弥吉が大

(12) 宮崎賢太郎『カクレキリシタン』(長崎新聞社、二〇〇三年)四十~四十一頁。

浦天主堂で洗礼をうけ、戻るとカトリックの教義を村人に伝えた。その後も浦上キリシタンたちとは連絡を取り合い連携している。

一八七三（明治六）年の高札（キリシタン制札）撤去により、信仰の自由が認められるようになる。これを受け、一八七九（明治十二）年にコール神父が今村に着任する。この二年後、ジョアン又右衛門の墓があった地に木造教会が造られた。

それから長い月日が経ち、一九一三（大正二）年に鉄川与助により現在の教会、今村教会堂（今村カトリック教会）が二年の歳月をかけて完成する。長崎県を中心に数多くの教会建築を手がけた鉄川与助らしい近代赤レンガ建築で、福岡県指定有形文化財となっている。

写真2　今村教会

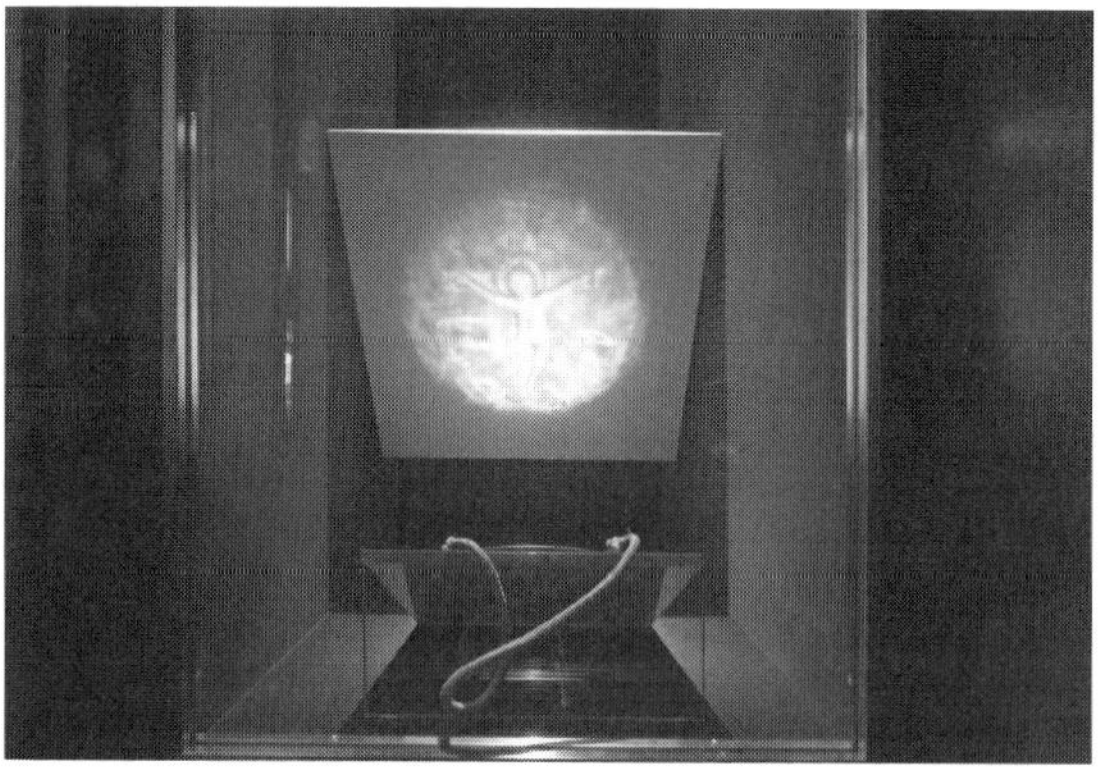
写真4　キリシタン魔鏡（照射図）（西南学院大学博物館蔵）

写真3　マリア観音像（西南学院大学博物館蔵）

六角形の双塔をもつロマネスク様式の建築で、ステンドグラスにはフランス製が使われた。

また、福岡におけるキリシタン活動を示す発掘成果が近年挙げられている。博多からはキリシタンたちが身につけ、信仰の拠り所としていたメダイが出土している。このメダイの表裏には、キリストと聖母マリアが鋳込まれている。また、メダイと十字架の鋳型も出土しており、博多のキリシタン信仰の足跡を知ることができる。

秋月城址からは「罪標付十字架浮文軒丸瓦」（甘木歴史資料館蔵）が出土している。秋月領主、黒田直之は、熱心なキリシタンであったことは前述の通りであるが、秋月城では十字架をあしらった瓦を居城につかっていたのである。また、博多豪商末次平蔵の秋月屋敷から出土した「キリシタン灯籠」（朝倉市指定有形文化財）も残されている。

このほか、福岡県内の博物館などにはキリシタンに関係する資料が展示され、各地のキリシタンの実相を知ることができる。禁教下において表立って信仰できなかったために、中国の観音像をマリアと同一視して拠り所としていたことは周知の通りである。これをマリア観音像（西南学院大学博物館蔵）などというが、当時のキリシタンたちの擬似信仰のあり方を知ることができる。

潜伏キリシタンの創意工夫をみられるものが、西南学院大学博物館蔵の「キリシタン魔鏡」である。キリシタン魔鏡は一見、普通の銅鏡だが、光を照射すると反射面に十字架上のキリストが浮かび上がる。磔刑のキリストの横には聖母マリアがこれを拝んでいる姿もわかる。江戸時代のキリシタン弾圧が厳しさを増すなかで、彼らはこうした信仰を余儀なくされたのである。

以上のように、福岡のキリシタン史については、まだまだ不詳な点が多い。そのため、福岡のキリスト教というと、一般的に馴染み深いとはいえない。しかし、過去を紐解くと、九州の他県とも同じザビエルを起源とするキリスト教史が流れている。

黒田家以前からキリシタンの地として位置付けられた福岡は、のちに伴天連追放令が発布されるなど、まさしく〝光と影〟が交錯した町である。キリスト教禁教政策を象徴する歴史資料も残されているとともに、密かに信仰を守っていたゆえに今村教会のような近代建築物ものちに造られている。少ないながらもかつてはキリスト教文化圏であった過去をもつ福岡に、今一度違った視点をあててみると新しい発見が生まれるだろう。

column

紙踏絵をご存知ですか

高倉洋彰

江戸時代の九州地方でキリシタン禁制策として絵踏みが行われたことはよく知られている。ことに寛文九（一六六九）年に長崎奉行所が作成し、九州の諸藩に貸し出していた真鍮製踏絵は著名だが、それ以前には木製や紙製の踏絵もあった。というか、最初は絵踏みに紙製の踏絵を用いていたが破れやすく、やがて木製、そして真鍮製へと変化している。さらに長崎奉行所が貸し出した真鍮製踏絵とは別に肥後熊本藩では江戸時代を通じて紙踏絵が用いられ、幕末にいたっても三枚残っていたことが記録されている。

現在、確認した限りで西南学院大学博物館所蔵の五点をはじめ、各地の博物館に四一点の紙踏絵が保管されている。十字架にキリストの頭部をあしらったキリスト像版とマリア観音像版の二種類があるが、両者には共通する部分が多い。写真はキリスト像版の例であるが、①をみると福岡藩主黒田家の家紋朱印、さらに後のものであるが「大日本筑前国上座郡志波村里城」云々および「扇城吟社之章」の朱印が捺されている。②にも黒田家家紋の朱印が押され、加えて「黒田家之定」の黒印が捺されている。江戸時代であれば右から書かれるはずの文字が左から書かれているところにいかがわしさがある。何よりも福岡藩が紙踏絵を用いたとする記録がなく、福岡藩のキリシタン政策を考える上で重要な資料であると考え、点検してみることにした。

四一点の紙踏絵のうち二六点は熊本県天草地方にある。いかにも紙踏絵を用いていた肥後熊本藩の地らしいが、天草地方は江戸時代の大部分の期間にあって天領であり、長崎奉行所の管轄下にあったから、熊本藩ではなかった。さらに二六点中の七点に「黒田家之定」印が捺され、家紋を捺すものは一四点もある。福岡藩内の地名を書き込んだものも五例ある。福岡藩内なら理解できるが、真鍮製踏絵で絵踏みを行っていた天領天草だから不

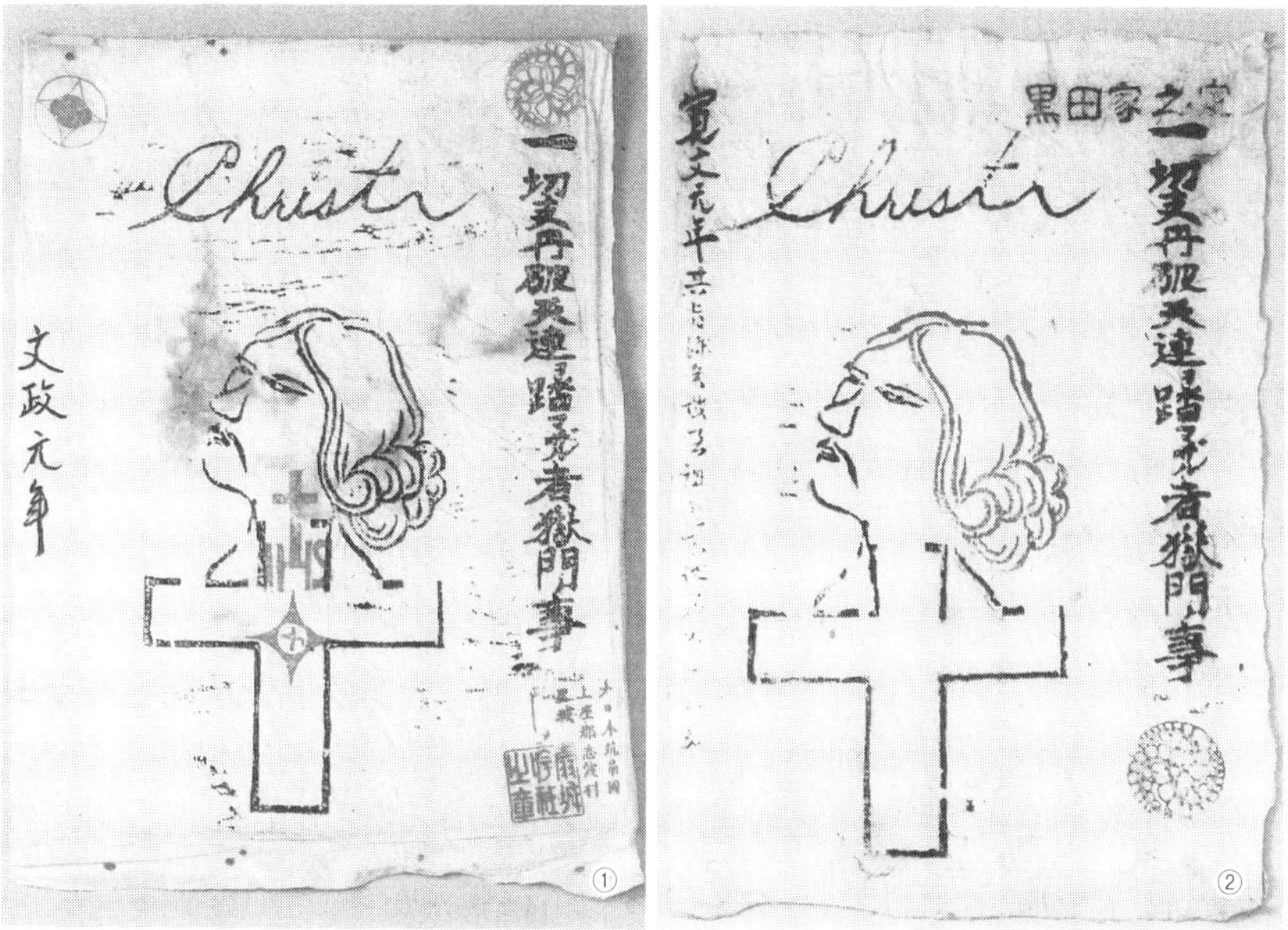

紙踏絵（西南学院大学博物館所蔵）

可思議なことである。さらに現在の福岡県朝倉市志波を意味する「筑前国上座郡志波村」云々印や、一八九八年に現在の大分県中津市で漢詩壇振興を目指して創設された「扇城吟社」の印を捺したものがそれぞれ三点あるが、これも理解できない。

これらの紙踏絵は各地の博物館に所蔵されているが、その来歴の明らかな例を調べると、すべて骨董商や古書店から購入されている。一六五〇年から一八三五年まで約二〇〇年間の時間幅の中に例があるが、刷りはまったく変わっていない。四つ折りにして保存されていたことも共通するが、あるところで骨董商がリヤカーに積んで紙踏絵を売りに来たので記念に買ったが、四つ折りにしたものが何枚もあったと教えていただいたことに関連するように思う。

これらを検討した結果、現在知られている紙踏絵はすべて本物ではないと考えている。では偽物かというと、偽物には違いはないが、長崎県平戸市生月町博物館・島の館所蔵例や熊本県天草キリシタン館保管例のように実物をモデルとしたレプリカ的な資料である可能性を持っているものがあるから、真物版が確認されるまでの間は単なる偽造品としてではなく参考資料として展示その他に使われても良いのではないかと考えている。

近代化する福岡市におけるキリスト教文化

塩野和夫

はじめに

明治新政府は近代化を推進した。その結果、日本社会は明治期に多様な文化的変革を経験する[1]。ところで、日本社会の近代化は欧米の社会制度と文化の受容を内容とした。欧米各国においてキリスト教は文化や社会制度の根底にあり、両者は密接に結びついていた。

(1)　アメリカンボード宣教師のJ．D．ディヴィスは日本に到着した一八七一(明治四)年一二月一日から一年間の出来事を分析し、「身分制度の撤廃・鉄道の開通・混浴の禁止・教育体系の計画・太陽暦の採用」などを挙げ、「その一年間はこの国における大きな変化の年でした」と総括している。(塩野和夫『禁教国日本の報道』一八五―一八八頁)

したがって、近代化される日本社会を宣教師は伝道活動に好ましい場と考え、[2] キリスト教禁止を告知する高札が撤去された一八七三（明治六）年二月以降、キリスト教活動を活性化した。ところがその頃、宣教師が福岡・博多に足を運ぶことはなかった。九州有数の都市でありながら、明治初期における政治的混乱のため敬遠されたからである。ようやく福岡・博多でキリスト教活動が認められるのは、一八八〇年代に入る頃である。それ以来、近代化されていった福岡市においてキリスト教文化は何であったのか。明治期・大正期で検証する。

（2） 江戸幕府はアメリカ・オランダ・ロシア・イギリス・フランスと調印した修好通商条約によって、一八五九年以降条約締結国住民が居住できる居留地を開港地に設けていた。各国の海外宣教団体は神奈川（横浜）・長崎・函館などの居留地に次々と宣教師を送り、宣教活動再開の時に備えていた。

1　変革に遅れた福岡・博多とキリスト教文化——明治前期——

幕末から明治初期の福岡・博多はどのような町であったのか。第十一代福岡藩主黒田長溥は開明的君主であった。しかし、藩内にくすぶっていた保守派と勤皇派の対立が激化したので、一八六五年黒田は保守派の立場を鮮明にして勤皇派を大量に検挙した。ところが、その二年後に徳川慶喜は大政を朝廷に奉還し、一八六八（明治元）年には明治新政府が成立した。黒田藩の目論見は外れ、久野将監ら三家老は自害した。一八六九年に家督を継ぎ福岡藩初代知事となった黒田長知が直面した課題は財政問題である。窮乏していた藩の財政に戊辰戦争への出兵が追い打ちをかけた。この事態を太政官札の贋札製造で乗り越えようとしたが、これが政府の知るところとなった。一八七一（明治四）年七月に下された処分は藩首脳五名の斬刑、知事黒田長知の罷免・閉門である。明治維新の変革に乗り遅れた福岡藩の士族・民衆には新政府に対する不平不満が鬱積した。一八七三年六月に一揆をおこしたのは農民である。筑前竹槍一揆には県下から一〇万人といわれる参加者があった。一八七七（明治一〇）年三月に西郷隆盛に呼応したのが福岡士族である。[3]彼らは東部隊と西部隊に分かれたが、蜂起の動きを察知した政府軍によって東部隊のほとんどが捕縛された。西部隊は福岡城を攻撃したが敗退し、秋月で壊滅した。五月に首謀者の五名は死刑、関係者四〇〇名あまりが懲役刑などを受け、福岡の変は終結した。

福岡・博多における海外宣教団体の本格的な活動着手は遅れた。しかしこの間、キリスト教と出会っていた福岡県人がいる。まず、二川一騰（一八四五／四八―一九三〇／三四）である。福岡県大入村（糸島市）で浄土真宗の家に生まれた彼は、反キリスト教思想に共鳴して長崎へ向かう。一年半ほどパリ外国宣教会のB・T・プティジャンからカトリック教理を学んだ後に、イギリス領事館に務める。そこでイギリス教会宣教会のG・エンソル（生年不詳―一九一二）と出会い、彼の日本語教師となる。エンソルは聖書やキリスト教書を教えたので、二川はキリスト教信仰を持つ。当時は禁教下であったが、一八六九（明治二）年一一月にエンソル宅の一室で洗礼を受けた。ところが、受洗は官憲に知られ一八七〇年三月に捕縛されて各地の留置場に送られ、きびしい詮議を受けた。しかし、彼は信仰を捨てず、一八七三（明治六）年に釈放された。

福岡の変で政府軍に捕縛された多くの青年がいた。那珂郡春吉村（博多区春吉）の長瀬半次郎もその一人であった。越智彦四郎の指揮下にいた長瀬は捕えられ、臨時裁判で一八七七（明治一〇）年五月一日に「兵器ヲ弄シ官兵ニ抗スルトガ科」を問われ懲役二年の刑を言い渡される。[4]三六名の受刑者が服役したのは宇治野村監獄（神戸市中央区）で

（3）越智彦四郎・武部小四郎が指導した。

（4）「五月一日付　九州臨時裁判御処刑前号ノ続」（『筑紫新聞』第十六号、明治十年五月十日、三―七頁）

一〇名が病死する。その頃、アメリカンボードの宣教師や神戸英和女学校（神戸女学院）関係者が服役者を慰問しキリスト教を伝えていた。キリスト教に出会った服役者にはキリスト教を求める者もいた。長瀬もその一人であったが、残された時はあまりにも短かった。一八七八年一一月二五日に刑期を半年残して二九歳の生涯を閉じた。キリスト教を受け入れ安らかに死に向かった長瀬半次郎の姿は仲間を深く感動させた。

福岡でキリスト教活動が一八七八年一二月一日から三日にかけて行われたことを『七一雑報』は伝えている。(5) 記事によると、福岡にキリスト教関係者を招く人々がいた。その一人、漸強義塾を師範した高場乱（一八三一—九一）はキリスト教を学ぶ意志も持っていた。招きに応えたのはアメリカンボードの宣教師J・L・アッキンソン（一八四二—一九〇六）とJ・C・ベリー（一八四七—一九三六）、彼らを案内した山田良斉である。活動内容は講義と診察であった。講義については、「一二月一日高木氏の斡旋によって講義す聴衆二十五人」、「二日向陽義塾にて説教す聴衆四百人余」、「（三日）十二時よりこの塾（漸強義塾）にて説教す聴衆三百人」と報告されている。診察を受けた者は六〇名余りである。

神戸の宇治野村監獄で服役していた大神範造・安永壽は、長瀬半次郎の安らかな死に感動し福岡でのキリスト教会設立への願いを強くした。それを知った新島襄は英学校の設立を勧める。一八七九（明治一二）年九月刑期を終え福岡に帰った大神・安永は英学校設立のため奔走する。しかし夢はかなわず、同年一二月に日本基督伝道会社（組合教会の前身）から不破唯次郎（一八五七—一九一九）伝道師を迎える。不破は当初早良郡原村（早良区原）に住むが、一八八〇年三月に福岡本町六番地（中央区舞鶴）に移り講義所を開設した。一八八一年三月に福岡橋口町四六番地（中央区天神）に移転、一八八五（明治一八）年六月

(5)「筑前福岡並に三巡行記」（『七一雑報』明治一二年一月三日、五頁）

写真1　近代福岡で最初の定住伝道者　不破唯次郎（共愛学園百年史編纂委員会編『共愛学園百年史』口絵より）

には福岡呉服町二一番地（中央区大名）に新会堂を建設して、献堂式と教会設立式を行った。福岡組合基督教会（日本基督教団　福岡警固教会）である。

　アメリカ・メソヂスト監督教会宣教師のC・S・ロング（一八五〇―九〇）は、一八八〇（明治一三）年の来日以来長崎を拠点に活動していた。一八八四年一〇月三〇日にロングは谷川素雅を伴い博多津に上陸する。翌日、仮会堂として福岡呉服町八番地（中央区舞鶴）に、英学校として福岡浜町一〇番地（中央区舞鶴）に借家する。一一月二日に浜町で、一二月七日には呉服町の仮会堂で礼拝をおこなった。福岡美以美教会（日本基督教団　福岡中部教会）である。谷川は一八八五年一月に英学校羔血義塾を浜町に開設し、竹内磯雄（安部磯雄）を教師とした。長崎にいたロングは活水女学校のJ・M・ギール（一八四六―一九一〇）に福岡での女学校開設を依頼した。ギールは五月一八日に呉服町の仮会堂に女子学校を仮設して生徒を募集し、二四日に福岡因場町三一番地（中央区天神）に移転した。福岡英和女学校（福岡女学院）の創立である。

　イギリス教会宣教会（CMS）は、一八六九（明治二）年にアメリカ監督教会宣教会の長崎におけるキリスト教活動を継承した。その後、熊本・佐賀・鹿児島に活動を広げている。CMS宣教師A・ハッチンソン（一八四一―一九一八）が来日し、長崎での活動に従事したのは一八八二（明治一五）年である。ハッチンソンは一八八五年に福岡で伝道活動を始めるため、津田応介を伴って福岡に転任している。彼らは一八八六年に福岡荒戸一丁目（中央区荒戸）に講義所を設け、その後福岡橋口町（中央区天神）に移転する。一八九一（明治二四）年には福岡須崎裏町（中央区天神）に購入した土地に会堂を建築している。日本聖公会福岡アルパ教会（日本聖公会　福岡教会と日本基督教団　福岡城東橋教会）である。

カトリックではパリ外国宣教会が日本宣教を担当した。明治新政府は禁教政策を続け、キリシタンの流罪処分を継続し拡大した。そのため、長崎におけるパリ外国宣教会の活動は配流された信徒への対策と近隣地域のカクレキリシタン捜索が中心となった。神父Ｅ・ラゲー（一八五四―一九二九）が助手一人と伝道士二人を伴って福岡へ派遣されたのは一八八七（明治二〇）年である。福岡では橋口町（中央区天神）あたりに借家して教会とし、宣教活動を始めた。現在の大名町カトリック教会である。活動は主に各地で開いた講演会であった。

明治前期のキリスト教活動にはいくつかの特色がある。まず地域である。講義所が設置された本町・橋口町・荒戸町・須崎裏・呉服町・浜町・下名島町はすべて福岡にあり、原は福岡近郊の村であった。次いで福岡にキリスト教宣教者を招く人々がいた事実である。顕著な事例は組合基督教会である。宇治野村監獄で長瀬の死に感動を受けた大神・安永たちは福岡に帰ると、キリスト教を故郷に伝えるために奔走し不破伝道師を招いた。さらに、早くから教育活動に着手し、キリスト教宣教に教育活動の場を与えた特色である。典型はメソヂスト教会で、彼らは博多津に上陸すると早速仮会堂と英学校のための家を借りている。

2 近代化する福岡とキリスト教――明治期後期――

一八八九（明治二二）年四月一日に市制の実施により、福岡区は福岡市になった。福岡市の成立である。その時の人口は四万七六二七人であり、地域別の内訳は福岡が二万四一〇人、博多が二万五六七六人、その他が一五七〇人であった。[6]明治前期に福岡の近代化は、政治的混乱はあったが、着実に進んでいた。郵政制度の実施により、一八七一年に福岡簀子町（中央区大手門）に郵便取扱所が設けられた。福岡・博多の町に人力車が流行したのは、一八七二年である。学制の実施により、一八七三年に福岡・博多には小学校が一〇校（当仁・大名・橋口・薬院・荒戸・西街・冷泉・晴吉・住吉・堅粕）開校され、変則中学校も設立された。[7]一八七六（明治九）年には天神に県庁が建設され、城内から移転している。明治後期に近代化がさらに進められ、北部九州における政治・経済・交通・教育の中核都市としての輪郭を現わしている。一八八八（明治二一）年設立の九州鉄道会社（JR九州）は一八九〇年に博多―久留米間で鉄道を開通させると、一九〇九（明治四二）年には博多―鹿児島間を開通させた。福博電車が市内に路面電車を走らせたのは一九一〇年である。京都帝国大学福岡医科大学が一九〇四（明治三六）年に設立され、一九一〇年には工科大学と合わせて九州帝国大学（九州大学）を創立している。

明治後期に入ると福岡・博多の町に参入した教派が加わり、さらに広範な活動を展開した。アメリカ南部バプテスト外国伝道局（SBC）の後藤六雄（一八六〇―一九二八）が福

（6）福岡市役所編『福岡市史　第一巻明治編』一五四四頁

（7）読売新聞社西部本社編『福岡百年史（上）』一五〇頁

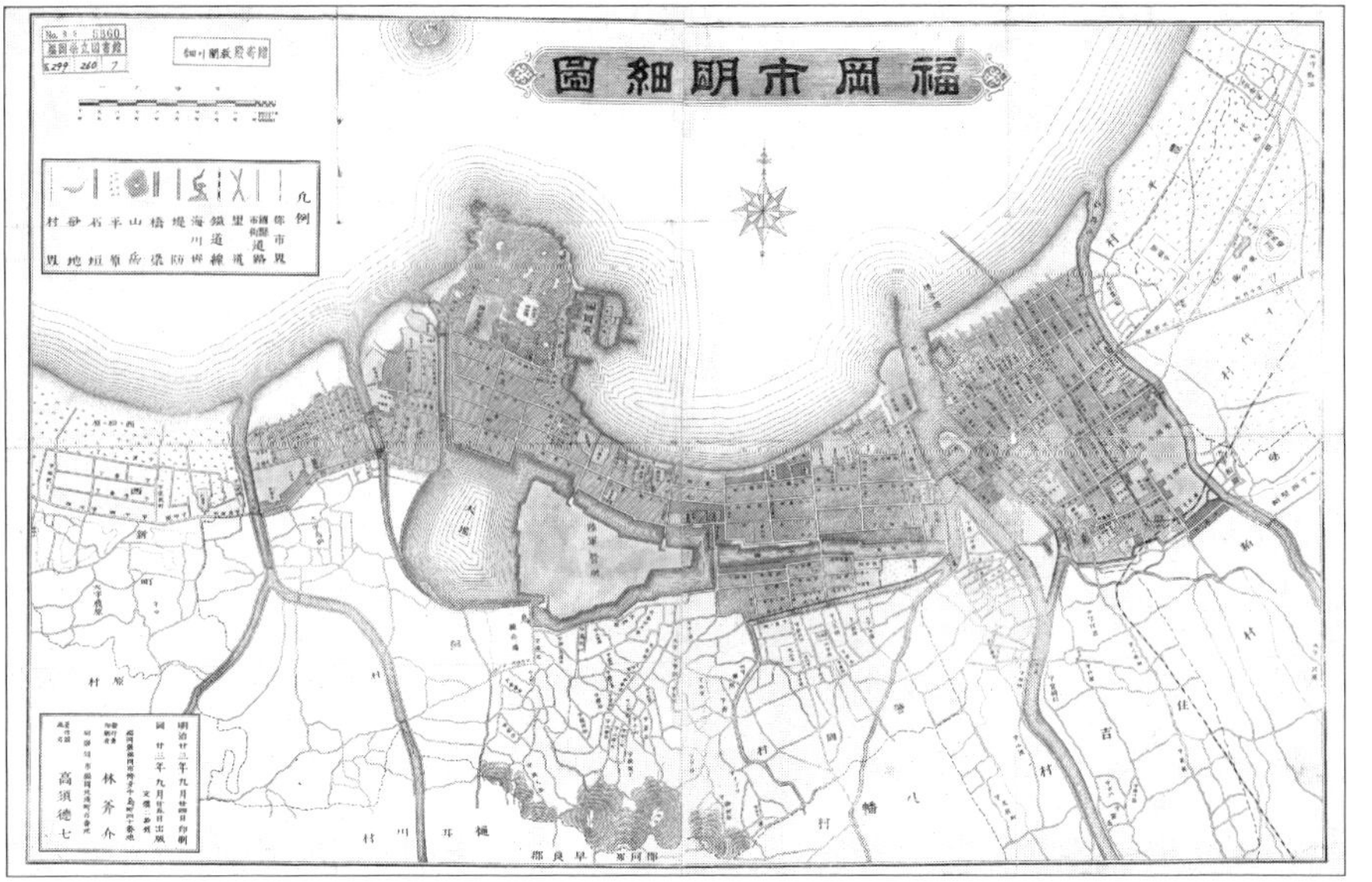

図1　市制実施当時の福岡市街図（福岡県立図書館蔵）

岡への出張伝道を始めたのは一八九二（明治二五）年四月で、講義所は簀子町に設けられた。一八九四年四月にはSBC宣教師のE・N・ウァーン（一八六七―一九三六）が福岡に定住し、川勝勝弥や守屋トメがウァーンに協力した。同年、SBC宣教師N・メーナルドも来日しウァーンに協力した。さらに一八九五年一月に菅野半次が簀子町講義所で、同年一一月には後藤六雄が西職人町の講義所で活動を始めた。佐藤喜太郎もこの頃、福岡市本町（中央区舞鶴）に講義所を設けている。このようにして一時期、バプテスト派は市内各地で活動を展開した。しかし、一八九五年にはN・メーナルドがSBC宣教師J・

M・マッコーラム（一八六四―一九一〇）と入れ替わって福岡を去り、翌年にはヴァーンと菅野が福岡を去った。一八九七年には後藤が去っている。福岡に留まった佐藤は一九〇一（明治三四）年一月に簀子町一〇番地の家屋を購入して伝道所とし、同年一〇月に福岡浸礼教会（日本バプテスト連盟　福岡教会）を組織した。一九〇三年一〇月、大名町に住んでいたマッコーラムは自宅に神学塾を開設している。

日本基督教会（改革長老派）は、一八九一（明治二四）年に鎮西中会を設置し九州全域を管轄した。早くも一八九二年に柳川教会の笹尾が毎月一回くらい福岡・博多に出張し伝道した。[8]一八九三年二月には久留米教会の逸見尚憲が出張伝道を始めたが、彼は同年五月久留米から福岡に転居し定住者として活動する。福岡・博多の二か所に講義所を設け、礼拝・日曜学校・祈祷会・聖書研究会を開いた。一八九五年ころには「福岡博多ノ中央」に講義所を設け、両部でのキリスト教活動を続けた。一八九八年に福岡講義所の担当は坂文一に変わる。一九〇六（明治三九）年には自給独立を目指して福岡基督伝道教会と改称している。一九〇八年に新会堂の献堂式を挙行したが、場所は福岡天神三番地（中央区天神）である。独立教会となり教会名称を日本基督教会福岡教会（日本基督教団　福岡渡辺通教会）と改称したのは、一九一〇年である。

日本福音ルーテル教会が、福岡・博多における出張伝道を始めたのは一九〇二（明治三五）年である。この年、久留米教会員の木内千葉太郎が福岡に転勤したが、木内宅で毎週木曜日に家族的集会と英語聖書研究会を開くことになった。講師として、佐賀教会からアメリカ南部一致ルーテル教会（UL）宣教師のR・B・ピーリー（一八六八―一九三四）が、久留米教会からはアメリカ一致デンマーク・ルーテル教会宣教師のJ・M・T・ウィンテ

（8）　日本基督教会柳川教会編『日本基督教会鎮西中会記録　明治一四（一八八一）年―昭和一八（一九四三）年』新教出版社、五一頁

写真2　福岡での在任が12年に及んだ山内量平（福山猛編『日本福音ルーテル教会史』31頁より）

ル（一八七四―一九七〇）と米村常吉が出張した。一九〇五年に福岡・博多は佐賀教会の管轄になったので、山内量平（一八四八―一九一八）が担当した。山内は大学病院に近い福岡市外千代町に講義所を設け、説教会・英語聖書研究会・大学病院伝道を行った。UL宣教師のC・K・リッパード（一八七一―一九六四）が協力した。山内は一九〇六（明治三九）年に福岡に転居し、福岡市大浜町三丁目（博多区神尾町）を講義所として住み、日本福音路帖博多講義所（日本福音ルーテル博多教会）の看板を掲げた。同年六月に行われた講義所最初の洗礼式には五名の受洗者があったが、全員が大学病院の看護師であった。日曜学校もさかんで、大浜町本校の他に千代町分校と馬出分校を開いていた。一九〇八年にはUL宣教師のL・S・G・ミラー（一八八一―一九七七）が着任し、山内を助けた。

明治後期における特色の一つは困難とされた博多部におけるキリスト教活動である。特に日本福音ルーテル教会は博多部に講義所を設けた。こうして、明治期の福岡・博多の主要地域すべてにおいてキリスト教活動は展開された。

3　拡大する福岡市とキリスト教文化——大正期——

大正期の福岡市に継承された三大課題は、近接地域の併合による市域の拡大・交通網の整備・上水道の整備であった。まず市域の拡大であるが、福岡市は大正期に「警固村（一九一二年、中央区警固）、豊平村の一部（一九一五年、東区馬出近辺）、鳥飼村（一九一九年、城南区鳥飼）、西新町（一九二二年、早良区西新）、住吉町（一九二二年、博多区住吉）、八幡村（一九二六年、中央区・博多区・南区の一部）」を次々と併合している。これらの合併によって福岡市の面積は福岡市成立時の約五倍の二六平方キロ、人口では三倍強の一五万人余となった。交通網の整備も進んだ。福博電車は順次市内における路面電車の軌道を拡張した。九州鉄道（西鉄）は一九二四（大正一三）年に福岡・久留米間の鉄道を開通した。一九二五年には福岡・大阪間で定期飛行便が始まった。市内の主要道路整備が進むにつれて、自動車の利用も増えた。上水道事業の着手に関しては、一九一三（大正二）年に内務省より付設認可が下りた。そこで、一九一七年に水源工務所を設けて事業に着手、一九二三（大正一二）年三月に曲淵貯水池を完成した。同年末の市内への上水給水戸数は七二四五戸であった。大正期に文化都市福岡を形成した主な事業に教育がある。九州帝国大学は一九一九年に農学部、一九二四年に法文学部を設置して総合大学となった。また、一九一六（大正五）年には西南学院が、一九二〇（大正九）年には福岡高等学校と九州歯科医学専門学校が、一九二二年には福岡県立女子専門学校が次々と開校した。教育機関の充実により福岡市は多くの学

写真3　西南学院創立当時の教職員と学生（西南学院学院史企画委員会編『西南学院七十年史　上巻』280頁より、提供：西南学院100周年事業推進室）

生が闊歩し学ぶ街となった。さらに一九一二（大正元）年に九州劇場が設立され、一九一三年には福岡市共用文庫の利用が始まっている。福岡で初めての映画常設館世界館も一九一三年に設立された。一九一七年には福岡記念館と通俗博物館が開館している。

キリスト教は明治期に教育と建築分野で文化的活動を行っていた。それを端緒として広範な文化的活動を大正期に展開した。まず、教育事業である。一八八八（明治二一）年天神町に移転していた福岡英和女学校は、一九一九（大正八）年には南薬院（中央区薬院）に一万二〇〇〇坪の土地を得て移っている。当時の教育課程は「高等普通科五年、英文専門科三年」であり、高等普通科の科目は「修身・国語・英語・歴史地理・数学・理科・図画・家事・裁縫・音楽・体操」[9]であった。一九一九年には福岡女学校と改称し、一九二五年の在校生は二九九名である。バプテスト派は一九一一（明治四四）年に大名町（中央区舞鶴）に福岡バプテスト夜学校を開設し英語や聖書を教えていたが、一九一六（大正七）年男子中学校西南学院を設立した。開設時の生徒数は一〇四名である。なお、西南学院は一九一七（大正八）年に西新（早良区西新）に移転している。幼児教育では博多福音ルーテル教会が一九一三（大正二）年大乗寺前町（博多区上川端町）に南博幼稚園を設立したが、一九一八年に竹若町（博多区冷泉町）に移転した。博多の町にある「洋風の園舎」であった。バプテスト派も一九一四年に舞鶴幼稚園を荒戸町（中央区荒戸）に開設している。博多福音ルーテル教会は一九一八年に英語夜学会を開設したが、当初の入会者は六〇名を数えた。神学教育ではCMS宣教師であるA・リー（一八六八―一九五八）が、一九一五年に福岡の司教宅で始めた教役者養成所がある。当初は私塾的な存在であったが学生数も増えCMSの援助もあって、一九二〇（大正九）年に福岡神学校となった。神学校は福岡アルパ教会内に設けられた。

次に教会建築である。キリスト教は会堂にキリスト教信仰を表現し、信仰生活を営む建築物でもある。そこで、各派は財と知恵を尽くして会堂を建築した。大正期の福岡・博多の町は至る所にキリスト教会堂が建ち、それらは町の新たな装いを示していた。

福岡組合基督教会　一九二九（昭和四）年献堂式　中央区警固二丁目一一―一〇

これが即ち現在の鉄筋コンクリート建会堂であって建築師中村鎮の設計にかかり、田中忠雄がその施行監督の任に当った。[10]

日本メソヂスト福岡教会　一九二五（大正一四）年献堂式　中央区天神

（9）『福岡女学院七十五年史』学校法人福岡女学院発行、一三頁

（10）上原三郎他編『福岡警固教会八十年』九頁

日本聖公会　アルパ教会　一九〇六（明治三九）年献堂式　中央区大名二丁目

道路に沿って赤レンガの土台のある鉄柵があり、会堂は平家であったが床が高く数段の石段を登って玄関になっていた。ガッチリとした構えでさすがに九州の大本山と言った威容を示していた。[11]

大名町カトリック教会　一八九六（明治二九）年献堂式　中央区大名二丁目七―七

洋風赤レンガ造りのこの美しい会堂は、当然市民の注目を引くこととなり、彼らのキリスト教に対する反抗的な気持ちを和らげ、宗教的無関心をただすのに少なからぬ役割を果たすことになった。[12]

写真4　大名町カトリック教会教会堂（1896年献堂式）（大名町教会史編集委員会編『大名町教会百年史　1887～1986』口絵より）

福岡浸礼教会　一九〇八（明治四一）年献堂式　中央区大手前二丁目あたり

日本基督教会　福岡教会　一九三〇（昭和五）年献堂式　中央区渡辺通り四丁目五―一

博多福音ルーテル教会　一九一六（大正五）年献堂式　博多区中呉服町一あたり

この新会堂はイギリス風のハーフティンバースタイルの赤レンガ建築で、教会にはめずらしく立派な築山、池が前庭にあり、徳川時代に築庭された伊藤小左衛門の茶室

(11)『福岡城東橋教会八十年を顧みる』日本基督教団　福岡城東橋教会、五頁

(12) 大名町教会史編集委員会『大名町教会百年史　一八八七―一九八六』六〇頁

の庭がそのまま利用された豪壮なものであった[13]。

最後に教育と建築物以外の文化的活動を概観する。

まず社会的活動として災害にあった地域社会に対する救援活動がある。一九〇九（明治四二）年、「東北地方を襲った大飢饉」に対して福岡浸礼教会の婦人会が立ち上がり、「婦人会員は一斉に総動員して教会関係のみならず殆ど市内の全地域に亘り戸別訪問をなして同情を仰ぎ、尊き結晶たる同情袋七一一袋、同情金十六円五十一銭を被災地に送りだし[14]」ている。一九二三（大正一二）年の関東大震災に際しては、日本メソヂスト福岡教会と博多福音ルーテル教会が救援活動に参加した記録を残している。社会的活動には社会浄化活動もあった。日本メソヂスト福岡教会は一九二四年一〇月に「矯風会廃娼運動に対しても協力し名士を招いて講演会を」開いたが、暴漢二〇数名が乱入し司会者と講師は重傷を負い流会となった[15]。

次に音楽活動がある。キリスト教では礼拝において音楽が重要な役割を果たしている。そこで、教会音楽が発展した。日本メソヂスト福岡教会では一九一三（大正二）年の様々な集会において「スミスは集会毎に集会の音楽指導および独唱を以て奉仕した」。博多福音ルーテル教会では一九二一年に「北支飢饉救済」を目的として「教会主催の慈善音楽会」を開き「純益金三百円を東京基督青年会同盟」へ送っている。さらに料理教室などがある。バプテスト派では週二回、「西洋料理の講習会をはじめた。……約四十―五十名の婦人が集まった[16]」。また、博多福音ルーテル教会は一九二五（大正一四）年に「山陰地方大震災義捐」を目的に「教会婦人会のバザー」を開いている。

大正期の福岡は教育・建築・社会的活動など多彩なキリスト教文化活動が展開された町

（13）　博多ルーテル教会八〇年史編集委員会『博多ルーテル教会八十年史』六七頁
（14）　『日本基督教団　福岡城北教会五十年小史』二一頁
（15）　福岡中部教会百年史編集委員会『日本基督教団　福岡中部教会百年史』八〇―八一頁
（16）　西南学院学院史企画委員会編『西南学院七十年史　上巻』一三七頁

であった。人々は文化を通して日常的に様々な形でキリスト教と出会っていた。キリスト教は根源に宗教的要素を持つ文化においても人々に語りかけていた。

おわりに

日本政府は明治・大正期に近代化を強力に推進した。そのために日本社会は様々な分野で重要な変革を経験した。本稿は近代日本社会に生じていた文化的変革に注目し、それを明治・大正期の福岡とキリスト教文化において考察した。明らかになった一つのことは近代福岡とキリスト教に関する研究史に関してである。それらはほぼ二種類に大別できる。キリスト教教会史とキリスト教学校史である。このような先行研究に対して本稿は明治・大正期の福岡とキリスト教文化全般の概説を目的とした。そのため、個別団体史叙述の持つ限界を越えて広く描写できた。そこで明らかになったのは、近代の福岡・博多においてキリスト教が意外に深く人々の市民生活に浸透していた事実である。

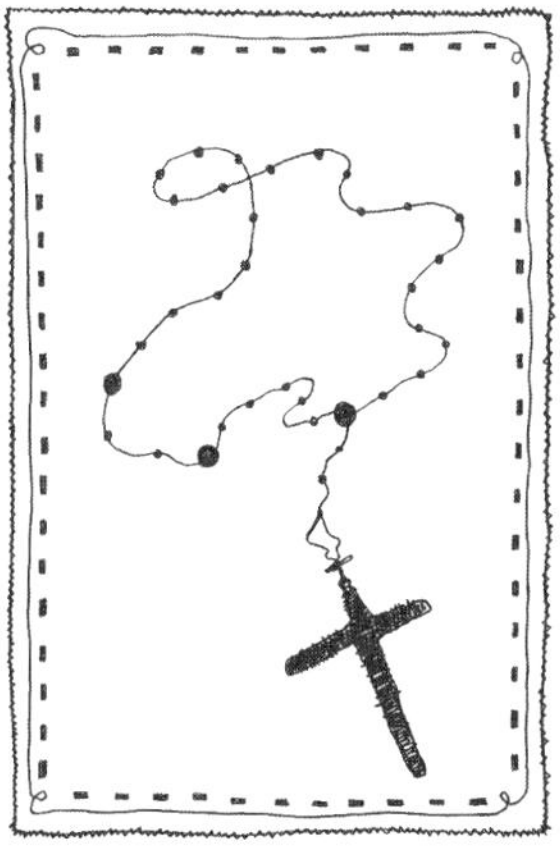

column

住吉神社

吉田扶希子

福岡市博多区住吉にある住吉神社は、大阪住吉大社、下関住吉神社とともに日本三大住吉である。『延喜式神名帳』には「筑前国那珂郡　住吉神社三座　並名神大」とあり、筑前一ノ宮で、「住吉本社」、「日本第一住吉」ともいわれ、最初に住吉神を祭った地という。そもそも住吉神は、伊弉諾尊が黄泉国から戻ったときに「筑紫《つくし》の日向《ひむか》の橘《たちばな》の小戸《おど》の檍原《あおぎはら》」で禊ぎをして生まれた三神である。『古事記』では表筒男命、中筒男命、底筒男命、『日本書紀』では底津少童命、中津少童命、表津少童命と書かれる。「筑紫の日向の橘の小戸の檍原」については諸説あるが、「筑紫」は国号、「日向」は日がよく射す場所、「橘」はその音から福岡市東区香椎宮の神体山立花山、「小戸」は福岡市西区小戸、「檍原」はその音から福岡市博多区半道橋付近の旧青木村、または福岡市西区今宿旧青木村などと、あてはまる具体的な地名をあげて筑前とする。また住吉三神と同時に誕生した「綿津見三神」は福岡市東区志賀島に古代以来祭られている。これらを考え合わせると、博多住吉神社が伊弉諾尊の禊ぎの伝承地であり、住吉発生の地となるわけだ。

記紀には、神功皇后の新羅の役での活躍が記される。いよいよ神功皇后が新羅へ渡海しようとしたとき、住吉神の誨えにより、天神地祇、海、川の神に幣帛を奉り、住吉神の御魂を皇后の御座船にお祭りして、真木の灰を瓢に入れ、箸と皿とをたくさん海に散らし浮かべて渡海する。すると諸神あるいは大小の魚が加勢して皇后の御座船は、風神が起こした順風によって、風波が激しく起こり、その波は新羅を水浸しにして勝利する。つまり住吉神は神功皇后の新羅の役の主祭神であり、神功皇后を戦わずして勝利させ、新羅の帰属を確定し、新羅でも住吉神を祭った。そして対馬・壱岐・博多・長門・摂津と海上交通の要衝に防遏の神として祭られた。その後農業の神、和歌の神とさまざまな神徳を拡げた。しかし後の蒙古合戦（一二七四・一二八一年）以後、武神としてはもとより、国防・外交・貿易・海上交通安全の神として信仰が厚い。博多住吉神社も現在車の往来の激しい町中に建っているが、住吉神社蔵の「博多古図」をみると、海沿いで、博多の玄関口だったことがわかる。

この神功皇后の渡海をお祝いして住吉神社で斎行されるのが、毎年一〇月一二日～一四日に行われる例大祭である。神功皇后がそのお礼に相撲と流鏑馬を奉納したことが始まりという。現在も流鏑馬、そして「相撲祭り」というほど、境内の土俵で相撲会大祭を行う。まず奉納相撲で、二〇一〇年は横綱白鵬が土俵入りをつとめた。そして少年相撲が開催される。

住吉神社

住吉神社では相撲を盛んに行っており、毎年七月三〇日～八月一日の住吉神社夏越大祭では、福岡市相撲連盟と合同で行う。無事育つことを願い、力士に抱えられて「赤ちゃんの土俵入り」がある。

本殿はいわゆる「住吉造り」で、黒田長政が元和元年（一六二三）に再建寄進し、現在国重要文化財である。そして伊勢神宮のように、二五年に一度式年遷宮を行う。『中右記』に一一九二年の御遷宮の記事がある。住吉神社の場合、仮殿にご神体をお移しし、改修完了後本殿にお戻しをする。ちょうど平成二二年（二〇一〇）一〇月一二日に本殿遷座祭、一三日に奉幣祭を斎行した。そして神事の他、一六日に御神幸を行った。前回雨天のため中止となったため、五〇年ぶりであった。Ⓐ中州・春吉コース、Ⓑ住吉・美野島コース、Ⓒ東住吉・春住コースと三コースで、いずれも一一キロの行程を約二時間かけて約三〇〇人で博多の町を練り歩く。奉賛会により紅白の小餅が配られ、町の人も一緒になって祝う祭であった。

祭もさることながら、境内にある能楽殿も市民に親しまれている。昭和一三年（一九三八）に建てられた福岡市有形文化財指定の総檜つくりで、五間の橋掛かりがあり、客席は桟敷である。「西日本有数の名舞台」として、能楽の他、ジャズコンサート、怪談を聞く会などその雰囲気を利用して、さまざまな催しが開催されている。

住吉神社は、山笠の櫛田神社、放生会の筥崎宮と並び、博多を代表する親しまれる神社である。

第4部

福岡副都心・西新の「値」「知」「地」

ユニーク大学博物館

安高啓明

1　大学博物館とは

私たちが住む市町村には、博物館・美術館など文化公共施設がある。ここでは展覧会や講演会など多彩な取り組みがおこなわれている。こうした成果もあり、博物館の活動は県民、市民への知的好奇心を高め、より深い教養を身につけることができるツールとして定着してきている。
一概に博物館といってもその設置者・運営者は、独立行政法人、地方公共団体、財団法人、宗教法人などというように多岐にわたる。一般的に博物館の運営形態が認識されていることは少ないが、これを理解したうえで博物館を訪れると、それぞれの特色があらわれていて面白い。この点でなにより、大学博物館はきわめて明瞭でわかりやすい。

大学博物館は、一九九五（平成七）年六月の文部省学術審議会学術情報資料分科会学術資料部会から報告された「ユニバーシティ・ミュージアムの設置について（中間報告）」をきっかけに学部横断的、かつ総合的な大学博物館の整備が国立大学を中心におこなわれてきた。翌年一月には、学術標本現状と課題、学術標本の保存と活用の在り方、さらにはユニバーサル・ミュージアムの整備からなる報告がまとめられた[1]。欧米の大学の多くが大学博物館を設置している現状をうけて、学術情報の発信や「社会に開かれた大学」の窓口として研究成果の公開をおこなうための体制作りが図られている。

こうした動きをうけて、私立大学を含めて、大学博物館の設置が増えていくことになる。昨今、大学博物館の存在が知られるようになって久しいが、全国の大学に附設される大学博物館の設置数は三〇〇館弱ともいわれる[2]。日本で最も古い大学博物館は、一八七四（明治七）年に設置された東京大学理科大学附属植物園（現東京大学大学院理学系研究科附属植物園）といわれる[3]。福岡県内には九州大学、九州産業大学、西南学院大学に博物館、美術館がある。三者三様、それぞれの理念に基づいた活動がおこなわれており、ここに〝ユニーク〟（独自・無比）さを見出すことができる。

（1）　平成八年一月十八日、学術審議会学術情報資料分科会学術資料部会により「ユニバーシティ・ミュージアムの設置について（報告）─学術標本の収集、保存・活用体制の在り方について─」が発表された。

（2）　伊能秀明・織田潤「資料　日本のユニバーシティ・ミュージアム」（『明治大学博物館研究報告』第九号、二〇〇四年）。

（3）　黒沢浩「大学博物館論」（黒沢浩編『学術資料の文化資源化』南山大学人類学博物館、二〇一二年）。

2　〝知の発信〟をする大学博物館

大学には多くの教員をはじめとする研究者がおり、学部や博物館、図書館などでいろいろな資料を収集している。この資料は先にあげた学術審議会の「学術標本」（学術研究と高等教育に資する資源）という言葉のように、自然史関係の標本、古文書や美術作品の文化財など、種類や形状がさまざまである。

こうした資源を活用して、これまで多くの研究成果が学会や講演会、雑誌などを通じて発表されてきているが、広く周知されているとは言いがたい。従来から大学という機関が敷居の高いものと一般的に認識されていることにあわせて、大学と地域社会をつなぐ接点がなかったために広く浸透しなかったものと思われる。そのため大学における情報発信のひとつの手段として、大学博物館が担う役割は大きい。

大学博物館は研究成果を公開する場所であり、情報発信の拠点でもある。博物館法でも定められる「博物館」とは、①資料の収集・整理・保存、②展示公開、③調査・研究、④教育普及などをおこなう機関である。[4] これと同じように大学博物館の機能も①収集・整理・保存、②情報提供、③公開・展示、④研究、⑤教育が要請されている。[5] つまり、研究成果の根拠となる〝モノ（資料）〟を主役とした公開の場が博物館なのである。

右の機能を有するゆえに、大学博物館には展示室が設けられている。さらに時期によっては、特別展が開催される。先にあげた基本機能が循環し、その最たるものが特別展の開

（4）「博物館法」第二条「定義」および第三条「博物館の事業」による。

（5）西野嘉章『大学博物館―理念と実践と将来と―』（東京大学出版会、一九九六年）。

催ということになろう。研究成果の発信は、新しい〝知〟を生み、人を内面から成長させる。大学がおこなう地域に根ざした取り組みが博物館活動に直結しているともいえる。

大学では一般には難解な研究がなされている。これをわかりやく発信するためには、受容する側との接点が必要である。そして大学博物館を媒介として発信される情報が多くの人に受け入れられるなかで、大学への親近感を与える。大学と地域社会をつなぐ核を大学博物館が担っているのである。

3 〝知の拠点〟としての大学博物館

大学博物館の運営は博物館所属の教職員が担っているが、あわせて学内の教職員一人ひとりからの支援も大きい。情報提供はもとより、知識を共有することで、大学博物館において知的財産が集積される。大学には学部に関係した一次資料が収集されていることが多いため、学内の教職員の協力は不可欠である。こうした大学のあらゆる情報が集約される場所が大学博物館であるとともに、博物館という〝ハコモノ（建物・施設）〟が大学のレゾンデートルを物語っている。

〝知の拠点〟である大学博物館を象徴する建物は、特徴により左記の分類をすることができる。①空調完備や特設設備を有する近代的施設、②大学の象徴的な建物を博物館として利用するシンボリック的施設、③大学の空き教室などを利用した一時的な仮施設、④動植物園などといった開放型のオープン施設である。

①近代的施設は大学博物館開館にあわせて新たに建設されたものが多く、なかには国立博物館や県立博物館などと比肩しても見劣りしない施設もある。こうした施設では指定を受けた貴重な文化財の展示が可能であり、質の高い特別展や企画展の開催が可能である。また、近代的科学分析もできる装置を備えるところもあり、ここでは資料保存や修復の面を含めて有効な措置を講じることができる。

②シンボリック的な施設は由緒ある大学の象徴的な建物であるため、その多くは旧校舎を博物館にリフォームして展示空間を設けた面影を残すものである。大学博物館という名前とともに「〜記念館」と併記されることもある。近代的施設にはないあたたかい空間と雰囲気、そして積み重ねてきた歴史や伝統の重みを視感できる建物である。

③社会への窓口として大学博物館が設けられたものの、現状設備や敷地確保などの問題により教室の一部を展示施設として利用している建物である。移転を視野に入れられていることが多いため、十分な展示環境などが整えられておらず、準備室のようなものとなっている。今後、近代的施設への移行を含めた成長途上にある建物といえる。

④開放型のオープン施設はその性格上、広大な敷地に設けられている。植物園などのように自然に適した環境施設であるため、屋外施設ゆえの〝ハコモノ〟博物館とは異なった多様な取り組みを実施することができる。動物園や水族館を含めて動植物を扱うことから、管理が非常に難しいところもある。

〝知の拠点〟として活動する大学博物館の姿は大学により十人十色である。こうした姿が大学博物館に多様性を帯びさせ、活動にもオリジナリティーが生まれている。画一化されていない大学独自の取り組みが、大学博物館に反映される。〝大学の顔〟ともいえる大学博物館のなかから自分にあったものを探してみてはどうだろうか。必ずお気に入りの大学博物館がみつかるはずである。

4　福岡の大学博物館

福岡県内で大学博物館を設けている大学は三大学である。館種総合の九州大学（福岡市東区箱崎）、美術系の九州産業大学（福岡市東区松香台）、歴史系の西南学院大学（福岡市早良区西新）である。福岡にある大学博物館・美術館は、それぞれ館種も異なっていることから博物館活動も豊かで、相互に連携している。そこで、三大学の博物館の概要と特徴を記しておきたい(6)。

九州大学総合博物館

九州大学は大学全体で七五〇万点という学術標本を有し、考古学資料、古文書、植物、昆虫、魚類標本などを各学部で所蔵している。これらの資料を公開するため、二〇〇〇年四月一日に常設展示室（五〇周年記念講堂の一郭）を備えた九州大学総合博物館が発足した。年に数回の公開展示・特別展示をおこない、九州大学の教育・研究の成果が紹介されている。

総合博物館であるため、人文科学・自然科学などからの多角的な研究がおこなわれている。多くの学術標本を有することから、整理・公開が急がれるが、これらの成果の一部は展示以外にｗｅｂ上で公開されている(7)。オンライン博物館ではこれまでおこなわれた特別

（6）　伊能秀明監修『大学博物館事典』（日外アソシエーツ、二〇〇七年）、各大学刊行物、ホームページを参照した。

（7）　九州大学総合博物館ＨＰ　URL http://www.museum.kyushu-u.ac.jp

写真1　九州大学総合博物館

写真2　九州産業大学美術館

展がコンテンツごとに分類・公開されているとともに、江戸時代の古地図や古文書、絵画、写真がデジタル・アーカイブ化されている。また、記録資料のデータベースも構築されており、学外からも簡単に利用することができる。

大学キャンパスのなかには旧帝大時代の重厚な建造物が今なお残っており、往年の姿を伝えている。また、福岡空港や伊都文化会館、志摩歴史資料館などでサテライト展示がおこなわれている。これらサテライト展示も含めて、大学の研究・教育の成果が地域社会へ発信されている。

九州産業大学美術館

九州産業大学は芸術学部を中心に美術工芸、絵画、彫刻、デザイン、写真などの作品が収集されてきており、点数は約七〇〇〇点に及ぶ。これらの作品群を活かして芸術教育研究に役立てるとともに、学外にもその成果を公開する目的で九州産業大学美術館が二〇〇二年四月一日に開館した[8]。

常設展示室を設けていないが、年に八～九回程度の企画展が実施されている。その内容は、所属する大学教授の作品展や卒業作品展、美術館所蔵品展をはじめ、大学卒業生による展覧会などである。昨今の特別展で記憶に新しいのが「キュウサン マンガ クロニカル」(二〇一〇年九月～

（8） 九州産業大学美術館HP URL http://www.kyusan-u.ac.jp/ksumuseum

十一月）で、九州産業大学を卒業後、漫画家として活躍される一〇名の原画などを展示し、開学五十周年とあわせて大規模な特別展がおこなわれた。著名な漫画家の作品を集めたこの特別展には、多くの来館者があったようだ。

　展示活動ばかりでなく、子どもから高齢者までを対象としたワークショップを数多く実施し、「ひと・もの・こと」を活用しながら、地域の文化芸術の振興に尽力している。また、大学美術館は①芸術教育の拠点、②地域交流の拠点、③海外交流の拠点を理念に掲げ、幅広く活動している。

写真3　西南学院大学博物館

西南学院大学博物館

西南学院大学博物館の建物は、一九二一年に竣工され、大学の前身である旧制西南学院中学部、高等学部の本館・講堂として使用されていたものである。長い間、多くの用途を果たしてきた建造物であるために形状が変わってしまっていたが、中学高等学校の校地移転を機に当時の設計図などを基にして、往年の姿に復元改修し、二〇〇六年五月十三日に大学博物館（ドージャー記念館）として開館した[9]。

　博物館の建物はW・M・ヴォーリズの設計によるもの[10]で、西南学院最古のレンガ造りの木造三階建てである。また、歴史的建造物として福岡市有形文化財に指定されている。キリスト教文化、教育文化、地域文化、

（9）　西南学院大学博物館HP　URL http://www.seinan-gu.ac.jp/museum

（10）　W・M・ヴォーリズは滋賀県近江八幡を拠点にキリスト教精神に基づく事業をおこなった。武田猪平牧師をキリスト教活動の指導者として招き「近江ミッション」（近江兄弟社）を創設する。教会、学校、邸宅など多くの建築を手がける（山形政昭監修『ヴォーリズ建築の一〇〇年』創元社、二〇〇八年）。

西南学院史に関する博物館資料を所蔵し、なかでもキリシタン魔鏡は多くの人に知られている。これらの収蔵資料はもとより、博物館の建物そのものが貴重であり、当時の雰囲気を残した簡素ながらも重厚さを感じさせる。大学の所在地である西新地区のシンボリックな建物として、学内教職員や学生はもとより、卒業生や地域住民からも親しまれている。

常設展示室ではユダヤ教や日本のキリスト教のコーナーをはじめ、聖書の写本や聖書考古学のコーナーが設けられている。建学の精神を伝えるために、「ドージャー記念室」をもうけ、創立者の事績も紹介する。また、博物館では関係機関からも資料を借用しながら、キリスト教やユダヤ教に関する特別展を年に二回、テーマに沿った企画展を三回開催している。

特別展では九州各地のキリスト教文化を取り上げた「九州のキリスト教シリーズ」やユダヤの美術工芸品であるジュダイカのコレクション展などのシリーズ企画を実施している。先般は開館五周年記念特別展として、日本を含むアジア圏のキリスト教文化を紹介する「海を渡ったキリスト教―東西信仰の諸相―」（協力 船の科学館・海と船の博物館ネットワーク）という大規模な特別展を開催した。また、大学博物館同士の連携の一環として、「大学博物館共同企画シリーズ」も展開する。

このように、福岡県内にある大学博物館は相互に異なる活動をおこなっているが、これは三大学博物館の長所、得意分野を活かしたものである。総合・美術・歴史という包括的な関係にあるのが福岡の大学博物館の特徴であり、三大学は「社会への開かれた窓」としての共通認識のもとさまざまな活動をおこなっている。

5　三大学博物館の取り組みと学芸員養成

三大学博物館（九州大学・九州産業大学・西南学院大学）の取り組みの中心は、博物館としての基幹業務である展示による研究成果の公開とこれにともなう教育普及である。常設展示はもとより、特別展や企画展を開催し、新たな情報発信をおこなっている。また、講義の一環として大学博物館を見学したり、各種学会の会場としても利用されることがある。さらに、サテライト展示のような出張展示も大学の研究成果を効果的に発信している。

周囲からは見落とされがちではあるが、街中には大学博物館の特別展のポスターがはられ、博物館にはチラシが置かれていたりする。その効果もあってか、博物館主催でおこなう公開講演会には学外の参加者の数が目立つ。普段は学生やOB・OGが来館することが多い大学博物館が、こうしたイベント時に学外の人が積極的に参加しているのは、ひとえに大学博物館の取り組みが、浸透してきた成果といえよう。誰でも気軽に立ち寄れる大学博物館として、受け入れられてきているのではないか。

大学博物館の使命のひとつとして、学芸員の養成もあげられる。自前の博物館をもつ大学の有益性はここにあり、大学博物館で直接学生に指導をすることができる。通常は地方自治体などの博物館で博物館実習を二週間程度受けることになるが、大学博物館ではこの定められた期間以外にも指導することが可能である。大学博物館で臨時職員やボランティアというかたちで〝博物館人〟として運営に携わるなかでの指導もすることができる。

大学博物館が担う学芸員養成は学部の枠を超えて実施される。特に中長期的な指導をおこなうことができるため、入職前に学芸員としての実務経験を積ませることができる。そして地域の博物館で即戦力として活躍できる人材育成をおこなっていくには、大学博物館がイニシアチブをとった独自のカリキュラムを策定することが望まれる。大学博物館が各大学に設置されていくなか、今後は身近な博物館に大学博物館出身の学芸員が増えてくるかもしれない。

博物館には学芸員が息吹を与えて、あらたな生命が芽生える。ユニーク大学博物館で養成された学芸員が、各地でいかに活動していくのか今後、注目される。

6　散策ルートに大学博物館

大学博物館を訪れる楽しみのひとつに、キャンパス内を散策することがある。キャンパス内にある学食で学生と一緒に食事するのも学生気分が味わえて新鮮である。学食も各大学によりレパートリーがさまざまで、味比べしながらハシゴしてみてもいいだろう。自身の学生時代を回顧しながら、〝低価格〟で〝高品質?〟、そして〝美味しい?〟大学名物を食してみると胃袋も満たされて心身ともに大満足であろう。

大学のキャンパス内やその周辺には遺跡や史跡もある。九州大学総合博物館がある箱崎キャンパスには、多くの近代化産業遺産が散在している。たとえば一九一一(明治四四)年につくられたレンガ造りの正門は、九州帝国大学時代を物語るものであり、〝九大の顔〟

ともいわれる。この正門はシンプルななかにも重厚感のある造りである。キャンパス内にはほかにも農学部倉庫などのレンガ造りの建物がある。なかでも二階建てレンガ造りの九州大学本部は福岡県指定有形文化財となっている。

九州産業大学美術館のある香椎地区は、再開発事業がおこなわれており、人工島アイランドシティなど近代的な開発がすすむ。この一方で、旧官幣大社である香椎宮や勅使が派遣され、往来した勅使道（香椎参道）などを残している。また、兜塚や鎧塚などの神功皇后にまつわる伝承の名所が残り、大学周辺にも神社・仏閣が散在している。歴史と近代が交錯する街並みが広がっている。

西南学院大学博物館は西新地区にあるが、キャンパス内には聖書に関する植物を植えた「聖書植物園」がある。教職員や学生有志のボランティアの尽力もあって、季節によって

写真4　九州大学正門

写真5　勅使道

写真6　元寇防塁

鮮やかな彩りにあふれ、花開いた植物と聖書との関係に新しい発見もある。また、セイヨウヅタ（アイビー）が根付いている大学博物館は、季節や天気で違った表情になる。

大学の中央キャンパスには1号館に遺跡「元寇防塁」がある。一三世紀に襲来した元軍から守るために試行錯誤して築いた、当時の人たちの息遣いが感じられる。ほかの地域にある元寇防塁（石築地）と比較しながらみてもいいだろう。そして、近くには江戸時代の福岡藩校を前身とする県立修猷館高校の旧正門（一九〇〇年頃）やサザエさん発案の地の記念碑などがあり、徒歩圏内で多くの文化財を目にすることができる。

このように大学博物館は地域社会にとけこみながら今日まで至っている。地域が大学を育て、大学は地域や社会、そして企業に還元、貢献する。〝産学官〟および〝博学社〟の相互連携は、新しい地域コミュニティを形成している。社会のニーズに応えた新しい大学の姿が大学博物館に投影される。地域の歴史や文化と共存した姿が、大学博物館の魅力のひとつともいえよう。

7　将来の大学博物館像

「学校教育法」では、大学は、「学術の中心として、広く知識を授けるとともに、深く専門の学芸を教授研究し、知的、道徳的及び応用的能力を展開させることを目的とする。」とあり、「その目的を実現するための教育研究を行い、その成果を広く社会に提供することにより、社会の発展に寄与するものとする。」と明記されている。[11] 大学は〝知の拠点〟

(11)　「学校教育法」（昭和二二年三月三一日法律第二六号）第九章大学、第八三条による。

として、〝知の情報発信〟をしながら、社会発展に寄与しなければならないのである。

また、大学と社会は決して乖離してはならない。そして相互理解をより深めることが大学博物館の使命のひとつである。博物館と学校機関の協働関係である博学連携が唱えられて久しいが、既にこの関係を備えた大学博物館の取り組みは今後社会からの要請も増え、博社連携も一層求められるであろう。

大学博物館のメリットは、調査研究、そして展示事業において大衆迎合しない取り組みができることである。大学の建学の精神、ひいては基本理念に従った、核のある取り組みを長期的におこなうことができる。地域の博物館と良い面は共有し、他方で一線を画す運営ができる。そして大学教職員の一人ひとりが〝博物館人〟として活動できる環境があり、多くの人的スタッフに大学博物館は恵まれている。これに大学院生や学生ボランティアを含めて、さまざまな博物館活動をおこなっていくことにより、地域住民をはじめ、卒業生などが拠り所とする関係性がうまれてくる。

大学構成員の絶対的人数を占める学生に大学博物館が利用されることはなにより大事なことである。大学の講義で自校史が開講されているところが増えているが、自分が通う大学を理解するためには、まず博物館へ行ってみようと思ってもらえる環境作りが大事である。一人でも多くの学生に〝こんな博物館のある大学に在籍していることを誇りに思います〟という感想を抱いてもらえるような取り組みは継続的に必要である(12)。

さらに地域の博物館とも連携していくことも重要である。大学と博物館でパートナーシップを結んでいるところは多いが、博物館同士での情報共有化とネットワーク構築が必要である。大学博物館と地域の博物館・美術館が淘汰されることなく、共存共栄していく

(12) 髙倉洋彰「西南学院大学博物館設置の意義」(『西南学院史紀要』Vol. 2、二〇〇七年)。西南学院大学博物館に常設している来館者ノートの記述による。

関係性を築いていかなくてはならない。〝学校と社会のかけ橋〟となるべく、大学博物館は将来的にますます存在意義が高まっていく。あらゆる人に垣根を越えて受け入れられるような、〝記憶に残る大学博物館〟として今後、求心力を発揮し、さらなる進化をしていかなければならない。

column

福岡市博物館と金印

宮崎克則

江戸時代の天明四年（一七八四）、志賀島《しかのしま》（福岡市東区志賀島）から出土した金印は、意外に小ぶりで印面は約二・三センチ四方、ひとつまみほどの大きさである。材質は金九五％、銀四・五％であり、紀元一世紀に日本と中国が交流していたことを物証する国宝である。発見時の様子を、発見者とされる甚兵衛《じんべえ》が郡役所に報告した「口上書」にみると、

私が持っている田地の溝の水はけが悪かったので、溝を修理しようと岸を切り落としていたところ、小さい石がだんだん出てきて、そのうちに二人持ちほどの石にぶつかりました。この石を取り除いたら、石の間に光るものがあり、取り上げて水で洗ったら、金の印判のようなものでした（後略）。

とある。その後、甚兵衛は彼の兄が奉公していた福岡の商人米屋才蔵に金印を届ける。米屋は鑑定を亀井南冥《かめいなんめい》に依頼。鑑定を依頼された福岡藩校「甘棠館《かんとうかん》」の館長であった儒学者の南冥は、中国の史書『後漢書』倭伝にある「建武中元二年（五七）、倭奴国、貢を奉り朝賀す。使人、自ら太夫と称す。倭国の極南界なり。光武、賜ふに印綬を以てす」の記事に注目し、掘り出された金印がそのものであると看破する。光武は後漢を建国した光武帝《こうぶてい》である。福岡藩は発見者の甚兵衛に白銀五枚の褒美を与えるとともに、藩内の学者たちに命じて金印に関する論文を提出させ、すぐに金印出土のニュースは全国に伝わり、各地の学者が競って論文を発表することとなった。

印文は三行に分けて篆書《てんしょ》で「漢／委奴／國王」と刻されている。最初に鑑定した亀井南冥の『金印弁《きんいんべん》』によると、「委奴国」は「倭国」と同じで「やまとのくに」と読んでいる。

京都の国学者藤貞幹《ていかん》は「委奴」を「いと」と読み、筑前の怡土《いと》（伊都）国に比定した。その後一八九二年（明

治二五）三宅米吉《よねきち》により「漢（かん）の委（わ）（倭）の奴（な）の国王」と読まれ、奴を古代の儺県《なのあがた》、福岡の那珂郡《なかぐん》に比定されて以来この説が有力である。

　金印には蛇の紐通しがついていて、蛇鈕の金印はそれまで中国本土はもとより、世界のどこからも発見されたことがなかったことから、偽物ではないかという疑いが江戸時代からあったが、一九五六年に中国雲南省で、前漢代の「滇王之印」が発見されこれが蛇鈕であったために、正式に本物とされた。漢代の印綬制度では、漢王朝に仕える諸侯（内臣）は黄金印に亀の鈕。異民族の国家で漢に臣従したもの（外臣）は、北方民族に駱駝の鈕、南方民族の王に蛇鈕の金印が下賜された。

金印「漢委奴国王」全景・印面（福岡市博物館所蔵）

　福岡藩主黒田家に伝えられた金印は、明治維新後に黒田家が東京へ移った後は東京国立博物館に寄託されていた。福岡市美術館の開設に際して、金印を呼び戻そうとするとき、国がなかなか承認しない。国は千葉に歴史民俗博物館を作る予定でその目玉としようとしていた。そうした国に対して、最後の「殿様」である黒田長禮《ながみち》氏が「金印は福岡にあるべきもんだ」と遺言したことから金印は戻ってきた、と筑紫豊氏が回顧している（『博多に強くなろう』一、葦書房、一九八九年）。福岡市に寄贈された金印は、昭和五四年から福岡市美術館、平成二年から福岡市博物館で保管・展示されている。

破られた安全神話
――福岡県西方沖地震と警固断層――

磯　望

1　福岡県西方沖地震まで

「福岡には大地震はない」という安全神話は、二〇〇五（平成十七）年三月二十日に福岡県西方沖地震の衝撃を受けるまでは、福岡市民にとっての一般的な認識であったといって良い。確かにこの日までは福岡市内で地震を体感することは一年に一回あるかといった頻度であった。毎月のように強い揺れを伴う地震にヒヤリとさせられる関東地方とは異なり、ほとんど揺れを感じることがなく、また、少なくとも過去に大地震に襲われた記憶もない福岡は、地震による災害は起きないという安全神話を当然と考えていた。

それでも兵庫県南部地震（阪神淡路大震災：一九九五（平成七）年）以後は、活断層調査の重要性が見直され、全国で主要な活断層の見直しが緊急に行われた。福岡県内でも松田時彦教授(1)を中心とした複数の調査委員会により、活断層の全国的な調査(2)で事前に明らかになっていた、県内五本の活断層について、その活動時期や活動間隔の解明を目的に、断層を掘削して調べるトレンチ調査等が実施された。

福岡県内で最初にこの調査に着手したのは北九州市で、小倉の中心部を流れる紫川に沿う小倉東断層と、黒崎付近を通り福智山山塊の西麓を通る福智山断層とを調査した。小倉東断層は、八、五〇〇年程度の活動間隔で、最近の断層活動が約二、二〇〇年前となること、福智山断層は、二五、〇〇〇年程度の活動間隔で、最近の断層活動は一一、〇〇〇年前よりは新しいことなどを明らかにした。次いで福岡県の調査が行われ、福津市から飯塚市にかけて西山山塊を斜めに横断する西山断層について、一一、〇〇〇年前より新しい時期に地震活動が生じていたことを明らかにした。また、福岡市から筑紫野市に至る警固《けご》断層について、最近の三万年間に二回以上地震を発生させていたことを明らかにした。一方、久留米市から東方に続く水縄断層では、約一二、〇〇〇年の間隔で断層が動いたことを明らかにした。その後、福岡市による警固断層調査も行われ、警固断層による地震の発生確率等を求めた結果、警固断層は今後三〇年間の地震発生確率は〇・四％で、全国の活断層の中では地震発生確率がやや高いランクの活断層であることを確認した。

（1）日本の地震断層・活断層と地震のマグニチュードの関係を解明した地震地質学の第一人者。東大地震研退官後、九大・熊本大・西南学院大教授を歴任。九州の活断層調査の中心も担った。

（2）活断層研究会編「新編日本の活断層―分布図と資料」東京大学出版会、四三七頁、一九九一年など。

これらの調査以来、警固断層が活断層であり、福岡市の中心部を通っているという認識は一般に福岡市民には広がったものの、地震が差し迫ったものであるという点については、残念ながらあまり現実的には理解してもらえなかったようである。警固断層が動いた最新の時期を特定できなかったことや、警固断層は水縄断層より活動度が小さい[3]という認識が当時の研究者にもあったことも、安全神話を結果的には否定しきれない結果を招いたことになり、これらの調査に携わった者として自分自身も残念な点がある。

福岡市の周辺で、被害地震がなかったかといえば、必ずしもそうではない。日本の地震記録の中で三番目に古い地震[4]として知られる「筑紫の地震」（六七九（天武七）年）は、福岡県内で生じた。そのことを明らかにしたのは、久留米市教育委員会の松村一良氏を中心とする一連の発掘調査である。当時の国府跡などから、地表の変位・地割れ・噴砂の跡などが発見された。これらは、日本書紀や豊後國風土記に記載されたように、「地震により家屋が多数倒壊し、長さ三千丈に及ぶ長大な地割れや地すべりなどが生じた。」とする地変の記録とも適合し、また、考古学的な年代も地震記録と一致した。これによって「筑紫の地震」が久留米市付近から東方に延びる耳納山脈北麓に位置する水縄断層で引き起こされたことが確認された。すなわち、福岡県では、歴史地震と活断層との関係が実証されたという点で、日本最古となる地震が生じていたのである。

このほかに、福岡市周辺で被害があった地震として、一八九八（明治三一）年に糸島市小金丸（当時は可也村小金丸）付近を震源とする糸島地震がある。この地震では幸いにして死者はなく、負傷者も三名に留まっているが、家屋被害は二一一棟に及び、建物被害の発生は糸島半島のみならず、福岡市西区今宿付近にも及んだ。[5] この地震のマグニチュードは

（3）たとえば、松田時彦「活断層」岩波新書、二四二頁、一九九五年など。なお、松田教授自身は市民に危険性を把握してもらいたいという意識があった。

（4）「理科年表」（丸善）では、筑紫の地震を歴史地震の三番としているが、宇佐美龍夫「最新版日本被害地震総覧[416]-2001」東京大学出版会、六〇五頁、二〇〇三年では、一番の地震記録は不確実として、筑紫の地震を二番としている。

（5）太田恵美子・松田時彦「糸島地震（一八九八年、福岡県）について、とくに村落別被害分布」九大理研報地球惑星、一八巻二号、一三一―一五五頁、一九九四年。

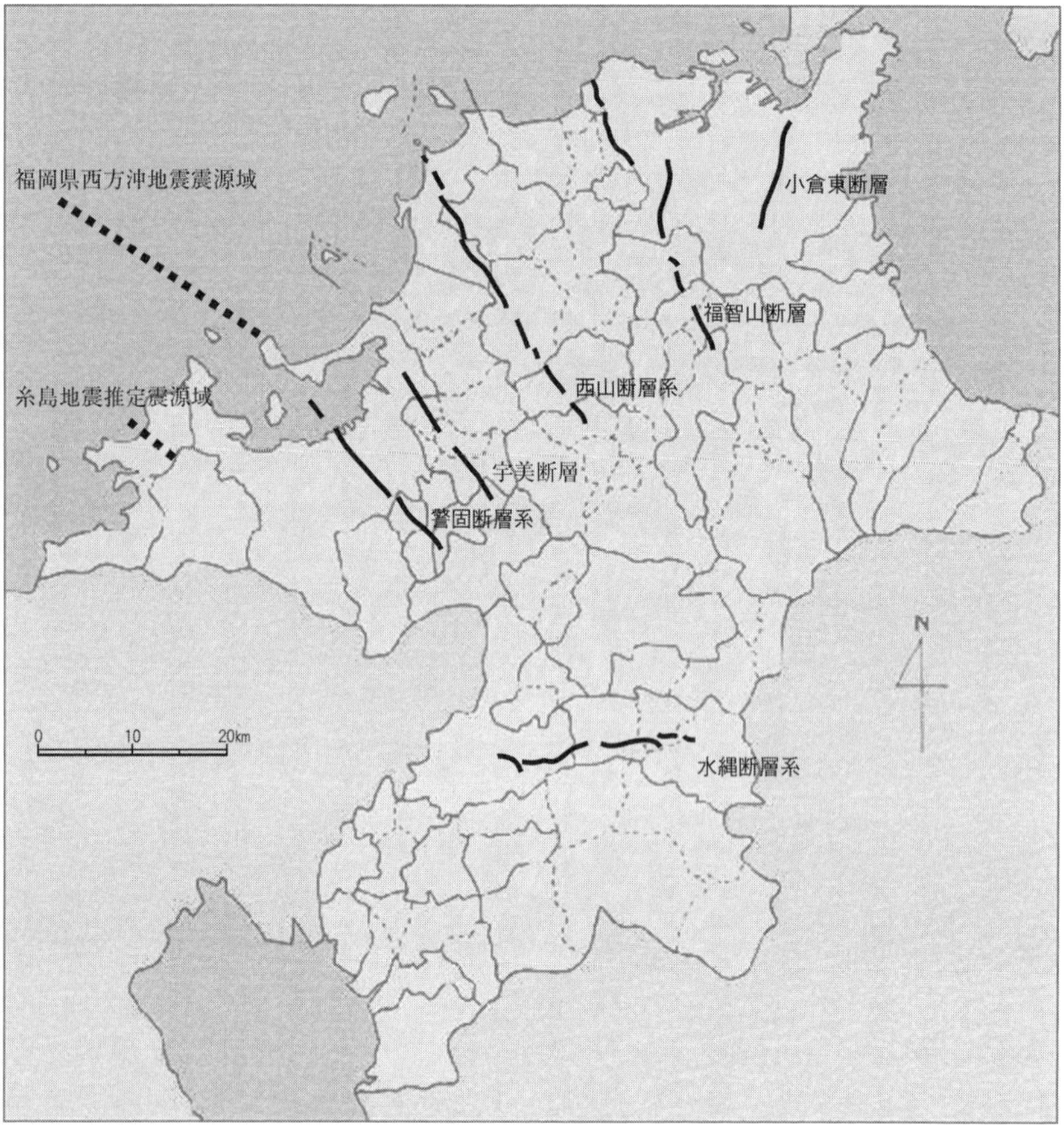

図1　福岡県の活断層と地震の震源域(実線：主な活断層　破線：主な地震の推定震源(断層)域)

六・〇であったが、ほぼ同規模の強い余震が数日間に三回も発生したため、余震による建物崩壊への不安が強く、暫くは戸外で寝た住民も少なくなかったとされる。福岡の中心部では建物被害は生じていないが、地震によって中洲で上演中の芝居小屋から人が飛び出したとの記事もあり、震度四の強い揺れを感じたものと推定される。しかし、この糸島地震については、被害が比較的軽微であったせいか、地震の伝承は不思議なほど現在には引き継がれていない。福岡が、めったに地震を感じない地域であったことが、この地震の記憶を引き継ぐことにならなかったのであろう。一〇〇年という年月は、小さな地震被害の記憶がほとんど伝達されずに消滅し、安全神話を作り出すには十分な長さの時間であったことになる。

2　福岡県西方沖地震

二〇〇五（平成一七）年三月二〇日午前一〇時五三分、地鳴りと共に地震が始まった。博多湾岸では、それはあたかも大型トラックが近づいてきて家の前に突進して来るような音であった。この数秒間の地鳴りの間に震動が強くなり、家が激しくきしみ家具が倒れる強い揺れ（強震計の観測で二〇秒・体感的にはその倍以上）がこれに続いた。(6) 震源は志賀島沖合の玄界灘で深さ九キロ、マグニチュードは気象庁暫定値で七・〇、福岡県西方沖地震である。震度は福岡市東区と中央区、前原市（現在は糸島市前原）と佐賀県みやき町で震度六弱、震度五強は福岡市西区と早良区、須恵町・新宮町・粕屋町・久山町・碓井町・穂波町・

（6）　磯望ほか八名「現地調査から見た福岡県西方沖地震被害の特徴」西南学院大人間科学論集、一巻一号、六一―一〇三頁、二〇〇五年。

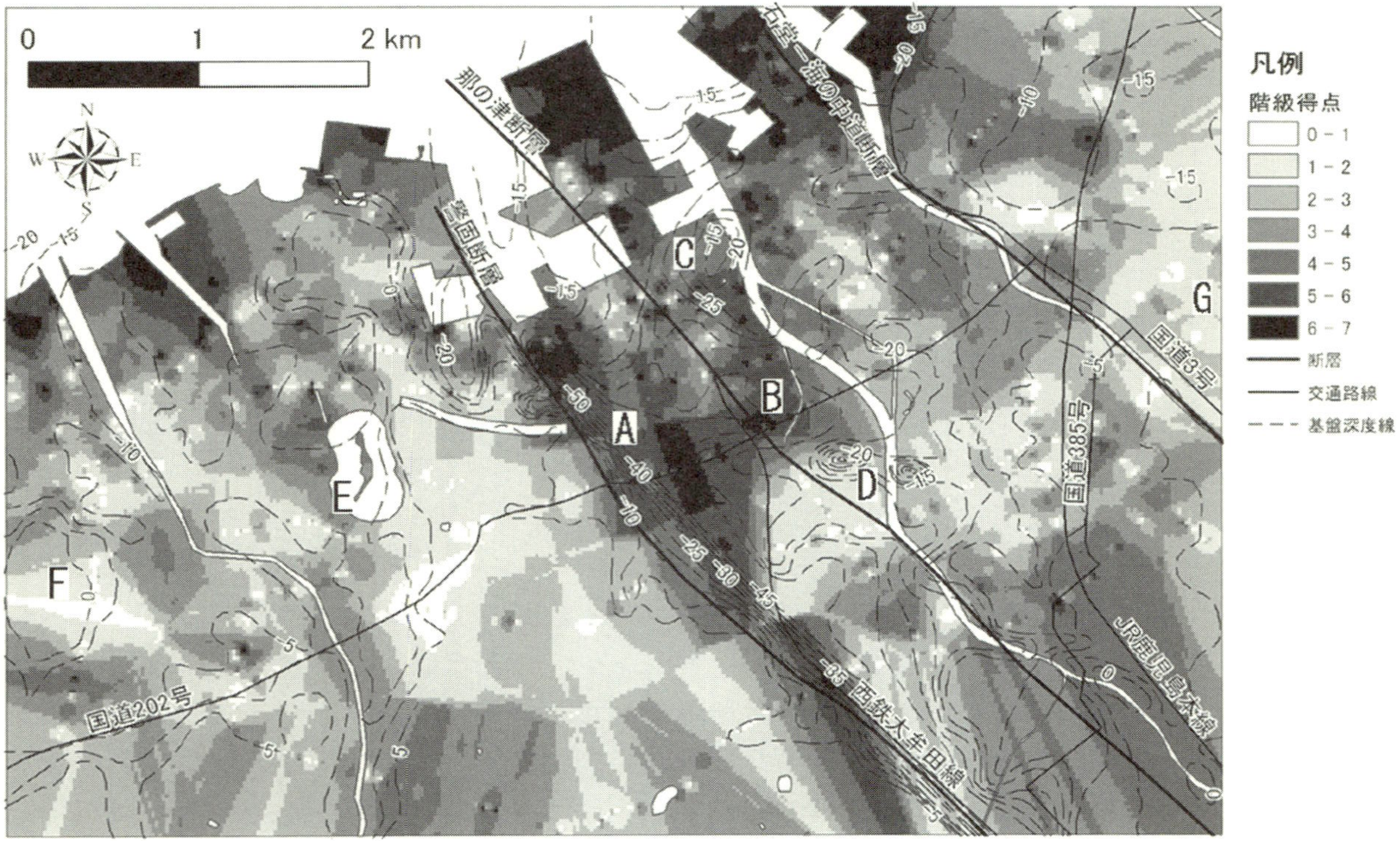

図2　福岡県西方沖地震による福岡市中心部の被害程度区分（黒木・磯・後藤、2009による）

凡例に示す階級得点は、亀裂を生じた建造物や道路等の材質と亀裂の開口量から得点化した値。階級得点が高いほど被害程度が大きい。
図中の破線は基盤の深度（数値はm）を示す。地点A（赤坂）と地点B（天神）付近の天神凹地は被害程度が大きかった。（図の南部は調査路線がないため、被害程度の分類精度はあまり良くない）
なお、地点Cは那の津1丁目、地点Dは春吉1丁目、地点Eは大濠公園、地点Fは鹿原山、地点Gは東比恵、地点FやGのように基盤が浅い地点の被害は小さかった。

志摩町・二丈町（地名はいずれも当時）で観測されたほか、久留米市・大川市・佐賀県上峰町・七山村・長崎県壱岐市など、筑豊地域や筑紫平野およびその外側にも強い揺れが観測された。

福岡市内の各戸では、震動によりガスの自動停止装置が作動した。幸い停電はほとんどなく、また水道にも支障がなかったため、放送による情報入手などにはほとんど支障はなかった。このため建物被害が生じた地域以外では、市民生活上の支障は比較的少なくて済んだ。本震の直後には電車や地下鉄などの交通機関は運休し、バスも含めて交通は混乱した。また携帯電話による通話も困難となったが、固定電話は市内では利用できた。マンション等のビルの上層階は大きく揺れて、戸棚や本棚などが倒れ、食器やテレビなどの破損の片づけや本の整理に追われることになった。倒れた棚が扉を塞ぎ、出入りできなくなる例も少なくなかった。

警固断層から東側の地域は天神方面にかけて岩盤が深く、四〇—八〇メートルほど厚さで軟弱な地層が堆積している「天神凹地」がある。福岡市内の西南学院大学と福岡大学の学生を中心に、この地震のアンケート調査を実施して、地震時に学生達がいた地点で感知した事項を中心に地震の体感的な震度を検討した。[7] その結果、赤坂から天神周辺に広がる「天神凹地」と、博多湾岸の埋め立て地で、震度六弱以上の強い震動を感じたことが明らかになった。また、震源に近い志賀島から西戸崎にかけての海の中道と能古島でも、同様の強い震動を体感しており、また、建物や道路亀裂から推定した被害程度も、[8] 体感による震動の強さの結果と相当程度一致した。

天神地区では、天神ビル等で窓ガラスが崩落しけが人も数人発生した。また多くの人が

(7) 黒木貴一ほか四名「アンケートによる二〇〇五年福岡西方沖地震の推定震度のGISによる地図化」地図、四八巻二号、一—一〇頁、二〇一〇年。

(8) 黒木貴一・磯望・後藤健介「亀裂情報から被害分布図を作成する簡便な方法—福岡県西方沖地震を例に—」応用地質、五〇巻三号、一五一—一五九頁、二〇〇九年

建物から逃げ出し、警固公園などに一時的に避難した。都心部にある小学校では、校区住民がかけつけて避難所が自主的に開設され避難者に提供された。[9] 天神地区に隣接する大名小学校では正午過ぎには校区の自治会長と住民と学校で協議し、運動場や体育館を開放し、避難者を受け入れた。近隣のデイサービスセンターからの避難者もいれば、福岡市内の名門ホテルである西鉄グランドホテルからも、花嫁・花婿をはじめ避難者が集まり、最大五百名ほどを受け入れた。ホテルからは昼食の差し入れもあり、この自発的な避難者の受け入れは、大変スムーズに実施されたと報告されている。これは、福岡市中心部の持つ、中世の「自治都市」博多以来の住民自治意識の高さや組織が、災害時に巧みに機能したことによるのかも知れない。

非常に強い震動に襲われた福岡市西区の玄界島や西浦地区及び志賀島等では、崩壊や地すべりが発生し建物の被害も極めて大きかった。特に玄界島は平地に乏しく、傾斜地を切り盛りして小規模な宅地を造成していたため、地盤の崩落や亀裂によって建物に被害が生じた。また、宅地背後の斜面の震動で屋根が押されて破損する例も見られた。港周辺の埋立て地も液状化被害が目立ち、ごく一部の新しい家屋を除きほとんどの家屋に被害が生じた。翌日実施したヘリコプターからの目視で、全壊に近い建物は一三棟で全建物の数%程度に見えたが、現場で確認すると、八〜九割の建物が全・半壊状態であった。このため玄界島では地震当日に全島民の避難を実施した。その後、玄界島では全ての住宅を撤去して地盤整備を行い、車の通行も困難だった狭い道路も拡張するなど、大規模な再開発事業を実施した。

博多（福岡）湾岸の埋立地は、各地で液状化現象が生じ、噴砂や噴水が見られ、また道

（9）吉岡直子「災害時における学校の避難所機能の実態と課題—福岡県西方沖地震の事例」西南学院大人間科学論集、一巻二号、六九—七八頁、二〇〇六年。

路沿いの柱が傾くなどの現象も認められた。また埋設管が最大で十数センチほど抜け上がる現象も認められている。地表変形の被害が最も甚大であったのは、国営海の中道公園内の光と風の広場にあるカモ池周辺であった。[10]この地区は米軍からの返還地であり、埋土に十分な地盤の締固めをしていなかったと思われる。このため、地震による地下水圧の上昇で側方伸長型地すべり（ラテラルスプレディング）が生じ、緩い傾斜地が震動による地下水圧上昇により側方に押し出される形式の地すべり性の亀裂や地表変形が生じた。日本ではこのような激しい地盤変形は、一九六四（昭和三九）年の新潟地震以降の地盤対策で、埋立地ではあまり生じていなかった。

その後も突き上げるような余震が繰り返し生じ市民を不安に陥れたが、震度四未満の揺れがほとんどで、著しい被害は生じていない。最大余震は一ヶ月後の四月二〇日に生じた。福岡市内で震度五強のものであり、南区大橋付近などで若干の建物被害をもたらした。この余震は、福岡県西方沖地震の震源断層の南端部で発生し、ちょうど警固断層方向に向かって余震発生が続いた。このため、警固断層がこの地震に誘発されるように連動して動くかどうかが心配された。筆者自身も警固断層は福岡市内などで地震を生じる可能性のある時期にさしかかっていたので、多少心配ではあったが、福岡県西方沖地震と一連の断層系であっても、地震を起こしたセグメントは異なり、福岡県西方沖地震の主要な活動は終了していたこと、また陸域の活断層では隣接するセグメントで次の地震を数カ月以内に引き起こす事例は日本では知られていないこと等から、警固断層による地震（警固断層地震）の発生はすぐには生じないだろうと判断し報告した。

（10）　下山正一ほか五名「福岡県西方沖地震に伴う人工砂地盤の被害と余震による被害の拡大について―海の中道海浜公園光と風の広場における地盤被害を例にして―」NDIC News、三三号、五一―五五頁、二〇〇五年。

3　警固断層地震に備えて

福岡県西方沖地震で想定された地震断層は、警固断層の延長部にほぼ相当する方向に位置し、距離も五㎞以内と近接しているため、現在では警固断層帯の一部として取り扱われることが多い（図二）。福岡県西方沖地震では志賀島の位置を測定している電子基準点が南方へ一七㎝移動したのに対し、警固断層帯の東南方端の筑紫野市の基準点では一㎝しか南へ移動しなかった。このため福岡県西方沖地震で動かなかった警固断層帯の南部（従来の警固断層に相当する）範囲は、およそ一六㎝縮んだことになる。この縮みで、福岡市の中央区などでは土地面積が少し小さくなったはずである。しかし、もっと心配されるのは、一六㎝の縮みが将来の地震を誘発しないかどうかである。

一般に岩石は一万分の一程度まで、亀裂を生じないで延び縮みができるが、この限度を超えると亀裂が生じて壊れることが多い。地震もそのようにして生じると仮定すると警固断層（警固断層帯南部）でも全長二二㎞のうち、その一万分の一近くの地表変形が生じるようであれば確実に地震が生じる。即ち地表変形が二・二mに達すれば確実に壊れることになる。今回の福岡県西方沖地震に伴う変形はその値の一割未満にすぎないが、この地震によって次の警固断層地震が近づいた可能性は高い。福岡県西方沖地震があったために地殻内部に歪んでいたエネルギーが解放されたから、当分の間福岡では地震は生じないという事はなさそうである。

産総研[11]や福岡市は、警固断層の調査を見直してより精度の高い地震痕跡の発見につなげようと調査を実施してきた。また現在は文部科学省のプロジェクトが九州大学と産総研との共同で開始されつつある。これらは、高知大学の岡村眞教授らによる博多湾海底調査[12]で、約四、三〇〇年前と考えられる地震痕跡が見つかり、警固断層帯で地震が約四千年周期で活動している可能性が見出されたからである。

今のところ警固断層帯南部の警固断層では明瞭に地震が生じた痕跡は約八～九千年前が最新のものであり、それ以降は明瞭な地震痕跡が見つかっていない。このため、博多湾海底で約四千年前に地震があったものの、その地震による警固断層の動きは比較的小さかったと見ることができる。しかし、警固断層の福岡西方沖地震以後の調査では、警固断層帯南部でも八千年よりは短めの間隔で地震を繰り返している可能性を無視できないこともあり、将来の地震発生の確率は最大で三〇年間で六％と見込むまでに至っている。

福岡県の調査で実施されたもう一つの活断層調査に、二〇〇六（平成一八）年度に報告書を提出した宇美断層の調査がある。この調査で、宇美断層の最新活動時期は四、五〇〇〇年前より新しくなることが判明した。宇美断層は警固断層とほぼ平行して走り、その間隔も近いところから、警固断層帯と宇美断層の活動とが連動した可能性も捨てきれない。博多湾底地下で確認された約四千年前の断層痕跡は断層の連続性があまりよくなく、宇美断層の活動によって副次的に動いた可能性もあって、今後の詳細な調査で見直しを行う成果に期待が寄せられる。

福岡県は警固断層が動いた場合の被害を想定した結果、現状では被害は、死者一、〇〇〇人前後、負傷者一三、〇〇〇人前後、建物全・半壊三一、〇〇〇戸前後と推定してい

（11）独立行政法人産業技術総合研究所活断層・地震研究センター

（12）岡村眞ほか六名「博多湾における警固断層の活動履歴」地震第二輯、六一巻、一七五―一九〇頁、二〇〇九年。

る。被害の程度は阪神淡路大震災の六分の一程度と見込まれるが、警固断層に沿って西鉄やJR九州の軌道のほか病院二〇箇所、学校五〇箇所が分布しており、これらの施設がいざという時に十分に機能できるかどうかが課題である。これら施設への地震対応策は切迫したものと考えるべきであろう。

警固断層のような陸域の浅い活断層が動く場合には、被害はある程度局地的で、建物被害を防げれば、壊滅的な被害とはならない可能性が高い。けれども福岡市内の実際の揺れは福岡県西方沖地震の震度より一ランク強いものが襲うと考えてほしい。今すぐではなくとも、地震に備えた市街地や、住民組織作りへの長期的な福岡市民の取組みが必要であろう。

二〇一一(平成二三)年三月一一日に生じた東北地方太平洋沖地震は、マグニチュード九・〇に達する巨大地震であった。これによる津波とその被害の甚大さには息をのむ思いがある。また、建物被害は、液状化による強い震動と地盤の津波だけではなく関東地方から東北地方北部にかけての広い範囲で生じた。この地震はプレート間地震として生じた巨大地震である。西南日本でこれに匹敵する巨大地震は、駿河湾～日向灘にかけての南海トラフ周辺で繰り返し発生しており、次の地震は確実に迫りつつある。南海トラフの巨大地震に伴う地震の震動予測では、福岡市付近は幸い震度五弱程度以下と予測されている[13]。

このような巨大地震に伴う津波でも、津波の波高より高い建物では人的被害が少なかった。南三陸町志津川の被災現場に立って見ると、確実に津波被害を受けない高さの避難ビルや避難先を確保できていれば、ほとんどの命は助けられたことがわかる。三階建鉄骨造り防災庁舎は津波の最大波高より低かったためにアンテナにしがみついた数人が助かった

(13) 文部科学省地震調査研究推進本部のホームページ公表資料による。

だけであったが、それより海側に位置する鉄筋コンクリート造りの志津川病院では、四階建物の屋上と五階に避難することができ、ほとんどの人が救出されている。一方、車で走行中に津波に巻き込まれたり、指定された避難場所の高さが不足していたため危機に直面したケースも少なくない。学校の体育館も浸水しやすい。二階建の民家は、二階以上まで水が上がると持ち上げられて流失することが多い。ガソリン車が衝突して火災となる例も多数生じた。

南海トラフの巨大地震が差し迫っている現在、このような安全な防災ビルや誘導しやすい避難所の整備が望まれる。なお、南海トラフの巨大地震をきっかけに、北部九州の活断層が動くこともあり得る。警固断層への対応には、そのことも念頭に入れておく必要がある。

福岡県西方沖地震は、地震では安全と思われていた福岡市に被害をもたらしたため、その衝撃は、「日本国内では、地震に対して安全な場所はない」と改めて全国に知らしめた点にある。北部九州の地震は陸域の浅い地震として扱うべきもので、陸域内部に生じた歪み解消のために生じる。このため、プレート間地震と比較すると、マグニチュードは小規模であるが、地表付近の浅い地殻で発生するため、震動による被害は意外に大きくなることがある。しかし備えさえあれば、福岡をはじめとする北部九州は普段地震で揺さぶられることはあまりなく、プレート間の巨大地震の影響も少ない。このため普段は地震で恐い思いをしないで済む、国内では数少ない地域であることには違いない。

column

福岡県西方沖地震と筑紫国大地震

高倉洋彰

二〇〇五年三月二〇日の昼前、後輩の結婚式に出るために礼服に着替えていたときに、突然我が家にダンプカーが衝突したような破裂音と衝撃がきた。地震のない福岡に住んでいるから、地震とは思わなかった。しかし我が家はダンプが通るような道に面しておらず、何事であろうと思ったものの着替えを進めていると、目の前のテレビが福岡地方で震度六の大規模な地震が発生したことを速報したので地震であることは理解できたが、実感はなかった。

私の住んでいる太宰府は地盤が安定している。この福岡県西方沖（玄界島沖）地震のときにも、震度三の揺れがあったと報じられたが、庭の石燈籠が一つ倒れただけで、被害らしいものはなかった。そこで混乱する交通機関を乗り継いで福岡に向かったが、都心に近付くにつれ、その惨状は予想を超えるものがあった。破損の激しい結婚式場に着いた私は近くの小学校の校庭に誘導され、ペットボトルのお茶を受け取り、避難民として扱われていることに気付いた。震源に近い玄界島では全家屋の七割が全半壊したし、西南学院大学図書館でも書架のほとんどが倒れる被害にあった。こうした大きな被害は各地でみられたが、ことに後に警固断層として話題をよんだ南北ラインの周辺に集中していた。そこで思い出した。

大宰府の発掘調査を担当していたときに、ときおり、人工のものではない小穴跡をみることがあった。人工のものではないといっても、いくら掘っても底無しで木の根の痕でもない奇妙なもので、何の痕跡であるか理解できなかった。

一九八三年度の久留米市教育委員会による上津土塁の発掘調査で、地盤の液状化にともなう、版築された土塁

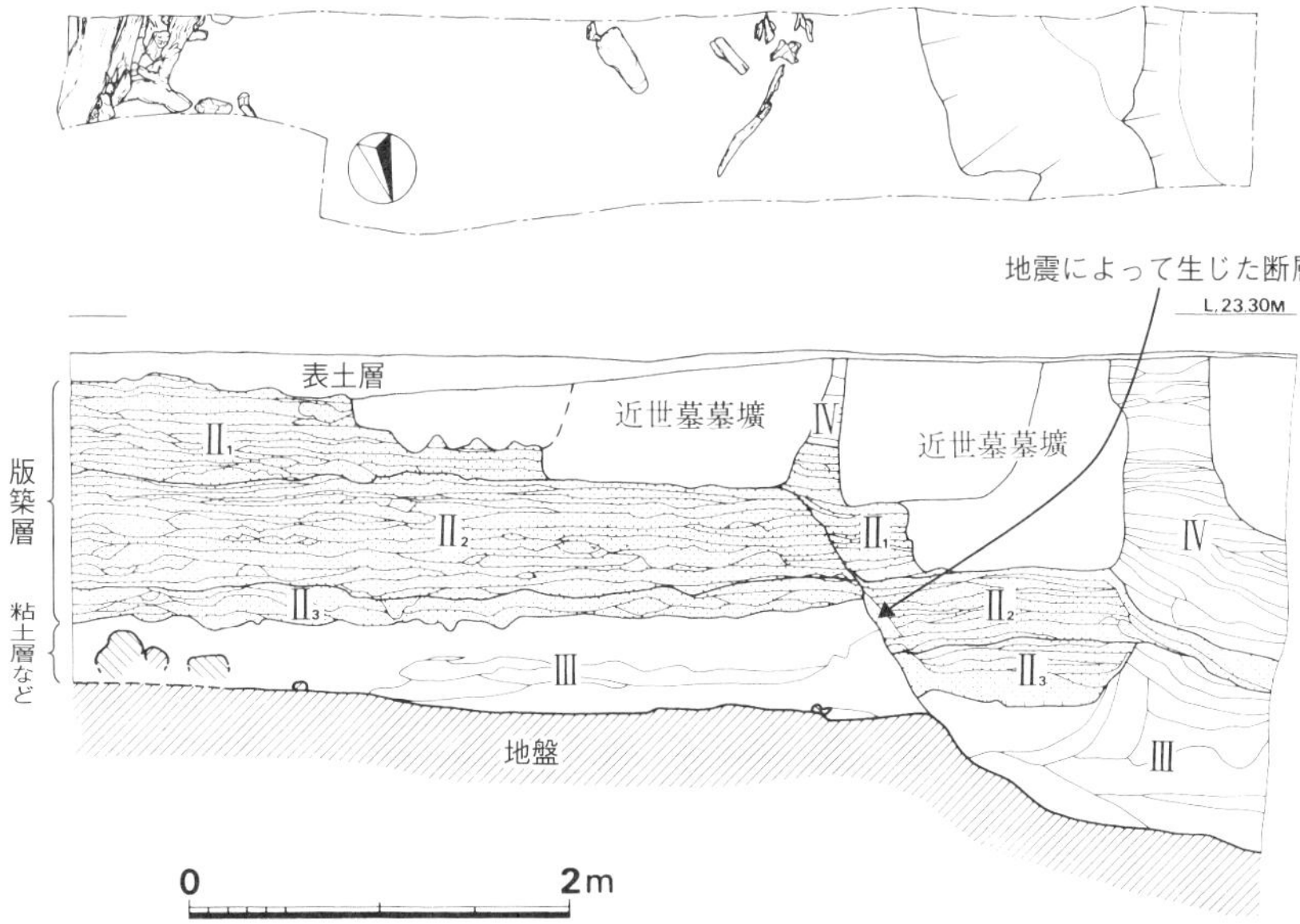

久留米市上津土塁の断面にあらわれた地震痕跡（久留米市教育委員会『上津土塁跡』1986年から）

と地盤の陥没が認められた。地盤の液状化と、土盛りした土塁に断層によるズレが生じているのだから、土塁完成後に発生した地震によるものと考えられる。それは『日本書紀』の、天武天皇の七（六七八）年一二月に発生した筑紫国大地震に関する記事を実証した。記事は、このときに筑紫国で大地が動き、幅二丈（約六《メートル》）、長さ三〇〇〇余丈（約九《キロ》）にわたって地面が裂け、多くの民家が倒壊したことを伝えている。その中には、岡の上にあった民家が地滑りによって岡の下に流れ落ちたが、家自体には何も壊れることがなく、朝になって滑り落ちたことに気づいた家人が驚愕したなどと、生々しい記述もある。これを契機に、地震考古学が研究されるようになり、先に記した正体不明の小穴跡が噴砂現象の痕跡であることがわかってきたし、地震痕跡にあらわれた被害の規模によって、この地震は筑後地方を中心とするものであることがわかってきた。今では発生地を特定できる日本で最初の地震の例となっている。

福岡は地震に無縁の地といわれていたが、その神話は玄界島沖地震でもろくも崩れた。西鉄大牟田線の東側に、滑り落ちた瓦の代わりに青いビニールシートで覆われた被害家屋が南北線状に並ぶ様子は、幅六メートル、長さ約九キロにわたって地が裂けたという筑紫国大地震を思い出させた。実は、遠隔の地で発生した地震の余波による軽度の揺れなどを除けば、玄界島沖地震は六七八年の筑紫国大地震以来の巨大地震だったのだから、神話が間違っていたわけでもない。

地域社会における文化の観光資源化の実践とその可能性
――福岡市の副都心・西新地区を事例にして――

齋藤大輔

はじめに

福岡市は、その地理的条件から、アジアとのつながりを重視している都市であると言えよう。それは、一九八〇年代後半からの福岡市や福岡県の政策にも反映しており、「アジアの福岡」というキャッチフレーズはもはや定着している段階にある。このような福岡市における「アジア」という意識は様々な形で表象されている。例えば、福岡アジア美術館といった建築物や「アジアンマンス」といった催しの名称、そして、市内を走るバスの行先表示におけるハングルの併記などである。福岡市が、このようなアジア重視政策を採用している背景の一つとして「観光」がある。実際に博多、キャナルシティ、天神といった繁華街で、特に東アジア地域からの観光客の姿を目にすることは、今日それほど珍しい光景では無い。

このような観光の場では、訪問者が消費するための魅力ある観光対象が必要になってくる。では、福岡市を訪れた観光客が観光の対象としているものは一体何であろうか。おそらく、ラーメンやモツ鍋といった地域の食べ物や、太宰府天満宮といった名所が代表的なものとして挙げられよう。しかし、観光の場における消費対象に関しては、福岡市内においては実際のところそれほど多くはないと言える。むしろ、福岡市外や福岡県外に主たる観光対象があり、いわゆる「観光名所」という点に関しては、福岡市内に限定するとあまりピンとこないのが正直なところかもしれない。この点に関しては、行政側も同様の見解を示しており、特に国際観光客にとっては、繁華街でのショッピング以外にはあまり魅力的な観光の対象が存在していないことが、福岡市の報告書でも指摘されている(1)。このように、福岡市は、九州観光における目的地というよりは、ゲートウェイ・通過地として役割の方が大きいと言える。その福岡市の中でも西部地域に関しては、観光という観点において、ほとんどその対象として認識されてはこなかった。むしろ、そこに広がっているのは、副都心としての都市空間であり、観光客の消費対象としてではなく、基本的には居住者のための生活空間であるというように位置付けられてきた。

(1) 福岡市経済振興局、二〇〇五、『福岡市観光動態調査』。

しかしながら、これまで観光との関わり合いが薄かったこの地域においても、現在観光に対する関心が少しずつ高まってきている。そこで本章では、福岡市西部地域の西新地区を事例に、地域文化の観光資源化の可能性に関して考察していきたい。そこからは、何か新しい観光の目的地を建設していくのではなく、既存の地域文化を「観光資源」として「再認識」し、「再構築」していく試みであることがうかがえる。このような展開は、「文化の資源化」という地域社会における文化の実情を大きく反映していると言え、現代社会における地域社会と文化の一つの姿を提示できると考えている。

1　地域活性化と地域社会・文化の資源化

今日、日本の各地で観光・観光産業に対する期待が高まっている。それは、国家レベルでのキャンペーンの実施だけではなく、各地の地域レベルでも同じく重要性が増してきていることからもうかがえる。この背景には、それに立脚した地域活性化と密接に絡んでいる点が指摘できる。地域活性化という観点から考察していくと、このような観光への動きは、その地域社会や文化が「資源」として、見出され、認識されていくことに集約されていると言える。特に観光の場に関しては、その地域社会そのものが、観光のまなざしの対象になっていくケースも存在しているのである。

では、「資源」として文化を考察していくというアプローチは、そもそもいかなるものであるのか。山下晋司は、「文化」という概念に関して、文化財・文化遺産的な用語法である「普遍主義的」なものと、文化人類学などで長年考察されてきた「相対主義的」なものがあることを踏まえたうえで、「文化という資源を検討するとき、重要なことは、文化をめぐるこうした人類学的・生活文化的な用語法と文化財・文化遺産的な用語法を対立させることではない。むしろいかに関係づけるかである。」と指摘している。[2] つまり、文化はある目的のために、あるコンテクストの中において「資源となる」という認識を持っておくことが重要なのである。このような観点からは、それまで地域社会の中で埋もれていた、もしくは「資源」として認識されていなかったモノを特定の文脈の中で位置付けることができ、そして観光資源として創りだしていく理論的な背景となっていると言える。

　このような観光の場における地域文化の流用は、日本各地のいたるところで目にすることができる。その背景となっているのは、一九六〇年代以降の日本社会の急速な社会構造の変化である。それは、都市化の進展と、それに呼応するかのような地方都市・農村部の深刻な衰退が表面化してきたことである。このような状況の中、観光は一つの豊かさの指標として、都市部の住民には余暇の一形態として受け入れられ、また地方部では、その観光の目的地として、さらには、過疎化した地域社会を再活性化していく手段として、受け入れられることになる。ジョン・クラマーは、このような状況下で、村落や地方の小都市の相対的貧困化は、地域性や国内の遠隔地に関する関心を高め、そうした地域性に関するノスタルジックな旅行を推進することを基礎とした運動と村落自体の活性化を目的とした運動の二面性を有するプロセスが推進されたと論じている。そして、都市との関係性を強めるため、またノスタルジアを持つ都会人のために、「ふるさととしての村落」という新しい「伝統」が創出されてきたことを指摘している。[3]

（2）山下晋司、二〇〇七、「資源化する文化」山下晋司（編）『資源人類学02　資源化する文化』弘文堂、pp. 3-24

（3）ジョン・クラマー、二〇〇一、『都市と消費の社会学―現代都市・日本』（橋本和孝、高橋英博、堀田泉、善本裕子訳）ミネルヴァ書房このように、観光は地域活性化の一つの手段となっているのである。そこでは、地域文化が観光の中において、見出され消費されていく一つの商品として機能していくだけでなく、地域社会の再構築という目的を兼ねているのである。日本の地域社会においては、過疎化に伴い、地域住民のコミュニティ自体をも維持していくことさえもままならない場合も生じているからである。そのような事例の一つが、長崎県の五島列島の教会群における世界遺産登録への試みから見受けられる。そこでは、世界遺産という一種のブランドに地域全体が注目しており、観光を軸として過疎化が進行している地域社会を再生させていこうという気運が高まっている。加えて、既存の教会群に新たな価値を付与することによって、教会群が観光の領域における商品として提示され、経済的なテコ入れの手段としての役割だけでなく、地域のシンボルとしての役割も期待されている。(4)

このように、日本各地における地域文化の重要性は、現在、観光との結びつきにおいて、非常に高まっている状況であると言えよう。このような点を念頭に置いて、西新地区を考察していくことにしたい。

2　副都心としての西新

西新という名称は、現在東側に隣接している今川地区が江戸年間に「西町」と呼ばれていたことに由来している。現在でも今川地区との間には樋井川があり、一つの境界となっているが、その西側に位置していたことから「新西町」と当初呼ばれていたものが、いつ

(4)　齋藤大輔、二〇一〇、「観光資源としての教会と地域文化の形成―世界遺産登録を目指す長崎県・五島列島の教会群を中心に」高倉洋彰(編)『キリスト教の東方伝播とその展開』西南学院大学教育・研究推進機構、pp. 73-86。

地図　本章で出てくる地名相関図

のまにか「西新」と呼ばれるようになったという。この西新地区が、福岡市に編入されたのは、一九二二年のことである。しかし、それ以前に、現在の地下鉄が通っている明治通りの上を走る路面電車の駅が設置され、そして現在の位置に修猷館高校や西南学院が移転してきていた。

現在の西新地区は、福岡市営地下鉄西新駅を中心に形成されている。さらに、この駅周辺から近隣へのバス路線の中心となっており、福岡市における副都心のなかでも、最も発展している地域であると言えよう。その根拠となっているのは、隣接している百道浜地区が、埋め立ての結果、高層ビルやマンションが立ち並ぶ一角を形成するようになったことや、西新地区の北東に福岡ソフトバンクホークスの本拠地であるドーム球場と隣接している商業施設の建設などの要因からである。

筆者の西新での生活は西南学院大学に入学して以来十五年以上経過している。その間における、街の変貌と発展だけでも目覚ましいものがあるが、この変化は現在も進行しているものであると言えよう。また西新地区が人気を有している理由には、修猷館高校や西南学院等の教育機関があること、中心部の天神や博多にも、十五分以内でアクセスできることという居住環境の良さも要因となっているのは明らかである。

このような側面から、西新地区に居住することはあっても、例えば観光客が西新地区を訪れるということに関しては、これまではそれほど注目される動きではなかったと言えよう。しかし、西新地区に関しては、このような単なる近代的な街並みが広がっているベッドタウンという枠組みでは図ることのできない様々な側面を有している。そこで次項では、この地区における新しい動きに関して述べていくことにしたい。その動きを端的に述べるとするならば、「観光」という点を視野に入れた動きが形成されつつある。その具体的事例を紹介していくことにする。

3　西部副都心活性化と「観光空間」化の試み

これまでの西新地区の発展に関しては、主に生活空間としての側面が強いものであった。つまり、これまでの発展は、この地区が、アジア地域を含めた九州の中心都市として順調に発展を続ける福岡市の「副都心」としての位置を構築してきたとも言えよう。ゆえに、観光に関連した展開は、これまでほとんど見られなかった。

では、この西新地区に観光資源となり得るような文化資源が全くないのであろうか。実際のところは、観光資源となり得る文化的資源が、全く無いわけではない。

その一つは「防塁」である。一二七四年、元は九百艘の軍船と二万八千人の軍兵で博多湾に攻め込み、その西部に上陸し九州の御家人たちと戦った。その後、鎌倉幕府は元の再度の来襲に備えて、九州各地の御家人に命じ、一二七六年三月から約半年間で、博多湾の海岸沿い約二十キロにわたる石築地を築かせ、その場所を警備させた。この石築地が防塁である。その後、一二八一年の弘安の役で元は再び日本を攻めたが、この防塁や御家人の

写真1　西南学院大学のそばにある元寇防塁跡

写真2　元寇防塁の遺構

攻撃にはばまれたとされている。現在、西新地区には、この数キロに及んだ元寇防塁の一部が発掘され、遺構として保存されている（写真1、2）。

また、西新地区の北側には、戦後日本の国民的なアニメである「サザエさん発案の地」の碑が建っている。この碑が位置している通称「よかトピア通り」沿いは、一九八九年のアジア太平洋博覧会のために埋め立てられるまでは、海岸線であった。サザエさんは、作者の長谷川町子がその海岸を散歩しながら発案したとされている（写真3）。

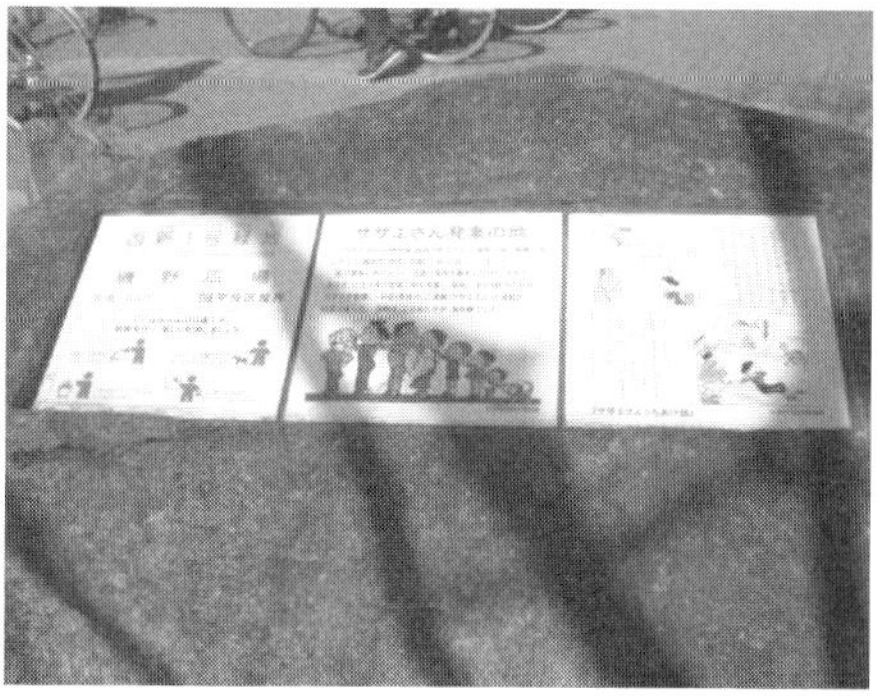

写真3　「サザエさん発案の地」の碑

この双方の場所は、歴史的に価値を有するものであり、そのまま観光資源になり得る価値を有していると言えよう。元寇防塁は既に国の史跡に指定されており、サザエさん発案地に関しても、島根県境港市が、「ゲゲゲの鬼太郎」の作者である水木しげる生誕の地としてクローズアップされ、近年観光名所となっていることからも観光資源としての価値はあると考えられる。しかし、現状では、双方の場所とも案内板や石碑がひっそりと立っているのみであり、そこを訪れる観光客はほとんどいないのが実情である。それだけではなく、西新を生活圏として居住している人々の間にも、その認知度は決して高いものではないというのが正直なところである(5)。

このような地域文化の現状の中で、新しい動きが近年見られるようになってきた。二〇一〇年、西新商店街連合会長を中心として隣接地域を含んだ「西部副都

（5）実際に筆者の友人数名にも聞いてみたところ、防塁という名前を聞いたことがあっても、その具体的な場所に関してはほとんど認知されていない。さらにサザエさんの碑に関しては、その位置のみならず、事実すらも認識されていなかった。

心」として、活性化していくことを目的とした協議会が発足し、活動している。この協議会には、商店街単独ではなく、福岡のマスコミ、企業、コンサルティング、行政、教育といった各機関が連携し、組織横断的に発足したものである。また、西新地区単独ではなく、隣接する周辺地区との連携との模索のなかで形成されている。この活動の中心となっているコンセプトは、「E街創り」というものであり、Energy（元気・健康）、Environment（安心・安全な環境）、Entertainment（観光・楽しみ）、Economy（経済活性化）、Education（育む）の頭文字をとったコンセプトになっている。換言すれば、観光という経済活動と地域活性化を同時進行していく試みであると言えよう。

このように地域内の連携の中で協議会が発足した背景には、この地域の観光地としての認知度の低さ、地区内回遊の利便性の問題、地区内各施設の連携不足などもあって、その魅力を十分に発信しきれていない点がその背景にある。[6] また、二〇一一年三月には九州新幹線鹿児島ルートが全線開業し、新博多駅ビルも開業した。天神、博多両地区は、福岡市の二大集客拠点として大きく変貌しつつあり、その魅力がさらに高まるのは確実であり、このままでは両地区の間で埋没しかねないという危機感が存在している。

このような背景の下、現状では、モニターツアーの実施といった地域外の観光客を対象にした催しだけでなく、ウォーキングラリーや一日映画創りといった地域住民が参加することを対象にしたイベントも開催し、前述の観光と地域活性化の双方の目的を目指していることが大きな特徴である。また、アジアからの観光客向けのガイドブック作成には、西南学院大学の留学生を活用している。これも、単に観光客向けだけではなく、地域の一員である「彼ら／彼女ら」も「巻き込んだ」動きを形成していこうという試みの一つである

（6）『財界九州』2010. 51（7）. 財界九州社

と言えよう。実際にガイドブック作成の参加で、留学生もその地域に触れることができるからである。

このような動きの基礎となっているのは、観光と地域活性化のために何か新しい施設を建設していくことではなく、既存のモノに新しい意味を付与していくという中で「資源」として構築していくものである。その中で、先に挙げた「防塁」や「サザエさん発案の地」の碑という地域文化の所産が、「埋もれている」状況から「観光資源」としてクローズアップされていく可能性がある。そのような中においては、まず地域住民にその存在を広めていく活動が必要になっているのである。

そして、このような地域の「資源探し」から始まり、この協議会の活動の目指す将来像は、地域住民を含めた産官学民が一体となって人やまちを育む「スポーツ観光都市」の創造と唄っている。確かに、このエリアはドーム球場といった施設に加え、海、松原などの自然がありウォーキングコースに恵まれた地域でもあり、野球を筆頭に「観るスポーツ観光」、「するスポーツ観光」が可能であると言える。現状でも、西新地区と福岡ソフトバンクホークスの結び付きは強く、西新中心部には、「勝鷹水神」というホークスの必勝祈願のために建立された水神があるだけでなく、毎年十二月には、商店街が選定した優秀選手のパレードも行っている（写真4）。

そして、西新地区の最大の特徴とも言えるのが、この「商店街」であろう。そこには、地域の商店街のシャッター通り化という状況とは無縁であるかのような光景が広がっている（写真5、6）。

協議会はこのような個々の「資源」だけをクローズアップしていくだけではなく、その

写真4　勝鷹水神と建物内に形成されている路地

写真5　リヤカーで売られている野菜類

写真6　リヤカーと西新中央商店街

資源を結びつけることで、循環的な人の流れを創りだし、地域全体がその利益を有するような方向性を打ち出している。これまでの、天神地区のような中心部から福岡ドーム地域に足を運ぶ人の流れはあるものの、地域内を循環するような人の流れはそれほど見られなかったからである。この点は非常に重要である。循環するような流れを形成しない限り、人の流れは「中心→ある一地域→中心」という一つの流れに終始し、結果として観光の恩恵を受けるという意味において、地域内に場所の優劣というものが形成されていく可能性が高いからである。このような既存の施設を流用した周遊型とも言える手法に関しては、二〇〇六年に実施された長崎市の「長崎さるく博」の成功という先例がある。「長崎さるく博」も長崎観光の低迷の中で既存の観光施設間をテーマに沿って歩きまわること、そしてその案内人を「地域の普通の人」をボランティアとして起用することによって、それまでの観光のまなざしから観た観光とは異なった空間を提供し、成功を収めたと言えよう。

そして、このような協議会の発足と様々な取り組みは、これまでの日本における行政や企業の単独の主導の下に行われたものとは一線を画していると言えよう。この協議会の中心になっている関係者は、行政に任せておくことの対応の遅さを指摘していた。個々の組織単独で行うことの限界もある。そして、なによりも地域住民が、このような動きに参画し、行動すること、それ自体が、地域社会の紐帯を再構築していくことになっていく契機となっているのは確実であろう。

おわりに

本章では、西新地区を事例にして、地域社会における観光資源化の動きを中心に考察してきた。観光資源という面では、もちろん「埋もれている」文化財を掘り起こしていくことも重要になってくるが、人々の生業を垣間見ることができ、地域の人々の日常に触れることができるような商店街自体にも、観光資源としての価値を有していると言えよう。「新しい」地域文化を知ることや発見することは、ある意味で観光にとっての醍醐味の一つでもある。西新地区を歩くことで、観光客は新しい福岡のローカルな魅力を経験できる可能性を有しているからである。

そして、このような観光を視野に入れた地域社会の再構築を、地域が主体の一つとなって進めていることは意義があると言えよう。その理由として、地域を無視して、地域文化が意味づけされ、観光開発されていく姿とは別次元のものであることが読み取れるからである。地域住民、企業、行政、教育機関の連携は、これからの地域社会における一つのモデルとなるものであろう。そして、観光を通じて、地域社会が強化されていくことにつながれば、経済的な実益以上のものをもたらす可能性は有している。

ただし、課題としては、このような地域文化の認知度が、地域住民の間にもあまり高くない点である。その理由として、西新地区が副都心として発展していくにつれ、いわゆる「新しい住民」が増加していることがある。現状では西新地区およびその周辺では、多くのマンションが建設され、人口自体は増加している。そして、表面上では、にぎわいを有している空間が形成されている。しかし、その一方で、このような新しい住民との「つながり」が希薄化しているのも一つの事実である。それは、長期的な視野から観た場合は決してプラスには作用しないという可能性は十分に考えられる。特に中核をなす商店街は、表面上はにぎわっているものの、路地の中に入ると、シャッターが降りている店舗も少なくない。また、リヤカー部隊にしても、その相対数は減少傾向にあり、後継者問題は深刻である。このような状況に関して、危機感を持っている地域の人とそうではない人の間の温度差というものが存在しているのは間違いない。したがって、現状では、地域の財産であることをより多くの地域住民に知ってもらう活動が中心になっていくのは当然であると言えよう。さらに、地域内を循環する交通手段等のインフラ整備に関しても、まだまだの段階である。これらの課題をどうクリアしていくのか、観光と関連した西新地区の今後の推移を注視していきたいと考えている。

【謝辞】
本章を執筆するにあたり、福岡西部Eまちづくり協議会事務局の方々には、聞き取り調査や資料提供など多大なご協力を頂きました。この場を借りてお礼を申し上げます。

column

露天と路地のある光景——西新商店街

齋藤大輔

西新地区の特徴の一つとして、商店街の存在がある。この商店街は、東西に細長い商店街を形成しており、東側から西新オレンジ通り商店街、西新中央商店街、中西商店街、高取商店街、そして藤崎商店街という複数の商店街で形成されている。この商店街は様々な顔を持っていると言えよう。ここでは、その中でも、代表的な特徴を二つ紹介しておきたい。

まず一つ目は、「リヤカー部隊」である。西新商店街の代名詞とも言えるこのリヤカー部隊は、西新中央商店街で見られる光景である。現在では、約十数台のリヤカーが、午後一時あたりから午後七時くらいまで営業している。戦後間もなく始まったこのリヤカー部隊の店主はほとんどが女性である。今日では、福岡市のホームページにも掲載されるように一つの名物となっているが、これまで順風満帆にきたわけではなかった。近代化の流れの中で、このような商売は、公道の占拠や衛生上の理由によって、時として行政や警察の規制の対象となったこともあった。しかし、彼女らは組合を結成することなどで、それらの規制に時には立ち向かっていき、現在の権利を獲得したのである。このような、たくましい女性の姿からは、タイの「タラート」や韓国の「シジャン」といったアジア域内の商店街や市場での女性の姿との共通性を有しているようにも見える。そして、その露天がある光景自体も、どことなく韓国などのアジアの市場の光景とシンクロしているように思える。

また、もう一つの魅力は、商店街の本道から枝分かれしている路地の多様性である。細い路地を入っていくと、両側に小規模な商店、「角打ち」と言われる立ち呑みができる酒屋、学生向けの安価な食堂、個性的な居酒屋などが立ち並んでいる。また、その路地はビルの中にも形成されており、迷路探検とまでは言わないが、ちょっとした冒険心をくすぐるものであろう。このような路地裏は、副都心として発展を続ける西新からはタイムスリップしたようなノスタルジックな光景が広がっている。そして、このような路地内の小さな穴場の店にふらりと入ること、それもまた観光における醍醐味になり得るものであると考えている。

福岡観光の一つのオプションとして、このようなアジアを感じ、また「ローカル」に触れる旅があってもいいのではなかろうか、と個人的に考えている。

西新商店街から入った路地の夕暮れ時

大野城跡
岩屋城跡
嗚呼壮烈
岩屋城址
内山入口
観光案内所
太宰府館
太宰府天満宮
九州国立博物館
国博通り
光明禅寺
西鉄太宰府
梅大路
五条
西鉄太宰府線
五条駅入口
西鉄五条
いきいき情報センター
君畑
役所
寺
うそ
菅原道真
東風吹かば
匂いおこせよ 梅の花
あるじなしとて 春な忘れそ
鳥栖・久留米
線
太宰府
N
E
S
W

大学的福岡・博多ガイド—こだわりの歩き方

2012年3月15日　初版第1刷発行

編　者　西南学院大学国際文化学部
高倉　洋彰
宮崎　克則
発行者　齊藤万壽子
〒606-8224 京都市左京区北白川京大農学部前
発行所　株式会社　昭和堂
振込口座　01060-5-9347
TEL(075)706-8818／FAX(075)706-8878
ホームページ　http://www.kyoto-gakujutsu.co.jp/showado/

印刷　亜細亜印刷

ISBN 978-4-8122-1202-8
*落丁本・乱丁本はお取り替え致します。
Printed in Japan

執筆者一覧（執筆順・＊印は編者：名前／所属2012年3月現在／専門分野／業績）

吉田扶希子（よしだ・ふきこ）／西南学院大学非常勤講師／民俗学／「脊振山信仰史の研究」（博士論文）2009年など

＊高倉洋彰（たかくら・ひろあき）／西南学院大学国際文化学部教授／考古学・博物館学／『交流する弥生人』吉川弘文館、2001年など

尹芝惠（ゆん・じへ）／西南学院大学国際文化学部准教授／日韓文化交流史／『グローバル時代の朝鮮通信使研究』（分担執筆）花書院、2010年など

＊宮崎克則（みやざき・かつのり）／西南学院大学国際文化学部教授／日本近世史／『古地図の中の福岡・博多』海鳥社、2005年など

安高啓明（やすたか・ひろあき）／西南学院大学博物館学芸員／日本近世史・法制史／『近世長崎司法制度の研究』思文閣出版、2010年など

中島和男（なかじま・かずお）／西南学院大学国際文化学部教授／ドイツ語学・社会言語学／「初期新高ドイツ語期区分の問題」（論文）英宝社、2007年など

栗原詩子（くりはら・うたこ）／西南学院大学国際文化学部准教授／音楽学／ボスール著『現代音楽を読み解く88のキーワード』（単訳）音楽之友社、2008年など

西谷郁（にしたに・かおる）／西南学院大学非常勤講師・福岡インディペンデント映画祭代表／アジア映画／「1930年代の中国映画の底流」『現代中国研究』第10号、中国現代史研究会、2002年など

片山隆裕（かたやま・たかひろ）／西南学院大学国際文化学部教授／文化人類学／『アジアから観る、考える―文化人類学入門』ナカニシヤ出版、2008年など

西村将洋（にしむら・まさひろ）／西南学院大学国際文化学部准教授／日本近現代文学・異文化交流史／『言語都市・ロンドン1861-1945』（共編著）藤原書店、2009年など

K. J. シャフナー（Karen J. Schaffner）／西南学院大学国際文化学部教授／アメリカ文化史／『生命の倫理2―優生学の時代を超えて』（分担執筆）九州大学出版会、2008年など

塩野和夫（しおの・かずお）／西南学院大学国際文化学部教授／近代キリスト教文化史／『禁教国　日本の報道』雄松堂出版、2007年など

磯望（いそ・のぞみ）／西南学院大学人間科学部教授／自然地理学／『福岡平野の古環境と遺跡立地』（共編著）、九州大学出版会、1998年など

齋藤大輔（さいとう・だいすけ）／西南学院大学国際文化学部・下関看護リハビリテーション学校看護学科非常勤講師／文化人類学／『アジアから観る・考える―文化人類学入門』（共著）ナカニシヤ出版、2008年など

索引

●あ●

●か●

●さ●

●た●

●な●

●は●

●ま●

●や●

●ら●

大学的福岡・博多ミュージアムガイド

九州新幹線全線開通に伴い、福岡へのアクセスがますます便利になりました。来福の際、福岡をもっと楽しんでいただくために、博物館めぐりはいかがでしょうか。ここでは、福岡ならではの博物館を歴史とあわせて紹介していきます。

先史時代の福岡

福岡の特徴のひとつとして国際色の豊かさを挙げることができますが、福岡の国際性は何も今に限ったことではありません。日本列島が活発な国際交流を開始した時代は弥生時代です。福岡を中心とした当時の北部九州は、地理的環境を生かして対外交流の中心地、また新文化体系の門戸として重要な役割を果たしました。

第1の画期は水稲耕作とそれに伴う諸文化の伝播です。水稲耕作は朝鮮半島を経由してもたらされましたが、まず北部九州で新形態の文化が華開きました。福岡市博多区**板付遺跡弥生館**には、最古の水田跡や水稲耕作定着期の環濠集落が検出された板付遺跡に関する資料が展示されています。出土遺物の他、当時の集落の風景を再現した模型があり、当時のムラの様子をうかがうことができます。さらに、隣接する板付遺跡公園には環濠と竪穴住居が復元されており、当時の風景を体で感じることもできます。板付遺跡と同じ博多区に所在する金隈遺跡は、弥生時代の共同墓地跡として有名な遺跡です。墓は北部九州特有の甕棺墓がほとんどで、300基以上検出されています。**金隈遺跡甕棺展示館**には、それらの甕棺墓が当時のままで100基以上展示されており、板付遺跡と同様、当時の文化を直接体験できる貴重な資料館です。二つの館は福岡空港の近くにありますので、ぜひお立ち寄りください。

弥生時代の国際化の第2の画期は、中国を中心とする東アジア世界への本格

的な参入で、『漢書』地理志や『魏志』倭人伝がそのことを示しています。実際、その時期の出土遺物には、中国との交流を裏付けるものが多数出土しています。なかでも、有名なものは「漢委奴国王」印です。1784年に志賀島で発見された金印で、57（建武中元二）年に奴国（現在の福岡平野一帯）の朝貢に対して後漢の光武帝が授与した印であるとされています。この金印は福岡市早良区にある**福岡市博物館**で保管、展示されています。また奴国とともに中国の史書に登場する伊都国は、現在の糸島市にひろがっていたとされており、糸島市**伊都国歴史博物館**では、国宝に指定されている平原遺跡出土の銅鏡をはじめとして貴重な資料が多数展示されています。

古代の大宰府

古代福岡の歴史を知っていただくために、福岡市から少し足を伸ばして、太宰府エリアの博物館はいかがでしょう。ここでは福岡市エリアとあわせて太宰府エリアの博物館もご紹介します。『日本書紀』536（宣化元）年に現在の博多湾沿岸、那津のほとりに官家がおかれたという記事があります。これが那津官家です。那津官家は大君の遠朝廷とよばれた大宰府の前身と考えられています。大宰府は古代九州の政治、仏教の中心地でありました。

古代日本にやってきた外国使節がまず訪れるのは饗応客館施設であった鴻臚館です。福岡市中央区の福岡城内にある**鴻臚館跡展示館**では、発掘された出土品に加え、遺構をそのままの状態で見学できます。太宰府市の**九州国立博物館**には、遣唐使船の積荷模型が展示されており、シルクロードから鴻臚館をへて大宰府へ至る遣唐使の人々に思いをはせることができます。古代大宰府の歴史は、**太宰府市文化ふれあい館**、**大宰府展示館**などで詳しく知ることができるほか、小郡市の**九州歴史資料館**では約40年にわたって行われた大宰府史跡の発掘調査の成果を、大宰府政庁跡出土の鬼瓦をはじめとする象徴的な出土品とともにご覧になれます。天智天皇勅願の大宰府付属寺院、観世音寺の**観世音寺宝蔵**で、古代九州の仏教の面影にふれるのもおすすめです。国宝の梵鐘、西日本屈指の巨像群とあわせてご覧ください。

宗像エリアにある、海の正倉院として知られる沖ノ島は北部九州と朝鮮半島のほぼ中間に位置しており、遣唐使が航海の安全を祈り祭祀をおこなった場所でもあります。**宗像大社神宝館**には沖ノ島出土の鏡や金銅製馬具などの多数の国宝群が展示されています。8世紀後半以降も遣唐使船は博多湾で風待ちをおこない、唐や新羅などの外国人の往来も盛んであった博多は貿易港として繁栄をみせます。894（寛平六）年の遣唐使廃止の建議の後、大宰府に左遷され、

906（延喜三）年にこの地で崩御した菅原道真を祀ったのが太宰府天満宮です。現在、国内外を問わず多くの観光客がここを訪れます。菅原道真と大宰府の歴史は、**太宰府天満宮宝物殿**、**菅公歴史館**で知ることができます。

中近世の博多

中世の博多は対外貿易により大きな発展を遂げます。鴻臚館経由の官営交易が終焉した後、博多綱首とよばれた宋商人を主とする貿易が博多で開始します。1161年には平清盛によって、日本初の人工港「袖の湊」がつくられます。**福岡市埋蔵文化財センター**では、この時期に交易を担っていた博多商人の足跡を博多遺跡群出土の遺物などから知ることができ、**福岡東洋陶磁美術館**では主な交易品であった古陶磁を鑑賞することができます。

鎌倉時代には文永、弘安年間の二度にわたり蒙古襲来をうけます。博多区の**元寇資料館**では、当時の両国の武具などが展示されています。蒙古襲来をうけ、鎌倉幕府は博多湾の海岸線沿いに防塁を築かせます。西南学院大学は元寇防塁の真上に立地しており、校舎の建設に伴う発掘調査によって二重構造の防塁が出土しました。現在は校舎内にその一部が復元されています。

また、博多商人だけではなく、寺社や宋商人などもその貿易をけん引しました。現在の博多駅から北側のエリアには、山笠発祥の碑や饂飩蕎麦（うどん・そば）発祥之地の碑がある承天寺、日本最初の禅寺として有名な聖福寺、博多総本山としてしられる櫛田神社や性空が蓮如の命によって建立した萬行寺など、多くの寺社が建てられており、現在でもそれらの寺社を参拝することができます。

このように、博多の街は国際都市として繁栄しましたが、交易における利権をめぐる争いにより荒廃してしまいます。その博多を再興するために行われた事業が太閤町割であり、指示したのは、かの有名な豊臣秀吉です。

現在、福岡の二大祭りとして多くの観光客で賑わいをみせる博多どんたく、博多祇園山笠も中近世に源流があります。博多どんたくは博多松囃子を母体として形成、発展してきました。山笠の起源には諸説ありますが、博多で疫病が流行した際に承天寺の住職であった円爾が1241年に疫病退散を祈祷したことに始まるという説が有力です。この祭りは博多の商人によって隆盛、衰退を繰り返し、現在の形式になっています。博多どんたくや山笠については**「博多町家」ふるさと館**で学ぶことができます。

近現代のFUKUOKA

明治時代以降、日本全国がそうであるように、福岡にも西洋の文化が入ってきます。町は街灯や西洋風建物などが立ち並び、江戸時代の町並みとは異なる様相を呈するようになりました。これらの明治時代の建物のなかには、今なお文化施設として残っているものがあります。ここでは、福岡市赤煉瓦文化館と西南学院大学博物館の2館を紹介します。**福岡市赤煉瓦文化館**は、1909年に建てられた赤煉瓦造りの建物で、日本生命保険株式会社九州支店として使用された後、福岡市歴史資料館として活用され、1994年に福岡市赤煉瓦文化館として開館しました。九州における貴重な洋風建築として国の重要文化財にも指定されています。**西南学院大学博物館**は、1921年に学院の本館として建てられ、2006年5月博物館として生まれ変わりました。キリスト教関係資料や学院史資料が展示されています。福岡市指定文化財に指定されており、赤煉瓦文化館と同様に建物自体も見どころとなっています。

また、明治、大正、昭和と日本経済発展を支えた、日本の産業革命のエネルギー産業のひとつである石炭産業の盛行を伝える博物館として、**鞍手町石炭資料展示場**や**田川市石炭・歴史博物館**、**宮若市石炭記念館**、**直方市石炭記念館**、**大牟田市石炭産業科学館**があります。近年、近代産業化遺産として炭鉱跡の保存活動が盛んにおこなわれています。

最後に、現代の福岡を象徴する博物館を紹介します。近年、アジア諸国と近いという福岡の地理的特色に注目した博物館が誕生しています。美術系では1999年に**福岡アジア美術館**、歴史系では「日本文化の形成をアジア史の視点から捉える」というコンセプトの**九州国立博物館**が2005年に開館しました。また、ユニークな博物館としては、2010年に**王貞治ベースボールミュージアム**が福岡Yahoo!JAPANドームに併設され、野球ファンの関心を集めています。

ここで紹介した博物館は県内の博物館のごく一部です。今回ここで紹介できなかったものも含めて詳細を一覧にしておりますので、ぜひ参考にしてください。

（貞清世里・高橋幸作・中尾祐太）

福岡エリア

	館名	郵便番号	住所	電話番号	開館時間	ウェブページ
福岡市	福岡市美術館	810-0051	福岡市中央区大濠公園1-6	092-714-6051	9:30-17:30　7、8月は日曜日を除き19:30まで	○
	福岡市植物園	810-0033	福岡市中央区小笹5-1-1	092-522-3210	09:00-17:00	○
	鴻臚館跡展示館	810-0043	福岡市中央区城内1-1	092-721-0282	09:00-17:00	○
	福岡市赤煉瓦文化館	810-0001	福岡市中央区天神1-15-30	092-722-4666	09:00-21:00	○
	福岡県立美術館	810-0001	福岡市中央区天神5-2-1	092-715-3551	10:00-18:00	○
	旧福岡県公会堂貴賓館	810-0002	福岡市中央区西中洲6-29	092-751-4416	09:00-17:00	○
	福岡市動物園	810-0037	福岡市中央区南公園1-1	092-531-1968	09:00-17:00	○
	九州エネルギー館	810-0022	福岡市中央区薬院4-13-55	092-522-2333	09:00-17:00	○
	王貞治ベースボールミュージアム	810-0065	福岡県福岡市中央区地行浜2-2-2	092-847-1006	10:00-17:00	○
	福岡市埋蔵文化財センター	812-0881	福岡市博多区井相田2-1-94	092-571-2921	09:00-17:00	○
	板付遺跡弥生館	816-0088	福岡市博多区板付3-21-1	092-592-4936	09:00-17:00	○
	金隈遺跡甕棺展示館	812-0863	福岡市博多区金の隈1-39-52	092-503-5484	09:00-17:00	○
	博多歴史館（櫛田神社内）	812-0026	福岡市博多区上川端1-41	092-291-2951	10:00-17:00	○
	福岡アジア美術館	812-0027	福岡市博多区下川端町3-1 リバレインセンタービル7・8階	092-263-1100	10:00-20:00	○
	元寇資料館	812-0045	福岡市博多区東公園7-11	092-651-1259	10:00-16:00	○
	「博多町家」ふるさと館	812-0039	福岡市博多区冷泉町6-10	092-281-7761	10:00-18:00	○
	しかのしま資料館	811-0325	福岡市東区勝馬1803-1	092-603-6631	09:00-17:00	○
	海の中道海洋生態科学館(マリンワールド)	811-0321	福岡市東区大字西戸崎18-28	092-603-0400	09:30-17:30	○
	九州産業大学美術館	813-8503	福岡市東区松香台2-3-1	092-673-5160	10:00-17:30	○
	九州大学総合研究博物館	812-8581	福岡市東区箱崎6-10-1	092-642-4252	10:00-18:30	○
	西南学院大学博物館	814-8511	福岡市早良区西新3-13-1	092-823-4785	10:00-18:00	○
	福岡市博物館	814-0001	福岡市早良区百道浜3-1-1	092-845-5011	9:30-17:30　7、8月は日曜日を除き19:30まで	○
	野方遺跡住居跡展示館	819-0043	福岡市西区野方5-11-25	092-812-3710	09:00-17:00	○
	（財）亀陽文庫能古博物館	819-0012	福岡市西区能古522-2	092-883-2887	金、土、日、祝日の10:00-17:00	○
	福岡東洋陶磁美術館	814-0133	福岡市城南区七隈8-7-42	092-861-0054	10:00-17:00	○
糸島市	伊都国歴史博物館	819-1582	糸島市井原916	092-322-7083	09:00-17:00	○
	志摩歴史資料館	819-1312	糸島市志摩初１	092-327-4422	10:00-17:00	○
	伊都郷土美術館	819-1119	糸島市前原東2-2-8	092-322-5661	09:00-17:00	×
	福岡県立糸島高等学校郷土博物館	819-1131	糸島市前原南2-21-1	092-322-2604	要問合せ	○

糟屋郡	宇美町立歴史民俗資料館	811-2101	糟屋郡宇美町宇美1-1-22	092-932-0011	09:00-17:00	○
	篠栗町歴史民俗資料室	811-2405	糟屋郡篠栗町大字篠栗4754	092-947-1790	09:00-16:00	○
	志免町歴史資料室（町民センター内）	811-2244	糟屋郡志免町志免中央1-2-1	092-935-7100	09:00-17:00	○
	須恵町立美術センター久我記念館	811-2113	糟屋郡須恵町大字須恵77-1	092-932-4987	10:00-17:00	○
	須恵町歴史民俗資料館	811-2114	糟屋郡須恵町上須恵21-3	092-932-6312	10:00-17:00	○
	新宮町立歴史資料館（シーオーレ新宮内）	811-0112	糟屋郡新宮町大字下府425-1	092-962-5511	09:30-17:00	○
	粕屋町立歴史資料館	811-2304	糟屋郡粕屋町若宮1-1-1	092-939-2984	10:00-17:00	○
宗像市	宗像大社神宝館	811-3505	宗像市田島2331	0940-62-1311	09:00-16:30	○
古賀市	古賀市立歴史資料館（サンフレア古賀内）	811-3103	古賀市中央2-13-1	092-944-6219	10:00-18:00	○
福津市	在自唐坊跡展示館（津屋崎小学校内）	811-3301	福津市在自1605	0940-52-0075	要問合せ	○
	東郷神社宝物館	811-3307	福津市渡1815-1	0940-52-0027	09:00-17:00	×
筑紫野市	五郎山古墳館	818-0024	筑紫野市原田3-9-5	092-927-3655	09:00-17:00	○
	筑紫野市歴史博物館	818-0057	筑紫野市二日市南1-9-1	092-922-1911	09:00-18:00	○
太宰府市	九州国立博物館	818-0118	太宰府市石坂4-7-2	092-918-2807	09:30-17:00	○
	大宰府展示館	818-0101	太宰府市観世音寺4-6-1	092-922-7811	09:00-16:30	○
	観世音寺宝蔵	818-0101	太宰府市観世音寺5-6-1	092-922-1811	09:00-17:00	×
	太宰府市文化ふれあい館	818-0132	太宰府市国分4-9-1	092-928-0800	09:00-17:00	○
	太宰府天満宮宝物殿・菅公歴史館	818-0195	太宰府市宰府4-7-1	092-922-8551	09:00-16:30	○
春日市	春日市奴国の丘歴史資料館	816-0861	春日市岡本3-57	092-501-1144	09:00-17:00	○
	ウトグチ瓦窯展示館	816-0844	春日市白水ヶ丘1-4	092-593-6071	09:00-16:30	○
大野城市	大野城市歴史資料展示室（市役所内）	816-0934	大野城市曙町2-2-1	092-501-2211	09:30-17:00	○
朝倉市	秋月美術館	838-0011	朝倉市秋月野鳥695-1	0946-25-0895	10:00-17:00	○
	（財）秋月郷土館	838-0011	朝倉市秋月野鳥532-2	0946-25-0405	09:00-17:00	○
	甘木歴史資料館	838-0068	朝倉市甘木216-2	0946-22-7515	09:30-16:30	○
朝倉郡	筑前町歴史民俗資料室（第二学習室内）	838-0816	朝倉郡筑前町新町450	0946-22-3385	要問合せ	○
	筑前町立大刀洗平和祈念館	838-0814	朝倉郡筑前町高田2561-1	0946-23-1227	09:00-17:00	○

北九州エリア

	館名	郵便番号	住所	電話番号	開館時間	ウェブページ
北九州市	北九州市ほたる館	803-0864	北九州市小倉北区熊谷2-5-1	093-561-0800	09:00-17:00	○
	北九州市立埋蔵文化財センター	803-0816	北九州市小倉北区金田1-1-3	093-592-3196	09:00-17:00	○
	北九州市立小倉城庭園	803-0813	北九州市小倉北区城内1-2	093-582-2747	4-10月09:00-18:00　11-3月09:00-17:00	○
	松本清張記念館	803-0813	北九州市小倉北区城内2-3	093-582-2761	09:30-18:00	○

	水環境館	802-0007	北九州市小倉北区船場町1-2	093-551-3011	10:00-20:00	○
	北九州市立美術館分館	803-0812	北九州市小倉北区室町1-1-1	093-562-3215	10:00-20:00	○
	北九州市立美術館	804-0024	北九州市戸畑区西鞘ケ谷町21-1	093-882-7777	09:30-17:30	○
	出光美術館	801-0853	北九州市門司区東港町2-3	093-332-0251	10:00-17:00	○
	北九州市立自然史・歴史博物館	805-0071	北九州市八幡東区東田2-4-1	093-681-1011	09:00-17:00	○
	北九州市立長崎街道木屋瀬宿記念館	807-1261	北九州市八幡西区木屋瀬3-16-26	093-619-1149	09:00-17:30	○
	北九州市立児童文化科学館	805-0068	北九州市八幡東区桃園3-1-5	093-671-4566	09:00-17:00	○
	わかちく史料館	808-0024	北九州市若松区浜町1-4-7	093-752-1707	10:00-16:00	○
	火野葦平資料室（若松市民会館内）	808-0034	北九州市若松区本町3-13-1	093-751-8880	10:00-16:00	○
中間市	中間市歴史民俗資料館	809-0001	中間市大字垣生660-1	093-245-4665	09:30-18:00	○
遠賀郡	芦屋町歴史民俗資料館	807-0141	遠賀郡芦屋町山鹿1200	093-222-2555	09:00-17:00	○
	芦屋釜の里	807-0141	遠賀郡芦屋町大字山鹿1558-3	093-223-5881	09:00-17:00	○
	遠賀町民俗資料館（ふれあいの里内）	811-4312	遠賀郡遠賀町大字浅木2407-1	093-293-2030	10:00-16:00 （特別展示は17:00まで）	○
	水巻町歴史資料館	807-0012	遠賀郡水巻町古賀3-18-1	093-201-0999	10:00-18:00	○
京都郡	苅田町歴史資料館	800-0352	京都郡苅田町富久町1-19-1	093-434-1982	10:00-16:00	×
	豊前苅田木村民俗資料館	800-0323	京都郡苅田町与原3-6-11	0930-22-3236	09:00-17:00	×
	みやこ町歴史民俗博物館	824-0121	京都郡みやこ町豊津1122-13	0930-33-4666	09:30-17:00	○
築上郡	上毛町歴史民俗資料館	871-0904	築上郡上毛町大字安雲840	0979-72-4719	09:00-18:00	○
	築上町歴史民俗資料館	829-0301	築上郡築上町椎田1645-2	0930-56-1575	09:00-17:00	○
	船迫窯跡公園・体験学習館	829-0106	築上郡築上町船迫1342-22	0930-52-3771	09:00-17:00	×
鞍手郡	鞍手町石炭資料展示場	807-1311	鞍手郡鞍手町大字小牧2097	0949-42-3200	09:00-16:30	○
行橋市	行橋市歴史資料館	824-0005	行橋市中央1-9-3	0930-25-3133	10:00-18:00	○
豊前市	求菩提資料館	828-0085	豊前市大字鳥井畑247	0979-88-3203	09:30-16:30	○

筑豊エリア

	館名	郵便番号	住所	電話番号	開館時間	ウェブページ
飯塚市	飯塚市歴史資料館	820-0011	飯塚市柏の森959-1	0948-25-2930	09:30-17:00	○
嘉麻市	嘉麻市稲築ふるさと資料室	820-0205	嘉麻市岩崎1141-3	0948-57-2564（嘉麻市教育委員会生涯学習課文化財係）	09:00-17:00	×
	嘉穂ふるさと交流館	820-0302	嘉麻市大隈町449-2		09:00-17:00	×
	嘉麻市碓井平和祈念館・郷土館	820-0502	嘉麻市上臼井767		09:00-17:00	○
	嘉麻市山田郷土資料室（山田市民センター内）	821-0012	嘉麻市上山田451-3		09:00-17:00	×
	嘉麻市稲築文化ふれあい伝承館	820-0202	嘉麻市山野1619-4		09:00-17:00	○
	嘉麻市立織田廣喜美術館	820-0502	嘉麻市上臼井767（碓井琴平文化館）	0948-62-5173	09:30-17:30	○

嘉穂郡	王塚装飾古墳館	820-0603	嘉穂郡桂川町大字寿命376	0948-65-2900	09:00-16:30	○
鞍手郡	鞍手町歴史民俗資料館	807-1311	鞍手郡鞍手町大字小牧2097	0949-42-3200	09:00-17:00	×
田川郡	糸田町歴史資料館（町民会館内）	822-1392	田川郡糸田町2023-1	0947-26-0038	10:00-19:00	○
	ふるさと館おおとう	824-0511	田川郡大任町大字今任原1666-2	0947-41-2055	09:00-17:00	×
	香春町歴史資料館	822-1403	田川郡香春町大字高野987-1	0947-32-2162	09:00-18:00	×
	添田町美術館（保健センター内）	824-0602	田川郡添田町大字添田1788-2	0947-26-3325	10:00-18:00(11月-3月は17:30)	×
	添田町英彦山修験道館	824-0721	田川郡添田町大字英彦山665-1	0947-85-0378	09:00-17:00	×
	山伏文化財展示室	824-0721	田川郡添田町大字英彦山1249	0947-85-0375	08:30-17:00	○
	添田町歴史民俗資料館	824-0721	田川郡添田町大字英彦山1249	0947-82-1236（商工観光係）	10:00-17:00	×
田川市	田川市美術館	825-0016	田川市新町11-56	0947-42-6161	09:30-17:30	○
	田川市石炭・歴史博物館	825-0002	田川市大字伊田2734-1	0947-44-5745	09:30-17:30	○
直方市	直方市中央公民館郷土資料室	822-0026	直方市津田町7-20	0949-22-0785	09:00-17:00	×
	直方市谷尾美術館	822-0017	直方市殿町10-35	0949-22-0038	09:30-17:30	○
	直方市石炭記念館	822-0016	直方市大字直方692-4	0949-25-2243	09:00-17:00	○
宮若市	宮若市石炭記念館	823-0005	宮若市上大隈573	0949-32-0404	09:00-17:00	○

筑後エリア

	館名	郵便番号	住所	電話番号	開館時間	ウェブページ
三井郡	大刀洗町郷土資料室（ドリームセンター内）	830-1201	三井郡大刀洗町大字富多819	0942-77-2670	09:00-17:00	○
小郡市	九州歴史資料館	838-0106	小郡市三沢5208-3	0942-75-9575	09:30-16:30	○
	小郡市埋蔵文化財調査センター	838-0106	小郡市三沢5147-3	0942-75-7555	09:00-16:30	○
大牟田市	大牟田市動物園	836-0871	大牟田市昭和町163	0944-56-4526	09:30-17:00（3-11月） 09:30-16:30（12-2月）	○
	大牟田市立三池カルタ・歴史資料館	836-0861	大牟田市宝坂町2-2-3	0944-53-8780	10:00-17:00	○
	大牟田市石炭産業科学館	836-0037	大牟田市岬町6-23	0944-53-2377	09:30-17:00	○
久留米市	久留米市立草野歴史資料館	839-0835	久留米市草野町草野411-1	0942-47-4410	10:00-17:00	×
	（財）有馬記念館	830-0021	久留米市篠山町444	0942-39-8485	10:00-17:00	○
	久留米市埋蔵文化財センター	830-0037	久留米市諏訪野町1830-6	0942-34-4995	09:00-17:00	○
	石橋財団石橋美術館	839-0862	久留米市野中町1015	0942-39-1131	10:00-17:00	○
	福岡県青少年科学館	830-0003	久留米市東櫛原町1713	0942-37-5566	09:30-16:30（平日） 09:30-17:00（土日祝日）	○
うきは市	うきは市立浮羽歴史民俗資料館	839-1401	うきは市浮羽町朝田560-1	0943-77-6287	09:00-17:00	×
	うきはの郷家宝資料館	839-1408	うきは市浮羽町山北733-1	0943-77-7880	09:00-17:00	○
	うきは市立吉井歴史民俗資料館	839-1321	うきは市吉井町983-1	0943-75-3120	09:00-17:00	○

	うきは市立金子文夫資料展示館	839-1321	うきは市吉井町1316-3	0943-76-5005	09:00-17:00	×
	菊竹六鼓記念館	839-1321	うきは市吉井町1082-1	0943-75-3343	09:30-16:30	○
八女市	学びの館（旧隈本家住宅）	834-1221	八女市黒木町大字今1053	0943-42-1982	09:00-17:00	○
	八女民俗資料館	834-0031	八女市大字本町2-123-2	0943-22-3545	09:00-17:00	○
	（財）星のふるさと　茶の文化館	834-0201	八女市星野村10816-5	0943-52-3003	10:00-17:00	○
	（財）星のふるさと　星の文化館	834-0201	八女市星野村10828-1	0943-52-3000	10:30-22:00	○
	古陶星野焼展示館	834-0201	八女市星野村千々谷11865-1	0943-52-3077	09:00-17:00	○
	岩戸山歴史資料館	834-0006	八女市吉田1396-1	0943-22-6111	09:00-17:00	○
八女郡	広川町古墳公園資料館	834-0122	八女郡広川町大字一條1436-2	0942-54-1305	09:00-17:00	○
みやま市	みやま市歴史資料館	835-0024	みやま市瀬高町下庄800-1	0944-64-1117	10:00-18:00	○
	高田濃施山公園郷土資料館	839-0221	みやま市高田町大字下楠田480	0944-22-5611	09:00-17:00	×
柳川市	北原白秋生家・記念館	832-0065	柳川市沖端町55-1	0944-73-8940	09:00-17:00	○
	柳川古文書館	832-0021	柳川市隅町71-2	0944-72-1037	09:30-16:30	○
	御花史料館	832-0069	柳川市新外町１	0944-73-2189	09:00-18:00	○
	柳川市立雲龍の館	839-0253	柳川市大和町鷹ノ尾151-2	0944-76-1122	10:00-18:00	○
	柳川市立歴史民俗資料館	832-0056	柳川市大字矢留本町40-11	0944-73-8940	09:00-17:01	○
大川市	大川市立清力美術館	831-0008	大川市大字鐘ヶ江77-16	0944-86-6700	09:00-17:00	○
	古賀政男記念館	831-0026	大川市大字三丸844	0944-86-4113	09:30-17:00	○
筑後市	筑後市郷土資料館	833-0027	筑後市大字水田17-2	0942-53-8246	09:00-17:00	×